The Epistemology of Adam Smith,
An inquiry into his *Essays on philosophical Subjects*

アダム・スミスの認識論管見

田中正司
Shoji Tanaka

社会評論社

アダム・スミスの認識論管見　目次

はしがき　7

第1部　アダム・スミスの『哲学論文集』研究

第1章　スミス認識論の枠組模索試論 ―― 17
1）唯名論と実在論との相関関係　17
2）『哲学論文集』の認識論　20
　（1）「天文学史」　21
　（2）「古代物理学史」　24
　（3）「古代論理学・形而上学史」　25
　（4）「外部感覚論」　28
　（5）哲学4論文とグランド・デザインとの関係　34
3）実在論の実践的主体性　36

第2章　スミス認識論の出自と主題 ―― 45
1）スミス研究の動向と問題点　45
　（1）自然法学 vs シヴィック・ヒューマニズム　46
　（2）神学的解釈 vs 経験的接近　48
　（3）修辞学講義の意義と限界　50
2）古典 vs ヒューム問題　55
　（1）スミスの思想形成の枠組み　55
　（2）古典 vs ヒューム問題の結合原理性　56
3）「天文学史」の主題とその認識論的構造　60
　（1）「天文学史」の問題意識　60
　（2）「天文学史」の主題　63
　（3）自然の客観的合目的性想定論　66
　（4）imagination 認識論の展開　68
　（5）"mere invention of the imagination"の問題　74
　（6）推測的理論的歴史論の非妥当性　76

4）第二・第三論文の主題　79
　　　（1）「古代物理学史」の主題　79
　　　（2）「古代論理学・形而上学史」の主題　81
　　　（3）ロスの論理学解釈　83
　　5）哲学3論文の一体性　84
　　6）3論文とグランドデザインとの関連　88

第3章　「外部感覚論」の主題とimplication ─── 105
　　1）「外部感覚論」の読解法　105
　　2）バークリの『視覚新論』の主題　107
　　3）「外部感覚論」の主題　109
　　　（1）触覚論とその他の感覚との対比的考察　110
　　　（2）視覚論の分析視角　111
　　　（3）本能論の展開　113
　　　（4）五感論再論　114
　　4）バークリ批判論的構造　115
　　　（1）3層、3ステージ構成の論理的帰結　115
　　　（2）バークリ批判の中心論点　117
　　　（3）「外部感覚論」の経験主義的解釈批判　120
　　5）「外部感覚論」のimplication　122
　　　（1）生物学研究と他者認識　122
　　　（2）スミス同感論と触覚論との照応関係　126
　　　（3）ヒューム共感論の視覚論的構造　128
　　　（4）『道徳感情論』の思想形成母体の誕生　133
　　6）「外部感覚論」の執筆時期をめぐる問題　137
　　　（1）『人間本性論』読書以前の初期説　137
　　　（2）ブラウンの1759年前後説　138
　　　（3）4論文連続・一体40年代説　141
　　　（4）1750年代前半説　143
　　7）意図的保存の理由　148
　　　（1）主著の出自と核心　148
　　　（2）不完全な断片や習作を残した理由　150

第4章　認識論と自然観 ——————————— 163
1）形而上学と経験論の統合論の展開　163
2）自然主義と効用理論との間　166
3）「自然の目的」と「人間の目的」をめぐって　169

補　論　カントの目的論とイギリス経験論 ——————— 177
1）機械論的自然観と悟性的経験概念の支配　177
2）目的論をめぐるスミス研究史の動向　177
3）カントの『判断力批判』の論理　178
4）スミス理論の生態論的枠組　180
5）イギリス経験論の自然主義的構造　182
6）総括　185

第2部　道徳哲学と市民社会論

Theology and Moral Philosophy: A Key to Solving a New Adam Smith Problem ——— 191

市民社会理論の歴史と現代の動向
—— 市民社会の再生の道を模索する ——————— 211
1）市民社会論の現状と課題　211
　（1）市民社会論ルネサンスの動向と問題点　211
　（2）「民族と階級」か「地域と市民」か　213
　（3）市民社会と国家の関係　215
2）市民社会理論の形成と展開　217
　（1）「市民社会」の起源と成立条件　217
　（2）近代自然法の市民社会論的構造　218
　（3）アダム・ファーガスンの文明社会論　221
　（4）アダム・スミスの市民社会論　222
　（5）ヘーゲルとマルクスの市民社会論　225
　（6）現代社会の動向　227

３）市民社会再生の可能性と必要性　227
　（１）現代市民社会論の限界克服の方途　227
　（２）市民社会再生の客観的可能性　230
　（３）公共性概念の再構築論　234
　（４）市民社会再生の現代的意義と必要性　236

補　遺　戦中派の出自と核心をめぐって
　ある出会い ——————————————— 241
　私の８月15日 ——————————————— 244

索　引　253

はしがき

　アダム・スミスの経済学は、道徳哲学の一部門として展開されたものであった。スミスは処女作『道徳感情論』で道徳哲学の基本主題としての倫理学を中心にした議論を展開し、『道徳感情論』の刊行後は、同書の同感論をベースにした法学の講義に主たる関心を寄せ、A-B二つの講義ノートを残したが、大陸旅行後は『法学講義』の行政（経済）論を精密化した経済理論の形成に専念し、1776年に『国富論』を出版した。スミスの倫理⇒法⇒経済の3部門の総合的研究は、太平洋戦争中から日本ではじまり、1970年代以降、世界的に本格化し、今日でも依然として活発な研究が行われている。

　そうした研究動向の中で、20年ほど前から、オックスフォード時代以降のスミスの青年期の研究成果を凝集したエディンバラ講義を、スミスの（1750年代以後の）思想展開の根幹をなすものとみる視座が有力化してきた。その中でもとくに好評を博した修辞学講義とほぼ同内容であるとの証言がある『修辞学・文学講義』（1762-3）が発見されたことから、エディンバラの修辞学講義から『道徳感情論』に至るスミスの思想継承・展開関係が注目されるようになっている。しかし、エディンバラ講義のベースをなすものとしては、修辞学講義よりはるかに大きく注目されるべきものとして、エディンバラにおける哲学史講義の素材をなしたといわれる『哲学論文集』所収の哲学論文がある。

　スミスの『哲学論文集』は、彼の没後遺言執行人によって公刊（1795）された哲学関係の4論文と芸術論関係の論考からなるものであるが、「哲学的探求指導原理」と題する「天文学史」からはじまる3論文の認識論は、『道徳感情論』と『国富論』の思想形成・展開の根本原理をなしたものとして、とくに注目される。思想や理論は、認識論を前提するもので、認識論の如何によってその内容が規定されるからである。トマス・ホッブズに代表される近代政治学の生誕が、実在論から名目論への認識原理論の転換に基づくものであったことなど、その代表例といえよ

う。スミスの場合にも当然どのような認識論を前提していたかが問われる要があるが、スミスの場合、認識論がどのようなものであったかどうかが、とりわけ大きな問題になる次第が注意される要がある。スミスの理論ないし思想には多分に形而上学的な論理と純粋に経験的な論理展開という、実在論か名目論かというような原理的な分類では区別できない論理が混在しているからである。

　こうしたスミスの思想や論理のはらむ二面性の問題が表面化したのが、スミス研究の進展に伴って改めて顕在化してきたスミス理論の神学的前提概念（デザイン論や作用⇒目的論など）と経験主義とのどちらを選ぶかという新しいアダム・スミス問題である。良心的な研究者は、スミス理論を神学的前提概念抜きに解することはできないが、そうした目的論的要素は経験主義の論理では確証できないから、どちらを選ぶかは「選択」の問題であるとしたが、大多数の研究者は、『道徳感情論』や『国富論』の論理は、経験論で十分説明できるから神学や目的論を前提する必要はなく、神学用語はメタファーに過ぎないとして、カットする道を選んだのであった。ヒュームとスミスを同じ経験主義でとらえる今日のスミス研究の支配的動向も、こうした潮流と無縁ではないといえよう。

　しかし、それでは『道徳感情論』の神学的論理や18世紀のイギリス古典派経済学にも色濃くみられる目的論的自然法観などにはっきり表現されている形而上学的論理と、『道徳感情論』や『国富論』における徹底した経験分析との二律背反（その根底にある認識論のちがい）の問題を解明できないので、私は本書の第2部前編に収録した英文論文でハチスン－ヒューム－スミスの継承関係の中間に、神の予定した自然の必然法則が見えないことから、人間には偶然・自由の余地があると思う人間の自由な活動が必然法則の貫徹に収斂していく次第の経験論証への道を拓いたケイムズを入れることで、スミスが目的論的フレームに立脚しながら、経験的であった根拠を内在的に解き明かしたが、認識論自体を問題にするものではなかったため、スミスが形而上学にこだわる理由や意味を十分明確にしえないままに終わっていたのであった。

　この問題の根本的解決の決定的転機となったのが、宮崎犀一さんが主

宰されていた古典研究会に参加し、その月例輪読会で読んだカントの『判断力批判』との邂逅である。私は、そこで有機体や自然の構造認識には悟性原理を超える目的論的視座が不可欠で、作用因の活動の経験観察も、目的論（自然の客観的合目的性）を前提するとき、はじめて生きたものになるという目的論と経験論との融合の論理を学ぶとともに、人間・社会認識に生物学的な視座が不可欠である次第を知ったのであった。カントとスミスの理論的親近性は、内外の研究者の間で良く知られていることであるが、『判断力批判』は今まで漫然と読んでいたスミスの『哲学論文集』の哲学論文を掘り下げて読む大きな契機となったのであった。2008年3月に帝京大学で開催されたイギリス哲学会で行った報告（本書の第1部補論）は、その時点での問題意識を語ったものである。

『判断力批判』に触発されて改めて『哲学論文集』を精読した私は、スミスがカントより40年以上も前にカントよりもはるかに具体的に目的論と経験論との融合の論理を展開していたことを知り驚嘆したことであった。スミスは、その方法として、私たちが事物を観察するさいに形成される多様な、時には大きく矛盾・対立する諸観念（ideas）を結びつける中間項を想像力の力を借りていろいろ想定し、その想定と事物の実際の動きとの照応関係をみていけば、いつしか自然の（諸現象の）結合原理を発見（同感や労働・価値などのような人間界や経済世界の諸現象を結合・統一・規制する原理についてコンセプトを形成 conceive）することができるようになる。それを原理として諸現象を体系的に説明していけば良いと考えたのである。そうした認識にスミスを導いたのが天文学史の研究であった。

スミスは、「天文学史」で天文学の歴史の考察を通して、天文学の諸体系が天界に生起するさまざまな諸現象を結びつけて統一的に説明する（ことを可能にする）原理の構想に基づくものであったことを知るとともに、ニュートンに至って引力が万物の結合原理である次第が発見されたことを知り、ばらばらな、時には大きく矛盾・対立する諸現象について形成される諸観念を結びつける中間項を想像力の力を借りていろいろ想定してゆけば、いつかは自然（界に生起する諸事象）の結合＝統一＝

規制原理を発見することが可能になると考え、それを原理として諸事象を体系的に叙述すればよいと考えたのである。

スミスのいう「ニュートン的方法」は、このような認識論を前提するものであったのであるが、"いろいろ想定していけば、いつかは"という論理は認識論としてはかなり曖昧であることは否定できない。『哲学論文集』の編者がスミスの論理はメタ科学（科学談義）で、当てずっぽうの憶測にすぎないというのも当然であると思われるかも知れない。しかし、ヒュームの経験主義宣言に大きく共感しながらも、古典に馴染んでいたスミスは、プラトンに従って事物の真理は対象への絶えざる実践的働きかけ（対象との格闘）を通して体得されるものであるとする一方、"普遍は個物に内在し、個体は普遍を付与されることによって現実存在になる"としたアリストテレスに従って、天界や下界で生起する多様な事物の動態を貫く普遍の原理、自然の運動法則を解き明かすことが科学としての哲学の課題であると考えていたのである。スミスが、「天文学史」と「古代物理学史」と「古代論理学・形而上学史」を一体の「哲学的探求指導原理」論として展開していたのは、その次第を明示するためであったといえるであろう。

『国富論』の叙述が、少数の原理に基づく経済世界の自然法則を提示した上で、そうした事物の本性（普遍原理）認識に基づく大局観を古今東西の事例に基づいて例証する形になっているのは、こうした哲学論文の認識論に基づいていたのである。『国富論』が「思弁的・哲学的論考」だといわれる理由もそこにある。帰納ではなく、演繹ともちがう。むしろ、形而上学的という方がよいであろうが、スミスの形而上学は物理の原理を離れたものではなく、物理学の究極原理としての個別の動態を貫く普遍の原理の解明を主題としたものであったのである。

本書の第1部第2章は、こうした「哲学的探求指導原理」論としてのスミスの哲学3論文のごく大まかな解析を通して、スミス理論の根底にあるスミスの認識論に光を当てることを主題としたものであるが、同様なことは、3論文とは異なる独立論文として、3論文とは別の時期に書かれた「外部感覚論」についてもいえるように思われる。「外部感覚論」

は、3論文とちがって人間（の感覚）の問題を主題にしたものであるが、人間の感覚（五感）をすべて内部感覚化したバークリやヒュームとちがって、人間の感覚が触覚を根幹とする外部感覚である次第を明らかにしたものであった。本書の第1部第3章は、その次第のバークリの『視覚新論』との対比的考察による論証を試みたものであるが、スミスが「外部感覚論」で人間の感覚が外部感覚＝外物・他者認識感覚である次第を明らかにしていたことは、スミスが『道徳感情論』で他者認識に基づく他者との交流・交感の論理としての同感論を展開するひとつの大きな契機をなすものであったのではないかと考えられる。そう想定することもそれほど的外れではないのではないであろうか。

スミスの青年時代に書かれた哲学3論文と「外部感覚論」の論理内容は、『道徳感情論』と『国富論』に集約されるスミスの主著の論理展開が、4論文の認識論と人間認識をベースにしたもので、その展開である次第を示しているように思われる。4論文を下敷きに置くとき、思弁的・哲学的な印象を与える『国富論』の論理展開における形而上学（目的論的自然法観）と経験論との二律背反の問題や、楽観主義と悲観主義的現実認識との両極的論理展開も、必ずしも二項対立ではなく、スミス自身においては一体的にとらえられていた次第が理解されるであろう。そうした解釈と一見矛盾する事実として指摘される、原理・原則・自然法則の貫徹を断定的に揚言しながら、その経験論証には曖昧さを残す場があることも、スミスの認識論が経済世界の自然法則の概念把握を根幹とするものである次第を知るとき、自ずから了承されることであろう。

本書の第1部は、こうした含意をもつスミスの哲学論文の「哲学的探求指導原理」論としての構造を明らかにするため、『哲学論文集』の編者解説やI. S. ロスの『アダム・スミス伝』を反面教師にして、哲学4論文とスミスがそこで前提し批判対象にしていた書物のテキスト分析を試みたものにすぎない。スミスの『哲学論文集』をめぐる関連文献への言及や『道徳感情論』と『国富論』の論理との具体的な照合なども、とくに必要な場合以外には既刊の拙著への参照を求めるだけで済ませている場合が多い。論理内容自体も、次々に浮かび上がる問題点の確認に追わ

れ、必ずしも十分に整理されているとはいえない面があることも否定しえない。本書の題名を「管見」とした一つの理由はそこにあるが、私の身体条件はもはやこれ以上の労働を許さぬ段階に入っているので、支配的見解に問題がある場合、ダウトを提出し問題提起をすること自体にそれなりの意味があると考え、公刊することにしたものである。私としては、スミス研究上お互いに考えてみる必要があるいくつかの問題点を提示したつもりなので、そうした角度から本書の主題をご検討いただければ幸いである。

なお、第1部では、キーワード的な原語は、日本語に移さず原語のまま使用している場合が多い。日本語文献としての作法の問題その他、いろいろ批判があるであろうが、原語のままの方が語意や問題の所在を明確に理解していただく上で有効ではないかと考えたための措置である次第、付言しておきたい。

第2部の前編は、2001年にワシントンで開催された国際学会での報告ペーパーに加筆・改稿したもので、スミス理論の神学的前提概念と経験的接近とのどちらかを「選択」する他ないという一種のアダム・スミス問題の揚棄の論理の構築を試みたものである。この新しいアダム・スミス問題も『哲学論文集』に展開されたスミスの認識論を知るとき、スミス自身においては統一的・一体的に捉えられていた次第が理解されることであろう。

第2部の後編の市民社会論は、認識論とは次元が異なる主題であるが、必ずしも無関係ではなく、これまでの私のスミス研究の集約でもある前編の英文論文ともども、第1部の論理を補強・肉付けする側面がある事実と、歴史的市民社会概念と現代市民社会理論との断絶を埋めることが地に着いた市民社会実現のために必要と考えられる次第に鑑み、ウェブサイト上に発表した原稿を改題して収録したものである。

補遺とした2編は、研究者として出発するまでの戦中・戦後の私の身辺雑記である。研究書に収録すべきものではないが、事情ご賢察の上、特にご宥恕いただければ幸いである。

本書の第1部の基本論理は、2008年3月に帝京大学で開催された日本

イギリス哲学会第32回大会と2010年7月に慶応大学で開かれた同学会の第85回関東部会で発表させていただいた。当日出席された方々からいろいろご教示いただいたことを記して、謝意を表したい。晩年の研究生活に新しい光を灯していただいた古典研究会（和田重司氏主宰）と近代思想研究会（坂本達哉・川出良枝氏主宰）の方々にもこの機会に御礼申しあげたい。

　本書の基本草稿は、2011年末にほぼ出来上がっていたので、12年春のうちに上梓したいと念じていたが、思いがけない事情が重なったため、刊行が今日に至ったものである。12年3月に執筆した「はしがき」の日付を一度ならず変更したのは、そのためであったが、そのお陰で原稿を何回も再点検し、色々加筆・改稿することができただけでなく、全体の論旨を多少なりと客観化する形になったことは、望外の幸せであった。本人の思惑を超える天の配剤ともいうべき意図しない帰結の摂理性を感じたことであった。研究自体は、探求者の孤独な営為であっても、研究成果は、自然や他者との不断のコレスポンデンス（応答・交感）の産物であることを改めて自覚したのも、公刊が遅れたせいでもあったことは確かである。そうした境地にいたる学問研究のきびしさを体感させていただいた学生時代の恩師と学問的に直接ご指導いただいた内田・小林・水田の3先生をはじめとする先学や同世代の研究者の方々と、私より幾回りも若い気鋭の研究者たちから受けた刺激と教示に改めて深い感謝の気持ちを表明させていただく次第である。

　原稿の入力にさいしては、数名の方にご尽力いただいた。匿名希望の方がおられるのでお名前は控えさせていただくほかないが、本書の公刊は、それらの方々のご助力による面が大きかったことを記して、心からなる感謝の意を表させていただきたい。

　末尾ながら本書の上梓にさいしては、社会評論社社長の松田健二氏から格別のご高配をたまわり、ゲラの校正その他で同社編集部の方々にも大変お世話いただいた。厚く御礼申上げる次第です。

2013年1月　　　　　　　　　　　　　　　　　　　　田中正司

第1部
アダム・スミスの『哲学論文集』研究

第1章　スミス認識論の枠組模索試論

1）唯名論と実在論との相関関係

　近代政治学の生誕が認識論の変革を前提していたことは、さまざまな事例の示す通りである。トマス・ホッブズに代表される伝統的自然法観から近代的自然法観への転換が、「普遍」の実在を否定する唯名論の支配化に基づいていたことは明らかである。古代・中世的な実在論の伝統に立脚する客観的な自然法の自然権の哲学への移行は、唯名論の具体的表現としての主観的・個人主義的な思想の必然的帰結であったのである。感覚経験を原理とするロックにおける古典経験論の成立も、道徳や法の原理とされていた客観的自然法の認識可能性に対するダウトに基づくものであった。改革神学と科学革命思想の強い影響下に成立した近代の機械論的自然観も、こうした唯名論的な思想伝統の産物であったといえるであろう。

　問題は、こうした唯名論の思想伝統に立脚する近代の科学思想や自然観が、経験的に実証しえないものを unknown something として切り捨てる点にある。ディルタイの生の哲学などをはじめとする多くの論者がこうした経験主義の孕む難点に疑問を提出してきた所以はそこにある。現代の最先端の自然科学理論が、自然をたんなる物質としてしか捉えない力学的・機械論的自然観が自然の現実の動態に即さぬ事実に気付いて、力学の原理を超える形而上学的な目的論の論理の孕む真理性を端的に承認する理論を展開していることは周知の事実である。こうした現代の思想動向にもかかわらず、人文・社会科学の領域においては、ヒューム的な懐疑主義の支配化と実証主義の勝利に伴って、経験的に確証できないものは一切認めない経験至上主義的な科学思想が浸透している。

　私の専攻するアダム・スミス研究もその例外ではない。今日のスミス

研究の支配的潮流では、スミスの著作に色濃くみられる神学的前提概念（theological preconception）はメタファー化され、それと『道徳感情論』や『国富論』で展開されている経験理論とは関係なく、（神学的）前提を取り払っても全く問題はないとされている。しかし、果たして理論が、その前提やそうした前提概念に立脚する現実認識のための方法としての認識論と関係ないということがありうるであろうか。「実体」そのものは不可知として切り捨て、個体を超える「普遍」（概念）の実在を否定する悟性経験論的な見方では、スミスがその著作の中で繰り返し言及している「自然のオペレーション」とか「自然のシステム」、「自然の構造」などの概念がたんなる比喩以上のものである次第は理解しえないであろう。同様に、"人間は自分の意志に従い、しばしば他者と対立し、自分の意図を実現しようと努力しながら、自分では認識できない自然の意図に従っているのである"という「世界市民的視点からみた普遍史の理念」の冒頭節に述べられているカントの「自然法則」概念なども、理解不可能であろう。

　啓蒙の世紀と言われる18世紀思想の実態も、アドルノとホルクハイマーの『啓蒙の弁証法』などの示すように、経験論と実在論とが並存していたとみる方が正しいであろう。こうした併存は伝統思想の残存のためでもあるが、18世紀思想には17世紀における実在論の唯名論化の一面的限界を越えようとする実在論復興の契機が潜んでいた次第に着目する要がある。18世紀思想に色濃く見られる実在論と経験論との並存の原因は、近代思想が自然神学をベースにしていた事実とも関連があるように思われる。自然神学は、神のデザインした自然の目的論的秩序の実在を承認した上で、デザインの経験論証を意図したものであった。しかし、神のデザインした「自然の目的」そのものを経験的に論証することは実際にはなしうることではない。ヒュームがハチスンのデザイン論をきびしく批判したのはそのためであるが、経験を超えるということから、自然神学の自然科学化の試みのうちに自然（事物）の運動の論理・その法則をそれ自体として問う契機が含まれていた次第まで否定するとしたら、そうした経験至上主義は思想展開の動態を見誤ることになるといわねばな

らない。

　17世紀に支配化した近代の唯名論は、古代・中世以来の実在論的思想伝統に対する Anti-These（反）として登場したものであった。しかし、反はもともと正を前提した上での正の揚棄の試みなので、18世紀思想に正の対自化による正反合一の Synthese 論というべき、反の契機を踏まえた上での実在論の再興的契機が見られるのも、自然の成り行きであったのである。思想はそのような形で弁証法的に展開していくもので、シャフツベリーハチスンからケイムズに至るモラルセンス論が、道徳感覚の実在を前提した上でのその内面心理化の試みとして、実在論と経験論との両方の契機を孕んでいたのも、その一例であったといえるであろう。

　実在論は、経験的に確証できない「普遍」の実在を承認する論理である限り、あくまでも形而上学でしかないが、唯名論の伝統に立脚する経験論が切り捨てている実在（の事物）そのものを問題にし、その運動の論理の解明を主題とする自然（Nature）の運動の論理学である点では、すぐれて現実的・実践的である次第が注意される要がある。社会科学が対象とする有機体や生命体の構成する自然の構造分析や有機体相互の社会関係分析にはとりわけこうした実在論的な視角が必要であることは論を待たないといえるであろう。近代の学問は、唯名論の伝統に立脚する力学的・機械論的世界像をベースにしていたため、こうした明白な事実にもかかわらず、悟性経験論の枠を遵守しているが、それが果たして社会認識の原理としてどこまで妥当か否かは問題である。

　徹底した認識批判を展開したカント自身が、晩年の第三批判では悟性認識を超える主題の認識批判論として『判断力批判』論を展開していたことは周知の通りである。カントはその第二部で有機体や自然の構造認識の問題を主題にしているが、そこで展開されているカントの論理を本書の主題との関連で極度に単純化すれば次のようにいえるであろう。

　　生命体は、目的追求主体、目的による統一体なので、作用因の活動の個々の側面の経験観察だけでは、目的追求主体としての生命体の真実は分らない。自然の生態系のうちに見られる「自然の客観的

合目的性」を想定してみるとき、はじめて何らかの目的実現を意図する作用因の活動や自然の構造を概念的に理解（begreifen）することができる。その上で、改めてその帰結を経験的に傍証すればよい。

　カントがこうした形で目的論と経験論との融合論を展開していたことは、オンケンがいち早く指摘していた事実であるが、こうした自然認識論を展開したのは、カントが最初ではない。カントより先にアダム・スミスが『哲学論文集』の中でカントよりはるかに具体的に同様な論理を展開していたのであった。そうしたスミスの『哲学論文集』の認識論をごく大まかに紹介し、スミスが認識論の変革による実在論的社会理論の形成を意図していた次第を鳥瞰することによって、18世紀思想の実在論的性格にスポットライトを当てるのが本書の主題である。

2）『哲学論文集』の認識論

　『哲学論文集』は、スミスの死後出版された哲学・文芸関係の論集で、スミスの知的関心の広さを窺わせる遺稿集である。その中核をなす哲学関係の論文は、天文学史、古代物理学史、古代論理学・形而上学史からなる3論文と、それらとは執筆時期や動機を異にする「外部感覚論」から成っている。前者の哲学3論文の主題名は「天文学（以下、物理学など）の歴史によって例証される哲学的探求指導原理」と表記されており、上記の3主題で例証される「哲学的探求の指導原理」の解明が3論文の共通主題である次第を明示している。

　3論文の中では第一論文の「天文学史」が最も有名であるが、「天文学史」の主題は、天体の諸現象、天球の運動の結合原理＝その invisible chain の発見を目的とする天体認識の方法原理の探求にあった。スミスは、その方法原理として、当時の天文学者が一般に採用していた数学的方法による天体の運動法則の解明、観測結果の理論的一般化ではなく、人間の自然の感情である想像力（imagination）原理に基づく中間諸事象の想定論による天界の諸現象の結合・統一・規制原理の探求方法論を展

開していたのであった。スミスは、天空の諸現象、天球の運動を貫く
「普遍」原理の発見を「天文学史」の主題としていたのである。

　こうした「天文学史」の主題をベースにした哲学3論文の「哲学的探求」の中心主題は、「天文学史」の方法に基づく下界（人間社会）認識論の構築にあったのであった。スミスは、その手掛りを第二・第三論文の古代の物理学史と論理学・形而上学史のうちに見ていたのである。彼が、「天文学史」とちがってかなり不完全で断片的なエチュードにすぎない第二・第三論文を焼却処分の対象にせず、公刊の是非を遺言執行人に委ねた理由はそこにあったのではないかと推測される。そう推測する理由、別言すれば、スミスが社会認識の手掛りを「天文学史」と同じ「哲学的探求指導原理」論を構成する古代の物理学史と論理学・形而上学史に求めた理由は、唯名論の伝統に立脚する近代の感覚経験論の現実性に対する疑念を抱いていた点にある。彼が「外部感覚論」の中で観念（idea）連合論を明示的に批判する一方、古代の思想にも見るべきものがあると明言していた事実が、その何よりの証左をなすといえるであろう。スミスは、第二・第三論文の中で展開されている古代の実在論の論理を参考にすることによって、実在論的社会理論構築のための方法原理の解明を3論文のひそかな主題にしていたのでないか。

　次に、そう考えられる次第を各論文に即してごく大まかながら具体的に検討してみることにしたい。

（1）「天文学史」

　スミスの天文学史研究は、天文学研究という言葉から一般に想像されるような天体観測や、それに基づく天球の運動法則の数学的論証などを主とするものではなく、天文学史の考察を通して、いかにして天空の諸現象の結合原理・隠された鎖（connecting principle, hidden chain）が発見されたかを問う点にあった。スミスは、天球の運動、天空に生起する諸現象の結合・統一・規制原理の解明を「天文学史」の主題にしていたのであるが、彼がそこで採用したというより、天文学史の考察の過程で発見した天体研究の方法は、『道徳感情論』と同じ感情原理に依拠する

ものであった。スミスは、私たちが天体の運動を見るとき、誰もが不思議に思いびっくりするWonder-Surprise（驚異・驚愕）の感情から想像力（imagination）がざわめき、身近なものから連想していろいろimagine, fancyしてみても、それだけでははっきり分からないため、あれこれ中間項を想定（suppose）して天空を観察しているうちに、天球の運動の結合原理について単純なコンセプトが形成（conceive）されるようになり、最終的に引力が結合原理である次第が発見されたのではないかと考えたのである。

　ニュートンの偉大さは、そうした天文学の歩みの中で、引力が天体の運動の結合原理をなしていると考えられる事実に気付き、その次第を数学的方法によって論証し、力学的に説明する傍ら、経験的に傍証した点にある。スミスは、そうしたニュートン天文学に至る天文学の歴史の考察を通して、驚異（Wonder）の感情から生まれる想像力のざわめきを鎮めるため、一見矛盾・対立する諸現象を結びつける中間的諸事実をいろいろ想定していくうちに、観察の対象である天体の諸現象の結合原理＝より一般的には、認識の対象とする諸現象を貫く「普遍」の原理についてのコンセプトが形成されるようになることが、観察・実験を通して経験的に実証することのできない天体現象に象徴される自然の諸現象の本性（Nature, Wesen）認識の方法である次第を認識することになったのではないか。プラトンは、『国家』の第七巻で哲人教育のための教科の一つとして天文学を挙げ、その理由を天文学が目に見えるものを超える真理認識に役立つ点に求めているが、前述のようなスミスの天文学観のうちにはプラトンの天文学的自然観と通底するものがあるということもできるであろう。

　しかし、こうした解釈は、内外の「天文学史」研究の通説的見解とは異なっている。通説では、スミスの「天文学史」の論理（認識論）の中核をなすimagination論は、ヒュームの『人間本性論』のimagination論を継承した観念連合の強化論であり、「天文学史」の方法は推測史（conjectural theoretical history）論の方法を適用したものであるとされている。通説は、いずれもヒュームの感覚→印象→観念連合論をベース

にした解釈をしているが、スミスのimagination論は、想像力には類似のideaや対象を（時には中間項を挿入して）結合し、観念を連合させる性質があり、「対象をconceiveする」力もあるというヒュームのimagination論を自然認識に準用することによって、自然の（諸現象の）結合原理を発見する方法を考察したものであり、想像力の力を借りて観念連合を強化しようとしたものではない。第二・第三論文と三位一体の「哲学的探求指導原理」論の方法原理論としての「天文学史」のimagination論は、後述の第三論文で哲学者によって解明さるべき「科学」の主題とされている、自然の動態を貫く個別を超える「普遍」の原理＝自然の運動法則や人間の本性などについてコンセプトを形成（conceive）するためのモデルとしての天球の運動の結合原理の発見原理論であったのである。デュゴルド・ステュアートのいう「推測的・理論的歴史」の方法による四段階歴史理論のように、経験的に確証できない部分は、人間本性の理性的考察に基づく推測で穴埋めすることによって、人類史をdescribeしようとしたものでもない。自然の結合原理、事物の本性（種的本質）、個別を超える普遍の原理は、経験観察の穴を推測で埋めることで発見できるものではないからである。こうした誤まった解釈が生まれるのは、名目論の伝統に立脚する感覚経験論を唯一の原理として絶対視し前提しているためではないかと考えられる。スミスが後述のように第三論文で哲学的探求＝科学の主題を個別の経験を超える「普遍」の認識に求め、普遍の実在を承認していた次第を知るとき、どちらが正しいか自ずと明白になることであろう。

　私たちが見知らぬfamiliarではないものに出合うと、想像力（imagination）がざわめき、一体何物ならんと身近なものから連想してあれこれimagine, fancyし、いろいろ中間項をsupposeして観察しているうちに、対象についての大まかなコンセプトが形成（conceive）される。スミスは、それを経験的に実証することが有機体（生命体）や自然の構造認識の方法である次第を天文学史の研究を通して学ぶことになったのである。スミスが「天文学史」で展開した天球の運動の結合原理発見論は、観察経験に基づくアイディアの形成・連合論→それに基づく対象

describe論とは全く別のものであったのであり、上述のようなimagination原理に基づく対象の本性conceive論こそが、個別を貫く普遍（原理）の概念的把握を主題とする哲学的探求の指導原理であると考えていたのである。

　こうした「天文学の歴史によって例証される哲学的探求指導原理」論が、前述のカントの『判断力批判』の認識論に近いことは明らかである。スミス自身は、カントのように悟性原理と判断力原理とを明確に区別せず、上述の認識過程をunderstanding（悟性的知性）の活動としてとらえているが、ヒューム的な観念連合論や悟性経験論とは異なり、「科学の主題」を「悟性判断」に求めている点で判断力批判論の系譜に属するということができるであろう。「天文学史」の認識論は、想像力に基づく自然の運動の結合原理＝自然の目的論的構造についてのコンセプト形成論＝判断力論であったのであるが、より注目すべき事実は、スミスがこうした「天文学史」の方法こそが下界の自然の構造の探求原理であるとしている点にある。その次第は第二・第三論文を読むとき直ちに了解されることであろう。

（2）「古代物理学史」

　第二論文の「古代物理学史」では、はじめに天界よりはるかに複雑・多様で不規則な下界の「自然の劇場」に生起するseeming chaosについてのコンセプト（conception）を形成するためには、どんなに見知らぬものも想像力がついていく（go along withする）familiarな少数のものに還元されると想定（suppose）した上でdeduce（演繹的に推論）すれば良いという、天文学史の研究から導き出された「天文学史」の方法の下界への適用宣言がなされていることが注目される。その上で、古代の哲学では、最もfamiliarな物理の原理として土、水、空気、火の四元素が挙げられ、とりわけ、火と水が動植物をinspireし自然をanimateするvital principleとされていた次第が「天文学史」のimagination論の論理を駆使する形で明らかにされている。

　古代思想がこのように物理の原理を動植物の生命原理とし、物理学と

生物学を一体的に捉えていたのは、必ずしも生物の物体視を意味するものではない。物理の原理（法則）が生物の活動を規定し、自然界のすべての活動が種の保存に収斂する次第を見ていたために他ならないといえるであろう。古代哲学では、天体の運動が種の産出・不滅性の根拠をなす宇宙の原理であるとされ、種の不滅性の根拠が天球の回転の同一性に求められ、すべての個体は死滅するが、種の発生の原因である天球の回転はつねに同一であるとされていた次第をスミスが強調していることも、上の事実に照応するスミスの関心のほどを示すものとして注目される。

　第二論文では、上述のような形で天界よりはるかに複雑で欺瞞的な動きをする下界の諸現象の隠れた運動法則を発見（conceive）するためには、「天文学史」で確証された方法に従って少数の familiar なものを suppose する必要があるとして、「天文学史」の方法を具体的に適用した論理が展開される一方、古代思想が天界＝下界（天文＝物理＝生物界）一体論を展開し、宇宙の原理が種の保存にあるとして、物理学＝生物学の根本原理が種の保存に求められていた事実にスポットライトがあてられていた次第が大きく注目される。スミスは、天界＝下界（自然・生物界）を通じる哲学（科学）的探求の嚮導原理を天文学史の考察の結果確認した独自の imagination 原理に求める一方、種の保存に収斂する問題こそがすべての根本問題である次第に着目していたのである。彼が「天文学史」に続く、「哲学的探求指導原理」論の第二論文の主題を古代物理学史の検討に求めた理由（根拠）は正しくここにあったといえるであろう。

（３）「古代論理学・形而上学史」

　第三論文の「古代論理学・形而上学史」は、プラトンとアリストテレスを中心にストアまでの古代の論理学と形而上学の歴史をごく大まかに概観・紹介したものであるが、哲学の中核テーマをなす科学の主題と対象の明確化が分析の中心主題となっている。

　科学の主題については、感覚は可変で、個物は変化するので、そうした変化の結合原理の探求、さまざまな個体に共通するもの、変わらずに

残るものが科学の主題をなすと考えられていた次第が語られている。古代の哲学では「個物ではなく、種または普遍が哲学の対象である」とされ、「永続的で不変で常に存在し、いかなる変化も被らないものが、科学の対象、悟性判断の対象とされていた」のである。

　こうした古代の科学観が、多様な個体の感覚的経験観察に基づく事物についての観念構成、その一般法則化を意図する近代の科学観と根本的に異なることは改めて指摘するまでもない。第三論文は、第二論文の宇宙の構成原理論の主題をなす種の保存に収斂する多様な個体の運動の様態の分析・叙述ではなく、個物に内在する普遍の原理・事物の種的本　質・「つねに存在し同一である」「人間本性」の探求を科学の対象とするものであったのである。
ヴェーゼン

　こうした論理は、18世紀思想の特徴をなす「人間本性の自然誌（natural history）」論とは似て非なるものである次第が注意される要がある。後者は、ありのままの人間の本性（Nature）の観察（心理分析）に基づくそのhistories（事象記述・記録）を通して、人間性の実態を明らかにすることを意図したものであり、実体としての人間の本性そのものは不可知であるとの認識批判に立脚するものであった。それに対し、古代の科学観は、多様な個体の変化を貫通・総括する普遍的なもの（事物の本質・種の保存に収斂する種的本質）が永遠の昔から個物に先立って実在すると想定している点に基本的な特色をもつものであるからである。

　古代の科学観は、唯名論の伝統に立脚する近代の科学観とちがって、種的本質（specific essence）としての事物の本質・個体を超える普遍（的な原理や法則）が実在すると考える実在論に立脚するものとして、その認識（概念把握）を「科学」の対象とするものであったのである。スミスは、近代の経験主義の科学観と原理的に異なる古代の科学論が、普遍の論証、普遍的なものの認識（コンセプト形成）を主題としていただけでなく、普遍の実在を認めていた次第の確認を第三論文の主題にしていたのである。

　プラトンは、こうした普遍の認識が可能になるのは、永遠の昔から存在する事物のイデア（種的本質）が想起されるためであるとの想起説を

展開していたが、スミスも第三論文の中でプラトンの想起説について2ページにわたって論及し、プラトンのイデア論の誤用の例証としてカドワースの一般言語論を批判している。しかし、スミスは、想起説を認めていたのではなく、アリストテレスが、特定の種によって決定されない質料も、特定の質料に具現化されない種も存在しないとして、想起説を否定し、プラトンを批判している点を高く評価している。

　このアリストテレスの論理は、彼がベイコン的な個→普遍（個の一般規則）という近代科学と同一の認識論を展開していたことを意味するものではない。アリストテレスは、質料と種的本質、ならびに、個体と普遍とを共に実在としてとらえた上で、質料は形相（Form＝種的本質）を与えられることによって個体（現実存在＝Dasein）になり、形相（specific essence＝普遍）は質料に具現化されることによって実在になるとしているが、普遍（種的本質）それ自体は個体を超える、個体とは別個の独立存在として実存すると考えられていたのである。アリストテレスの作用因と目的因論、その一つの具体化論としてのスミスの作用→目的論が、こうした論理の延長線上にあることは明らかであるといえるであろう。

　「天文学史」からはじまる哲学3論文は、第二論文の種の保存に収斂する宇宙の原理論を継承する形で、古代哲学では①「自然の劇場」である人間社会認識のための哲学（科学）の主題が、多様に変化する個物の運動の結合原理＝事物のヴェーゼン＝人間本性などの普遍原理の認識にあるとされていただけでなく、②経験的には確証できない普遍的な（抽象概念で表現される）ものが実在すると考えられていた次第をクローズアップすることを意図したものであったといえるであろう。

　そうした実在としての普遍原理の認識論そのものは、第三論文では展開されておらず、①普遍は科学の対象＝悟性判断の対象であるという形で、科学の主題である普遍の認識は判断の問題である次第が認識論的には十分整理されない形で示されているだけでなく、② understanding による perceive（知覚）という悟性論的用法も見られるので、断言は控えねばならぬが、感覚経験を超える実在（自然の結合原理や自然の構造）

認識の論理は第一論文ですでに展開されているので、ここでは前提されているとみることが許されるであろう。

　以上のような第三論文の内実は、古代の学説の紹介であるだけでなく、紹介としてもかなり不十分な断片的なものにすぎない。第一論文とちがって、第二・第三論文は人を誤らせる（mislead する）ものにすぎないというグラスゴウ版の『哲学論文集』の編者解説に代表されるような否定的な評価の生まれる一因はそこにあるが、そうした不完全な草稿をスミスはなぜ焼却処分の対象にしなかったのであろうか。史実に即さぬ不完全な作品として否定する前に、スミスがこうしたレジュメ的な習作を焼却処分の対象にせず、「哲学的探求指導原理」論の有機的構成部分として公刊の可否を遺言執行人に委ねたのはなぜか。その理由・根拠こそが問われるべきであろう。それには当然さまざまな理由が考えられるであろうが、その最大の理由は、ベイコン以来の近代科学論、そのベースをなす感覚経験論、その展開としての観念連合論の実態・非現実性にダウトを感じたため、古代の論理学・形而上学のうちにみられる古代の論理の中に社会理論のより本格的な構築のための手掛りを見出したためではないかと推測される。そうした近代科学や近代的認識論に対するスミスの原理的な懐疑をより端的に示しているのが、次節に紹介する「外部感覚論」である。

（４）「外部感覚論」

　「外部感覚論」は、上記の３論文とは独立に執筆されたもので、執筆時期もちがう。20代の青年時代に書かれたといわれる３論文に近い初期説よりも、59年説の方が資料的には説得力があるが、内容的には初期説も捨てがたい。これまでの研究史では「外部感覚論」は、その最終節で展開された本能論が注目されると共に、スミスが生物学的な論理を展開していたことから、スミス思想の生物学的背景に照明が当てられるようになってきているが、そのことのもつ意味は必ずしも明確にされていない。

　「外部感覚論」は、バークリの『視覚新論』をベースにしたもので、

バークリに大きな敬意を表明していることから、バークリの継承と解されているが、その論旨はバークリとは根本的に異なっている。「外部感覚論」の論旨を一言に集約すれば、人間の感覚（五感）は、バークリのいうような「内部感覚」ではなく、外的存在知覚力としての「外部感覚」であるという点にある。人間も他の生物と同様に生物である限り、人間の五感も自己の生存維持に不可欠な外的存在知覚力として付与されたものに他ならないというのが、スミスの根本的な考えであったのである。その上で、スミスはさらにそうした外的存在知覚力としての触覚・視覚・聴覚・嗅覚・味覚の五感の根幹・中核をなすのは触覚であり、聴覚や嗅覚・味覚のように触覚と同様な生物学的な感覚はもとより、見たものの印象から観念を構成するより対自的（für sich）な心的作用につながる視覚も、触覚の補助手段にすぎず、すべての感覚は生命維持のためにあるとしている。

　その次第を少しく具体的に紹介すれば次のようにいえるであろう。

　触覚は、生命体の生存、動物としての生活に不可欠なので、最も本原的な感覚である。視覚は、自己保存のためのアンテナで、陰影や遠近法による接触機能をもつが、その判断の正確さは生命維持に比例する。視覚の目的は、触覚＝生命感覚の補完にあり、接触する対象に関する情報提供にある。聴覚・嗅覚・味覚もすべて触覚の補助手段にすぎず、五感は外物の存在・形態・位置などを知る（conceive）ための生存維持装置に他ならないというのである。

　触覚が外的存在知覚力であること自体は、別にスミスの創見ではない。外的存在知覚力としての触覚のもつ独自の意義は、補遺でふれるように、スミスと同時代の自然学者や感覚論者がそれぞれの形で論及していた主題であったのであった。スミスがそうした当時の触覚重視論者の見解に一見同調するような形で感覚の問題を取り上げたのは、バークリが主著『人知原理論』の前年に刊行された『視覚新論』（1709年）で、触覚の一次性を強調しながら、触覚の役割を事実上キャンセルする議論を展開していたことに認識論的に容認しがたいものを感じたためであったのではないかと思われる [補遺1]。

バークリの『視覚新論』の主題を一言に要約すれば、外的存在の一次性質を知覚するのは触覚で、視覚は光と色で物質の二次性質を知覚するだけであるが、触ったものを見、見たものに触って確かめる経験の繰り返しに基づく触＝視の習慣的連接から、視覚が触覚の機能をも代行・包摂するようになったのであるとした点にある。バークリは、そうした事実認識を根拠に、視覚が外的存在（を知覚する触覚）のサインないしマークとして生活に必要な言語的機能を果たしているという、視覚言語論を展開していたのである。こうした論理展開は、バークリが自然の創造主が付与した言葉としての視覚に人間の生存維持に必要な機能をもたせることによって、視覚中心の世界像を正当化しようとしていたことを示しているといえるであろう。

　スミスの「外部感覚論」がこうしたバークリの『視覚新論』の議論を前提し、下敷にしていたことは、バークリの視覚言語論をそのまま踏襲している箇所が見られることからも明白であるが、「外部感覚論」の論理内容は、バークリの継承ではなく、バークリの論理の逆転によるバークリの視覚言語論の全面批判になっている次第が注意される要がある。

　スミスがバークリ批判を意図した理由は、バークリのように①触覚を含めた五感がすべて内部感覚化されるとき、外的存在が内観による心理分析の対象化されるだけでなく、②視覚が触覚の機能を代行し、③光と色によって一次性質が判断されるとき、視覚対象の外的存在は視覚像（風景画）化し、外的存在そのものは fade away し（消え去っ）てしまう点にあったといえるであろう。視覚は、触・聴・嗅・味のより即自的な生物学的感覚とちがって、見たものを分類・整理することによって対象についての観念像を構成するより対自的な機能を伴うだけに、視覚が触覚の機能を吸収・代行し、視るだけで対象が判断されるようになるとき、実体そのものの生きた生命の息吹き（生命感覚）は希薄になってしまう。それだけならまだしも、実体そのものとは異なる、視覚を通して見た限りの対象についての観念（連合）的な肖像画が describe されることになる。そうした形で対象についての肖像画を画くことも必ずしも意味のないことではないが、生身の人間・生活者が見知らぬ対象に

出会ったときにすることは、哲学者のように肖像画を描くことではなく、対象についてごく大まかなコンセプトを形成し、対象と接触を重ねることを通して徐々に理解を深めていくことであろう。それが生物（生命体）としての人間行動の実態であり、対象そのものを知る道であるが、視覚中心論にはそうした生物としての人間の外物・他者認識の根本視角が欠けているというのがスミスの批判の根底にあった疑念であったのでないか。

　一次性質と二次性質との区別を排し、二次性質ぬきには一次は見えないとして、触視を一体化し、触覚を視覚に従属させていたヒュームの『人間本性論』の認識論は、こうしたバークリの論理をより徹底化したものであったといえるであろう。スミスの「外部感覚論」は、こうしたバークリ→ヒューム的な視覚中心の知識論、その端的な表現としての観念連合論、さらには内観に基づく心理学的な観念構成論の必然的帰結としての、事物の運動の論理学の心理学化の非現実性に対する意識的批判に基づくものであったのである。スミスが「外部感覚論」では、哲学第三論文で批判していたカドワース的な一般言語論だけでなく、（第三論文でも事実上否定していた）idea連合論をも明示的に批判しようとしていることも、こうした解釈の証左をなすものといえよう。

　「外部感覚論」は、①バークリ＝ヒューム的な視覚中心の観念（アイディア）理論では生物としての人間界の問題は捉えきれないのではないかという根源的な疑念から、②触覚を根幹とする五感が対他存在としての人間の生存維持のための外物・他者認識感覚（外的存在知覚力）である次第を明らかにし、③触覚が実体としての外物の存在・形態・位置についてのコンセプトを形成する能力をもつ知的感覚でもある次第を認めていたバークリの指摘を外物conceive論として再構成することによって、④バークリ＝ヒューム的な視覚中心の観念理論とは本質的に異なるより生物学的な社会認識の理論構築の道を拓こうとしたものであったのである。スミスは、私たちが対象を見るときに感じる印象（感覚と反省）に基づく心理学的な観念構成論ではなく、対象に触れるときに確認される実体としての外的存在・他者認識をベースにその形態や大きさ、位置などについて

のコンセプトを形成することから可能になる論理学（事物の物理的概念構成論）としての対象認識への道を切り拓こうとしていたのである。

　だが、生物（生命体）としての人間の感覚（五感）が生命維持のための外物知覚力であり、人間の本質が対他存在である点にあるとするとき、見たものについてどのような観念を構成し、どう describe するかではなく、出会ったものについてどのようなコンセプトを形成（conceive）し、どう response するか、共感するか反撥するかが問題になることであろう。スミスがシンパシー原理に基づく想像上の立場の交換による自制の倫理（自己抑制の意識）の確立を処女作『道徳感情論』の主題にした根拠の一つはそこにあったのではないかと考えられる。『道徳感情論』（初版）は、その限りでは触覚論的他者認識（その原理としてのシンパシー原理）に基づく社会主体の形成を根幹とする生活者相互間のヒラの人－人関係理論の構築を意図したものであったということもできるであろう。

　倫理学としての『道徳感情論』それ自体は、もとより道徳哲学体系の一部門として執筆されたことはいうまでもないが、スミスがヒュームのように認識論から出発せずに、シンパシー論から出発したことの一つの背景には、バークリ＝ヒューム的な視覚中心論的人間把握とは原理的に異なる「外部感覚論」的他者認識があった次第が顧みられる要があるのではないか。ヒュームとスミスのシンパシー論の相違点、さらにはバークリ→ヒューム的な視覚ベースの人間本性論とスミスの社会理論との間に感じられる主体性・実践性の微妙な差異の根底はここら辺にあったということもできるであろう。

　スミスの言語論が、最近公刊された書物で大島幸治が論証しているように、当時の文法論の主流をなすものとしてヒュームなども採用していた名詞中心論ではなく、動詞重視論であったことも、上述のようなスミスの論理と照応するといえよう。名詞中心論が対象についての心象分析＝ describe 論的性格をもっているのに対し、動詞は、事物の心象分析ではなく、実体 conceive ＝実物判断論＝交通主体論的性格をもっているからである。

同様に『道徳感情論』と『国富論』で展開されたスミスの社会理論が、心理学（人間本性の心理学的解析論）ではなく、哲学第三論文の「論理学・形而上学史」と同様な論理学的性格をもっている点も、「外部感覚論」の論理と照応するといえるであろう。人間が触覚を根幹とする外部感覚に従って動く感覚・感情・情念主体として捉えられるとき、他者（外物）との関係によって動く感情の運動の論理・その法則性の解明が主題となるからである。スミスが分業・交換・説得性向、（歓喜などへの）同感感情、生活改善願望などを根幹にした論理を展開していることは周知の事実であるが、性向や感情・願望それ自体は心理ではなく、Nature（自然）である。スミスはそうした「人間の自然」の心理分析をも行ってはいるが、心理分析それ自体を主題にしていたのではなく、人間の自然の性向や感情・情念の運動の論理の解明・叙述を主題にしていたのではないか。スミスは、ジェームズ・アルヴィが論証したように、人間の自然（本性）の運動の論理＝その目的論的構造（teleology immanent in human nature）を明らかにした上で、その対自化による主体の倫理の確立を『道徳感情論』の主題にしていたのである。

　スミスが、シンパシーという感情原理を人間の社会関係把握の根幹に据え、そうした社会的感情原理に従って動く人間の行為の対自化論としての倫理学を展開する一方、人間の自然の性向や情念に基づく事物（商品）の運動法則の分析・解明を目的とする実在論的社会理論の展開をグランド・デザインの主題とするに至った一つの背景は、哲学3論文執筆時点から根差していたと思われる（バークリ・ヒューム的な観念理論批判の根幹をなす）「外部感覚論」的人間把握にあったのである。スミスの著作の悟性経験論的解釈が支配している学界の現状の下では、こうした見解は容易に受容されがたいであろうが、スミスの作品が、実体そのものは unknown something として切り捨て、視覚を通して見る限りの観念連合の産物ではなく、事物そのものの概念的把握に基づく普遍原理論的性格をもっていることは誰しも否定しえないであろう。

　スミスは、バークリの視覚言語論では実体としての生きた人間の問題が見失われ肖像画的対象になってしまうので、生物としての人間の自然

の性向や感情の運動の論理・さらには、それに基づく事物（商品）の運動の論理・その動態とその結合原理の分析・解明を「科学」の主題とすべきだと考えたのでないか。彼が、第二・第三論文で古代の物理学と論理学・形而上学の論理を意識的にクローズアップしていただけでなく、「外部感覚論」の中でははっきりと古代の思想にも見るべきものがあり、近代の論理にも難点があると述べていることが、その何よりの証左をなすといえるであろう。

　人間の感覚を外部感覚（外物知覚力）として捉える上述のような「外部感覚論」の論理が生物学的人間像に立脚していることは明らかである。バークリの視覚言語論やヒュームの観念連合論は、人間を他の生物と異なる知的存在として知覚（perception）中心に見ているので、スミスのように人間も他の生物と同じ生物と考えれば、人間の感覚も生存維持のための外物知覚力としての外部感覚であると考える方が当然であろう。

　こうした生物学的人間像に基づく事物認識の論理をより端的に表現しているのが、「外部感覚論」の最終セクションに展開されている本能論である。スミスはそこで動物や人間の子どもの本能的な行為の例をあげているが、議論の核心は、人間も他の生物と同様に生まれながら外物の存在を意識し、そのコンセプトを形成（conceive）して行動する能力をもっているとしている点にある。本能は pre-conception であるという彼の言葉がその何よりの証左をなすといえよう。スミスは、本能が経験観察→観念（アイディア）形成に先立つ次第それ自体の論証を主題にしていたのではなく、人間も他の生物と同様に生まれながら外物を conceive して行動する能力をもつ次第を論証しようとしていたのである。

（5）哲学4論文とグランド・デザインとの関係

　以上のような「外部感覚論」のグランド・デザインに対してもつ意義は、①触覚の機能を視覚で代替し、自然の法則や事物の運動の論理の認識論としての論理学を心理学化する近代科学の認識論（その代表としての観念連合論）が、事物それ自体は unknown something として切り捨てる非現実性を批判し、②人間も、他の生物と同様、出会った他者につ

いて大まかなイメージを形成（conceive）して行動する生物である（それが生活者の行動様式である）次第を明らかにすることによって、③人間相互の社会関係を実在の生活者相互間の「対立」に媒介される交通関係（カントのいう「非社交的社交性」に基づく社会関係）として捉える、実在論的社会理論形成のための前提条件を提示した点にある。こうした論理の現実性は、人間も自然の物理法則の下に生きる生物である限り、他者との接触・対立・交感（correspondence）関係がすべての根幹をなすことからも知られよう。

　こうした生物学的な「外部感覚論」をも含めたスミスの哲学4論文の意義は、人間をその作用因とする「自然の劇場」の運動法則＝その結合・統一・規制原理＝その作用因としての個体の活動や個々の事物の運動を貫く「普遍」原理の発見を「科学」の主題とする社会認識論のモデル・あるべき姿を描き出した点にある。第二・第三論文の叙述それ自体は、古代の論理の紹介という形になっているので、一見スミス自身の見解とは別のようにみえるが、第一・第四論文と合わせて考えると、有機的な関連が明らかになり、4論文が一つの共通の問題意識に基づくものであった次第が了解されることであろう。その根本原理を提出したのは感情原理に立脚する「天文学史」のimagination論であったが、そうした感情原理に立脚する人間の情念を動因とする感情の運動の論理学——その対自化論としての道徳感情論・その中核原理としての同感論をベースにする人－人関係の実在論的社会理論を展開したのが『道徳感情論』と『国富論』であったといえるのではないであろうか。

　スミスのグランド・デザインは、当然のことながら「天文学史」からはじまる『哲学論文集』の認識論と不可分の対応関係にあったのであるが、『哲学論文集』で展開されたスミスの認識論は、バークリ→ヒューム的な視覚ベースの観念連合論ではなく、古代モデルのすぐれて実在論的・生物学的なものであった。その次第を知るとき、スミスの主著作が目的論的な自然の構造と人間本性の普遍原理の認識・論証を主題とする実在論的社会理論であった所以（理由）や、その論理的枠組みがより明確になるであろう。それだけでなく、その論理必然的帰結として、形而

上学と経験分析（普遍原理の展開とその経験論証）とが同時併存するスミスの両義的・対極的な論理展開の認識論的根拠も明らかになり、スミス理論のより根源的な理解が可能になることであろう。

3）実在論の実践的主体性

　バークリ→ヒューム的な視覚中心論の伝統に立脚する現代の経験理論は、経験的に確証できない実体（生命体）は unknown something として切り捨て、悟性原理に基づく経験の範囲内で捉えられ、実証できるものだけを科学（science）の主題としているが、それでは有機体としての人間や自然の構造は理解しうべくもない。そうした問題に気付いたカントが、『判断力批判』の第二部で悟性原理では認識しえない有機体や自然の構造の概念（コンセプト）形成（begreifen）論を展開し、「自然目的」としての生物有機体の構成する「自然の客観的合目的性」を想定（前提）するとき、有機体や自然の構造の正しい認識が可能になるとして、目的論と経験論との融合の要を説いていたことは前にふれた通りである。にもかかわらず、カントは、「自然の目的」それ自体は経験的に認識しえないことから、神のデザインの経験論証（自然科学化）を意図していた自然神学（Physikotheologie, natural theology）を否定し、『実践理性批判』論的な道徳神学（Ethikotheologie, moral theology）に後退してしまったのであった。カントが、それなりに生物学の知識を背景にした自然認識の原理論を展開しながら、社会理論の構築に進まず、感性界と英知界との超越的な二元論に止まった理由の一つはそこにあったといえよう。

　こうしたカントの『判断力批判』のどんでんがえし的動向に対し、スミスは、カントの判断力批判の論理に照応する認識論を imagination 原理に基づく自然の結合原理や普遍原理の conceive 論として具体的に展開していただけでなく、カントのように二元論に後退したり、ヒューム的な対象 describe 論に走ることなく、実体としての個体の運動に即しながら、個体の運動の根幹をなす人間行動や経済活動の「普遍」原理に基づく経験論証を『道徳感情論』と『国富論』の主題にしていたのである。

こうしたスミスの主著作の主題と論理が、『哲学論文集』の認識論と照応している次第はすでにみた通りである。スミスが『哲学論文集』の哲学3論文と「外部感覚論」の論理に基づいて主著の論理を展開していた次第の具体的論証は今後の研究に待つほかないが、『道徳感情論』と『国富論』の論理が、自然の運動の論理学の快苦の心理学化に照応する経験論的な「人間本性の自然誌」の展開を主とするものではなく(補遺2)、人間の情念や感情・自然の性向の運動の論理の展開——その論証とその対自化——を根幹としたものであったことは確かである。彼が古代の物理学史、論理学・形而上学史についての断片習作的草稿を焼却処分の対象にしないで、公刊の是非を遺言執行人の判断に委ねた理由も、主著作の認識論的根拠がどこにあったかを判断してもらう手掛りを残しておきたいというスミス自身のひそかな願望に基づくものであったのではないか。そう推測することも、あながち見当外れの想定ではないといえよう。いずれにしても、スミス理論の意義と独自性は、古代の実在論的論理を参考にしながら、「自然のオペレーション」や、人間を作用因とする自然の客観的運動法則としての「自然法則」認識の論理として、imagination原理に基づく人間界のinvisible chain発見論を展開し、それを作用因の活動の経験観察を通して経験的に実証した点にある。スミスは、カントと同様、有機体や自然の構造分析には目的論と経験論との融合が不可欠である次第を事実上認めていたのであるが、こうした認識それ自体は必ずしもスミスやカントがはじめてではない。

　唯名論は、感覚経験に基づく事物認識への道を拓いたが、その反面、経験的に確証しえない実体や普遍原理認識の可能性を原理的に否定するものであったため、観察者の視覚を通して見た限りの観念理論化することになってしまったのであった。それに対し、実在論は、経験的に確証しえない実体や普遍の認識を主題とするものである限り形而上学でしかありえないが、実在する事物そのものの運動の論理の解明を認識の主題とし、現実との実践的かかわりを通して自然のシステムの隠された鎖を発見しようとする点で、スミスの認識論の論理の示すように、すぐれて主体的・実践的・現実的な論理である次第が承認される要があるのでは

ないか。

　近代思想は、普遍の実在を認める古代・中世の実在論を形而上学として否定し、個体のみが実在するとする唯名論の伝統に従って、個人主義的な世界像を構築し、感覚経験に基づく観念連合論的論理で世界を説明してきた。それが17世紀以降の近代思想の基本的特色で、近代の自然観や経験科学論はその土壌の上に成立したものであった。しかし、実際にはそれだけが近代思想や経験論の真実であり、そのすべてであった訳では決してない。

　イギリスの古典経験論やその系譜につながる18世紀思想は、序節でふれたスミスやカントに代表される多くの思想家の「自然法則」観の示すように、客観的自然法則（objective laws of Nature）の支配を承認・前提した上で、その運動法則をその作用因としての人間や個物の運動の論理の経験分析を通して解明しようとしたものであった。18世紀思想に見られる実在論（的前提）と経験論との併存の根拠はここにある。スミスの『哲学論文集』は、こうした実在論と経験論との融合の試みとして、実在論（実在前提の論理）の主体性・実践性・現実性をクローズアップしたものであったが、断片エチュードで非公刊であったため、ヒューム―カント的な論理が認識論の主流となって実践性を喪失し、認識論と実践哲学が分離・分裂してしまったのであった。スミス的な実在論の系譜につながるヘーゲル論理学も、事物そのものの運動の論理の解明を主題としながら、その論理的厳密性のゆえに逆に個体そのものは弁証法的に揚棄される形になり、マルクス的唯物論に転化していったため、主体の実践が叫ばれながら、理論と実践（現実）との融合は掛け声に終わっていた感が強い。

　イギリス経験論がすぐれて実践的・現実的であるといわれる所以は、経験的に確証できないものを unknown something として切り捨てる点にあったのではない。アングロサクソン的経験主義の偉大さは、自然の必然法則の支配・貫徹を前提・信頼していたため、経験を超えるものを一切否定する傲慢主義にならず、生の生きた現実そのものをそれとして謙虚に眺め、生の現実そのものから学ぶことを通して、既成のツール

を修正していく点にある。そうしたイギリス経験論の神髄は、近代科学の信奉者が心酔している悟性経験一元論や実証主義とはちがい、京大の冨田恭彦がロック自身が問題にしていたのではないかという、「idea論の底にあるもの」としての実在そのものの概念把握とその経験論証を主題にしていた点にあるのではないか。

　そうした実在論と経験論との統合の論理を具体的に展開していたのがアダム・スミスの『哲学論文集』であったのであるが、徹底した実践的問題意識に基づいて理論と実践との統一を図ろうとされていた栗木安延教授の営為は、実在論と経験論との実践的統一の一範例であったことに気づいて、改めて畏敬と哀惜の念を深めている次第である。

[補遺]
（1）　触覚が五感の根幹をなし、視覚・聴覚・嗅覚・味覚はすべて触覚の補助手段にすぎないという、スミスがバークリ批判の典拠とした触覚根幹論は、必ずしもスミスの独創ではない。ビュフォンやコンディヤックその他の18世紀中葉の思想家が大なり小なり展開していた論理であった。山中浩司によれば、ビュフォンは、1749年に出版した『博物誌』の第三巻で触覚だけが外物についての「完全で現実的な知識」を獲得可能にする「知的感覚」であるとするとともに、「生命感覚」としての触覚の地位の根幹性をも明確にしていたといわれる。同様にコンディヤックも、『感覚論』（1754年）の中で、触覚だけが「外部の対象を判断する唯一の感覚」で、他の感覚はすべて触覚の補助にすぎないという「外部感覚論」と同様な見解を展開している。ディドロやモーペルチュイらの議論には生命感覚としての触覚論がみられるとのことである。

　スミスの触覚論がこうした18世紀中葉の思想家たちの触覚論に基づくものであったか否かは不明であるが、スミスがこうした触覚論者の見解よりさらに一歩踏みこむ形で触覚を根幹とする五感が「内部感覚」ではなく、生命維持のための「外部感覚」であるとする「外部感覚論」を展開したのは、感覚論それ自体への関心に基づくものであるよりも、バークリの視覚言語論的認識論、さらには、それを前提したヒュームの『人

間本性論』における視触一体化に伴う観念論的社会理論に対する批判的問題意識に基づくものであったのではないかと考えられる。

　バークリは、既述のように視覚を触覚のサインないしマークに他ならないとする視覚言語論に象徴される触＜視⇒知識論をベースにした視覚中心の観念理論の展開を『視覚新論』の翌年出版した『人知原理論』の主題にしていたのであった。スミスがバークリに敬意を表しながらバークリの『視覚新論』を批判したのは、こうした認識批判論的文脈に基づくものであった次第が注意される要がある。ヒュームの『人間本性論』は、こうしたバークリの知識論をさらに一歩進める形で、視覚と触覚を無差別的に同列視し、視・触に基づく知覚（perception）＝印象→観念＝連合による事物の認識、describe論を展開したものであった。

　スミスがヒュームの『人間本性論』を読んで大きな衝撃を受けたことは周知の事実であるが、スミスは同時に可視・可触（visible and tangible）が一体的に扱われ、触覚の「生命感覚」としての独自性が十分に考慮されずに内部感覚化されるとき、対他存在としての「生命体」の問題が消え去ってしまうことに go along with できないものを感じたのではないかと思われる。スミスが「外部感覚論」で、ヒュームの『人間本性論』の視触無差別同一化論の論拠をなしていたバークリを批判することを通して、idea連合論を批判するとともに、人－人関係の社会理論の根本原理を絶えず他者を意識せずには生きられない外部感覚＝他者認識主体としての人間相互の他者との correspondence（応答・交感）関係に求めるに至った背景はそこにあったのではないかと想像される。

　スミスが「外部感覚論」を執筆したのは、感覚論それ自体の展開を意図したためではなく、ビュフォンその他の自然誌研究の知識やコンディヤックその他の触覚論者の知識を借りて、バークリ→ヒューム的な視覚言語論的認識論の難点（非生命感覚性）を明らかにするとともに、他者との対立・緊張・交通関係に生きる対他存在（生命体）としての人間相互間の cor-Respondence（交感）関係（その響導概念としてのシンパシー論）こそ、人－人関係としての社会理論の根幹をなす次第を確認するためであったのではないであろうか。

（２）　スミスの探求方法が「人間本性の自然誌」の展開を主とするものではないということは、スミスが自然誌（natural history）に関心がなかったとか否定的であったという意味では全くない。スミスは、ビュフォンやリンネ、レオミュールなどへの言及からも窺われるように、当時の自然研究者の自然誌研究に大きな関心を示していただけでなく、自らもフィールド・ワークを行ったことがあるといわれる。自然誌的研究は、自然現象の経験観察・実験の結果を記録するものなので、その限り経験論であるが、自然誌研究自体は必ずしも経験観察の結果の一般規則化を主題とするものではない。ベイコンやリンネは、観察結果の分類や一般規則化を行っているが、経験観察の結果の分類や一般規則化で引力原理や自然の構造、自然のオペレーションが解明されはしない。さまざまな不規則な動きを通して貫徹する天体の自然の運動の本質・普遍の原理の発見は、経験観察の結果の記述や分析によって可能になるものではないからである。

　自然誌研究の意義は、観察や実験の結果を一般化する点にあるのではなく、自然観察の結果をそのまま記述することによって自然のありのままの動態を知る手掛りを提供する点にあるが、観察の対象となる自然の生態、とりわけ動植物の生態はすぐれて生物学的・生態学的なので、その観察結果に悟性経験論の論理では捉えきれない有機体論的な思想が見られる方がむしろ当然であるといえよう。

　その具体的論証は私の手に負えることではないが、当時の自然誌研究の記述とスミスの哲学論文の記述とがときに触れ合う場面がみられる根拠はそこにある。あえて推測すれば、スミスは、自然誌研究の成果の読書を通して「外部感覚論」に代表されるような、観念連合論と異なる生物学的な視角を深めていった可能性すらあるといえるのではないであろうか。

　論者のいう「人間本性の自然誌」論は、こうした生態学的な論理につながる自然誌研究とちがって、人間の自然（本性）の諸側面の経験観察や内観に基づく人間本性の心理分析的性格の強い経験的人間本性論であ

るが、こうした "Nature of Human Nature" 論は、スミスが『道徳感情論』と『国富論』で解明の主題にした人間の自然（感情）の運動の論理学としての人間本性論とは基本的に性格を異にしているといえよう。『道徳感情論』と『国富論』の論理が、バークリ→ヒューム的な観念連合論の系譜につながる人間本性の自然誌論ではなく、古代の論理学＝形而上学の系譜につながる実在認識論をベースにしたものであった次第は、以上の対比からも証明されるのではないであろうか。

［主要参考文献］

Alvey, James E.: *Adam Smith: Optimist or Pessimist?*, Ashgate, 2003.

Berkeley, George: *An Essay towards a New Theory of Vision*, 1709. in *The Works of G. Berkeley, Bishop of Cloyne*, ed. by A. A. Luce & T. E. Jessop. Vol. 1, London, 1948. 下条信輔ほか訳『視覚新論』勁草書房、1990年。

Brown, K. L.: Dating Adam Smith's Essay "Of the External Senses", *Journal of the History of Ideas*, Vol. 53-2, 1992.

Hume, David: *A Treatise of Human Nature*, London, 1739. ed. by L. A. Selby-Bigge, Oxford. 1967. 大槻春彦訳『人性論』岩波文庫

Immler, H.: *Natur in der ökonomischen Theorie*, Opladen, 1985. 栗山純訳『経済学は自然をどうとらえてきたか』農文協、1993年。

Kant, I.: *Kritik der Urteilskraft*, 1790. Herausgegeben von Wilhelm Weischedel, Suhrkamp, 1968. 篠田英雄訳『判断力批判』岩波文庫

——: *Idee zu einer allgemeinen Geschichte in weltbürgerlicher Absicht*, 1784. 中山元訳『永久平和のために他』光文社文庫

Kleer, R. A.: "The Author of Nature": *Adam Smith and Teleology*, Toronto, 1992.

Lindberg & Numbers (eds.): *God and Nature*, Berkeley & Los Angeles, 1986.

Ross, I. S.: *The Life of Adam Smith*, Oxford, 1995. 篠原・只腰・松原訳『アダム・スミス伝』フェアラーク東京、2000年。

Smith, Adam: *The Theory of Moral Sentiments*, 1759, ed. by D. D. Raphael & A. L. Macfie, Oxford, 1976. 水田洋訳『道徳感情論』岩波文庫

——: *The Wealth of Nations*, 1776, ed. by R. H. Campbell & A. S. Skinner, Oxford, 1976, 水田洋監訳『国富論』岩波文庫

——: *Essays on Philosophical Subjects*, 1795, ed. by W. P. D. Wightman, J. C. Bryce & I. S. Ross, Oxford, 1980. 水田洋ほか訳『哲学論文集』名古屋大学出版会、1993年。

――: *Lectures on Rhetoric and Belles Letters,* ed. by J. C. Bryce, Oxford, 1983. 水田洋・松原慶子訳『修辞学・文学講義』名古屋大学出版会、2004年。

Veblen, T.: The Preconceptions of Economic Science, 1899, in his *The Place of Science in Modern Civilisation,* New York, 1961.

Viner, J.: *The Role of Providence in the Social Order,* Princeton, 1966.

Willey, B.: *The Eighteenth Century Background,* London, 1940. 三田博雄ほか訳『十八世紀の自然思想』みすず書房、1975年。

Worster, D.: *Nature's Economy,* Cambridge, 1977. 中山茂ほか訳『ネイチャーズ・エコノミー』リブロポート、1989年。

大島幸治『アダム・スミスの道徳哲学と言語論』御茶の水書房、2008年。

佐藤康邦『カント「判断力批判」と現代』岩波書店、2005年。

高哲男「アダム・スミスにおける本能の概念化と経済学の生物学的基礎」『商経論叢』（神奈川大学）43−1号、2007年。

只腰親和『「天文学史」とアダム・スミスの道徳哲学』多賀出版、1995年。

浜田義文『カント倫理学の成立』勁草書房、1981年。

山中浩司「感覚の序列」大林信治・山中浩司編『視覚と近代』所収、名古屋大学出版会、1999年。

《付言》　本稿は、ご在世中数年間にわたって親しくご交誼いただいた栗木安延教授の追悼記念論文集に寄稿させていただくことになった機会に、これまでの研究過程で浮かび上がってきたスミスの認識論の枠組みについて中間報告的な形にまとめて活字化しておくことも、個別論点の分析結果を原稿化しやすくする面もあることに気づき、折角の記念論文集を汚すことを懼れつつ試論として原稿化したものである。

　　　　　初出：合澤清ほか編『危機の時代を観る』社会評論社、2010年、
　　　　　題名変更、一部加筆

第2章　スミス認識論の出自と主題

1）スミス研究の動向と問題点

　グラスゴウ版スミス全集の編者たちの解説やロスのスミス伝の叙述などに代表されるこれまでの欧米のスミス研究の支配的な見解では、ヒューム→スミスの密接な継承関係に基づいて、両者が連続・一体的に捉えられ、スミスもヒュームと同じ（悟性）経験論者であるとの解釈が普遍的になされている。そうした見解が半ばドグマ化され、ドグマの論証ないしドグマに基づく分析が行われているのが現状であるとさえ言えよう。これまでの研究においても、もとよりヒュームとスミスの基本的相違点が、目的論的な自然的秩序観にあること自体は広く承認されていることは指摘するまでもない事実である。ロスも、ヒュームの『自然宗教に関する対話』の刊行にスミスが同意しなかった根本理由はそこにあった次第を強調している（[17] 338-340, tr. 389-391）。しかし、こうした実在論的前提・枠組みをそれとして承認すれば、当然、両者の認識論についても、基本的な相違が出てくる次第が問題にされねばならないのに、経験論そのものの前提や経験概念の多様性についての認識批判が欠如し、逆に個別の経験を超える論理はすべて meta-science として拒否する科学哲学的思考様式が一般化しているため、スミスも、ヒュームと同じ観念論的な悟性経験論であるとの受け止め方が内外を通して（スミス思想の神学的解釈者たちなどの少数派を除く）圧倒的多数のスミス研究者の支配的見解になっているのが実情である。

　スミスの人間本性論をヒューム的な快苦の心理学に還元するような解釈が生まれるひとつの背景は、こうしたヒューム的経験論的解釈の潮流にあると考えられるが、本書の中心主題をなすスミスの『哲学論文集』研究についても同様なことがいえるように思われる。これまでそれなり

に注目されながらも大きな問題とされることのなかった『哲学論文集』についても、最近は内外を通して「新たな関心を獲得している」（[23] 5）が、スミス自身が「天文学史」の第2節（[23] 46, tr. 26）で言及している3論文の一体性が論証されることなく、逆に『哲学論文集』の編者解説に代表されるように、第二・第三論文についてかなりネガティヴな評価がなされたままに留まっている。その原因はひとえに、経験主義的な先入観で「天文学史」を読み、その視角で第二・第三論文を読んでいることによる面が大きいといえるであろう。

同様に、「外部感覚論」の重要性がそれなりに注目され始めているにもかかわらず、そのもつ意義やスミスのグランドデザインとの関係については、そこに「経済学の生物学的基礎」をみる高哲男（[36]）やクリーア（[11]）などの少数の例外を除いては、困惑感の方が強いのも、同じような理由によるといえるであろう。スミスの思想体系解明における『哲学論文集』の重要性がそれなりに認識され始められながら、何か手詰り状態に陥っているのは、ヒューム＝スミス一体の経験論ドグマのせいであるといっても必ずしも過言ではないであろう。

こうした経験一元論的なスミス解釈の問題性は、これまでのスミス研究の主潮流とも関連があるので、20世紀後半以降のスミス研究の問題点を明らかにすることから本論に入ることにしたい。

（1）自然法学 vs シヴィック・ヒューマニズム

欧米のスミス研究が第2次大戦後本格化したのは、1970年代からのことであった。その最大の契機は、新資料の発見と『国富論』200年祭を契機とするグラスゴー版新全集の刊行と、ケインズ主義と社会主義の破綻に伴うスミスの現代的意義の再確認にあったとみることに異論はないであろう。

スミス研究は、20世紀の第4四半期以降、新しいステージに入ったのであるが、その最初のハイライトは、1983年にホント Hont とイグナティエフ Ignatieff が編集・刊行した『富と徳』に収録された論文をめぐって展開された自然法学的接近とシヴィック・ヒューマニズム的解釈との

対立である。それ以降、スミスのシヴィック的解釈が内外を通して活発に展開されている。

　産業の発達に伴う富と徳の相反・徳の腐敗を是正する論理としてのシヴィック原理は、全ヨーロッパ的にはユニヴァーサルな問題で、スミスもその影響下にあったことは、民兵論などに示されているとおりである。しかし、グラスゴウの学生時代にハチスンの薫陶を受けたスミスの終生にわたる思想主題は、プーフェンドルフの自然法学の感情論化を意図していたハチスンの道徳哲学、その中核をなす自然法学の批判的継承による富と徳問題の解決で、シヴィック論理による問題の解決ではない。スミスの処女作『道徳感情論』は、シンパシー原理に基づく倫理学の確立による法学方法原理の構築を意図したものであった。『国富論』がその原理に基づく法学の一部として展開され、『道徳感情論』の6版の序文でも残された「法学」そのものの展開を意図している旨を告白していることは周知の事実である。

　法学こそがスミスの終生の基本（中心）主題で、ハチスン同様デザイン論を前提していたスミスにとっては、ハチスンのデザイン論証と道徳哲学に対するヒュームの認識批判にどう対処し、どのような形で自然の原理に立脚する経験的社会理論を構築するかが最大の思想主題をなしていたのである。シヴィック論理は、その痕跡があったとしても、スミスの思想形成・展開のフレームをなすものではない。『法学講義』ポリース（行政）論における商業⇒自由（道徳）論は法学の論理であり、富×徳の矛盾＝富の増大に伴う道徳の腐敗問題に改めて直面した『国富論』刊行以降も、シヴィック論理ではなくストアの論理による問題解決を意図したものであったことは、『道徳感情論』6版改訂部分の叙述の示す通りである（［40］下、第3部）。スミスは客観的な自然法則の存在を前提した上で、自然の原理に即した経験的な社会理論の構築を主題にしていたのであり、問題はその認識原理がヒュームと同じであったか否かという点にあるのである。

　ウィンチの『アダム・スミスの政治学』（1978）とホーコンセンの『立法者の科学』（1981）に代表されるスミスの政治学的解釈は、古典的共

和主義の伝統に立脚するシヴィック・ヒューマニズムとは思想系譜が異なる。スミスの政治学的解釈（の台頭）は『法学講義』Aノートの公刊（その中で政治学的分析が詳しくなされていたこと）を契機とするものであったが、それが一時スミス研究の主流に伸し上がった背景は、ケインズの『自由放任の終焉』以降の20世紀の経済動向の下で自由放任主義が行き詰まり、国家が大きな役割を演ずるようになった点にあったことは明らかである。しかし、スミスの経済学は、もともと自然法学の中から「立法原理論」として登場したものなので、スミスの経済学が立法者の科学であり、スミスの経済理論が政治理論と不可分の関係にあることは改めて指摘するまでもない事実である（[39] 後編 ch. 1 参照）。問題はスミスにおける Politics の問題を上述のような立法原理論としての自然法学の理論的枠組みと現実の政治の動態との関係でどう解釈するかにあったといえるであろう。アダム・スミスにおける政治学の問題が、"自然法学 vs シヴィック"のような原理的対立にならず、"ジェイムズ・ステュアート対スミス"的な経済理論内部の問題に収斂していった理由もそこにあったといえるのではないであろうか。

（2）神学的解釈 vs 経験的接近

　戦後のスミス研究の第2の主要な動向としては、スミス理論の経験一元論（悟性経験論）的解釈と神学的解釈との対立がある。スミス思想の神学的前提は、19世紀以降、クリフ・レスリー Clif Leslie、ハスバッハ Hasbach、ヴェブレン Veblen などによってそれなりに承認されてきたが、1940年前後のビッターマン Bittermann 論文あたりから、作用因の論理の経験分析がスミスの主題であり、神学的前提はメタファーに過ぎないとする解釈が支配的になってきたことは周知の通りである（[11] ch. 1）。

　こうした20世紀の後半以降に支配化した研究動向に根本的なダウトを提出したのは1966年のヴァイナーの講演（[28]）であったが、ヴァイナー論文に触発されたクリーア（[11]）やアルヴィー（[1]）に代表される少数の研究者は1990年代以降スミス理論の神学的前提概念を改めて明白

に描き出し、スミス理論の神学的・目的論的構造を具体的に論証するペーパーを発表し、『道徳感情論』はもとより『国富論』も神学抜きには理解できない次第を明らかにしたのであった。

ウインチが1984年に発表した論考の中で、スミスの理論はわれわれに「スミスによる合理主義的・一神論的自然法解釈と彼の経験主義が強調する解釈とのどちらかの選択を迫っている」（[30] 102, [40] 上 53, 60）として、経験主義か神学的接近かのどちらを取るかは「選択」の問題であるとしたのは、こうした研究動向を反映したものであるが、今日の支配的な潮流としては、スミスが『道徳感情論』や『国富論』で展開した経験理論は、スミス理論の神学的前提概念を取り去っても差し支えない（妥当する）から、神学的表現はメタファーに過ぎず、スミスの理論そのものとは関係ないからとくに問題にする必要はない、との受け止め方が一般化しているといえよう。

経験一元論か神学的前提かの第2の二項対立は、経験論の勝利で完全に決着したかに見えるが、理論やその支柱をなす認識論がその前提概念 preconception や unstated assumption と全く無関係であるということがあり得るであろうか。個別を超える普遍の実在を否定するベイコン的な個→全体論で、スミスの価値論や自然的自由の体系論が理解できるであろうか。スミスが『国富論』体系の嚮導概念とした自然的自由の体系論の根本原理は、政府の失政やいろいろな障害があっても、自然的自由のシステムは貫徹するとする点にあるが、それは経験分析の帰結ではない。経験的に論証できる問題でもない。経験主義者が『国富論』の自然的自由の体系論は単なるメタファーに過ぎず、その妥当・貫徹を認めることは形而上学であるとして認識対象から除外する理由はそこにある。しかし、経験的に論証できないから科学の対象にならないとして排除するのは、自らの立脚する悟性経験論の限界についての認識批判を欠如しているためである。後述のように「天文学史」を根幹とするスミスの哲学3論文が、個別の経験を超える自然そのものの結合原理（connecting principle, invisible chains）の探求を「想像力に訴えるアーツ」としての哲学の主題とし、事物の運動の論理の解明を『国富論』の主題としてい

る次第を知るとき、経験とは何かが改めて問われねばならないことに気付くことであろう。いずれにしても、こうしたmeta-science的な論理に立脚するスミス思想の根本原理や神学的前提概念は経験的に確証できないから科学の対象たり得ないとし、すべてカットする科学哲学的論理は、カントが『判断力批判』（[9] Zweiter Teil, §61f.）で展開した認識批判を欠如したもので、"現実問題との対応はすべて形而上学であり、哲学は分析的・経験的な世界理解の限界への挑戦であるという意味では本来的には形而上学である"（[20] tr. 46-47）次第に注意する要があるのでないか。「想像力に訴えるアーツ」としてのスミスの哲学3論文の主題がまさしくこの主題の展開（論証）にあったことは後に見る通りである。

　ということは、必ずしも神学的接近の方が正しいということではない。スミス理論の神学的解釈が説得力を持たない一面的な論理展開になっているのは、スミスの論理の目的論的な枠組みとその経験論証との関係についての認識批判が欠けている点にあることは明白である。数年来、私がカントの『判断力批判』の認識論とスミスの論理との共通性に注目し、スミスがどのような認識論に基づいて『道徳感情論』や『国富論』の論理を展開していたかが、それとして問われねばならないと考えてきた所以はそこにある。その次第の『哲学論文集』の分析に基づく内在論証を意図する本書の主題が、その延長線上にあることはいうまでもない。

（3）修辞学講義の意義と限界

　最近のスミス研究のより新たな第3の潮流としては、1748年から51年にかけて行われたエディンバラ講義にスミスの思想展開の出発点を求め、その内容を成していたと推定される修辞学・哲学史・法学の三つの講義のうちで最も評判の高かった修辞学講義の内容が'62-'63年の『修辞学・文学講義』とほぼ同一であるとの証言がある（ことから『修辞学・文学講義』を手掛かりに）エディンバラの修辞学講義、その中核をなすコミュニケーション論に『道徳感情論』の思想形成の契機を求める見解（解釈）が有力になっている[注1]。

エディンバラ講義は、'46年に故郷のカーコーディに帰ってから、6年間に及ぶオックスフォードにおける研究の成果を集約することを通して自らの主体的論理の形成・確立に腐心していたスミスの青年時代の思想の結晶をなすものであったといえるであろう。『道徳感情論』と『国富論』に集約されるスミスの思想の根幹・骨組みが、この時期に形成されたことは、私たち自身の経験からも容易に納得されることであろう。
　エディンバラで行われた修辞学に関する講義それ自体は、必ずしもスミス自身の思想形成の内的要請に基づくものではなく、外的要請に基づくものであったが、オックスフォード以来の研究成果を動員して行われた修辞学講義の経験が、『道徳感情論』や『国富論』の思想形成・論理展開に大きな影響を与えたであろうことは想像に難くない。ヴィヴィエンヌ・ブラウンやグリスボルドあたりから本格化したスミス理論の修辞学的・言語論的研究が今世紀に入ってから未曾有の活況を呈し、『道徳感情論』と『国富論』の修辞学的・言語論的枠組・構造・特色・性格についてさまざまな分析・解明が行われ、今日のスミス研究の主潮流をなすに至っていることは、大島幸治・佐藤有史の研究動向（[33]）の示す通りである。最早やそれ抜きにはスミスについて語れない（かの如く思われる）のが、今日の欧米におけるスミス研究の現状である。
　スミス研究は、今やこれまでの第1、第2ステージとは全く異なる新しいステージに入ったということもできるであろう。しかし、『道徳感情論』がエディンバラの修辞学講義や言語論研究、その中核をなすコミュニケーション論の知見を前提・活用していたことは、内外の研究の示す通りであっても、修辞学やコミュニケーション論自体が'50年代におけるスミスの思想形成・展開のベースをなしていたかどうかについては、疑念がある。水田洋が発掘した講義の聴講者などの証言によれば、三つの講義の中では修辞学が最も評判がよく、聴講者に強い印象を与えたとのことである。しかし、スミス自身は修辞学講義の出版を意図することなく、'51年にグラスゴウ大学の論理学教授に就任した際には論理学講義に修辞学講義の内容を多用していたと言われているが、'52年に道徳哲学教授になってからは、法学を中心にする講義をする傍ら、『道徳感

『情論』の倫理学の形成に専念したことは客観的な事実である。スミスは何故修辞学講義をまとめて出版せずに、『道徳感情論』の思想の形成・展開・公刊に専念したのであろうか。

　その理由の論証は今後の研究に待つ他ないが、あえて一言すれば、スミスは、修辞学や言語論が人－人間のコミュニケーションの問題を考えるための強力な主題であることを明確に意識しながらも、修辞学や言語論では、人間がなぜ他者と correspond（応答・交感）するのか、その原理は何かというような人間相互間の他者との交感の根拠や原理の問題は解き明かせない次第を感じていたためでないか。スミスが言語の成立を社会形成との関連において考察した18世紀の言語起源論に深くかかわっていただけでなく、大島幸治の指摘するように、文法論の主題を名詞論にではなく、動詞論に求めていた（[32] Ch. 5, esp., 249-253）ことなども、スミスが修辞学や文法論を『道徳感情論』の思想形成につながる他者との関係視点から捉えていたことを示している。しかし、修辞自体は他者とのコミュニケーションの技術でしかなく、言語は perceive（知覚）した事物や他者についての idea の sign ないし mark にすぎないため、独立の意識主体としての言語主体相互間の相互主体的な交通関係を知るためには、修辞学や言語論の枠を超えて、人間とは何か、人間はなぜ他者と correspond するのか、他者との交感 correspondence（concordant or sympathetic response, OED）がなぜ必要なのか、その原理は何かをもっと根源的に問い直す要があるとスミスは考えたのでないか。

　そうした認識がスミス自身の修辞学や言語論研究の帰結として浮上してきたものか否かは、スミスの言語論研究者の教えを乞う他ないが、スミスが上述のような問題点を自覚するに至った一つの大きな契機は、事物そのものは unknown something（[6] 16）として認識対象から除外し、すべてを知覚の対象化するヒュームの論理では、他者も認識の対象化され視覚像化されるため、他者とのコミュニケーションも、独立の意識主体相互間の inter-subjective な関係にはならないのではないかという、ヒュームの認識論、その人間本性論に対するダウトにあったのではないであろうか。

哲学史講義の素材をなした「天文学史」をはじめとする哲学3論文でヒュームの知覚観念論に全面的には同調しえないものを感じていたスミスが、ヒュームの『人間本性論』と向き合うためには、レトリックの論理だけでは不十分で、コミュニケーションの手段・方法に過ぎないレトリック論やコミュニケーション論ではなく、unknown something としての他者との交流・交感（感情的交通）の根本原理を（「天文学史」で既にはっきり前提されていた）感情論レヴェルに遡って再考する必要があると考えたであろうことは、後述の哲学論文の論理内容から容易に推測できる事実ではないであろうか。そう想定する方が'50年代初頭のスミスの置かれた思想的環境から考えてスミスにとっては自然で当然の成り行きであったと言えよう。後述の「天文学史」の論理内容や「外部感覚論」におけるバークリの視覚言語論に対するスミスの批判内容を知るとき、その次第がおのずから確証されることであろう。

　スミスは、修辞学や言語論が、他者との社会関係形成の不可欠の手段（ツール）である次第をはっきり承認しながらも、他者とのコミュニケーションの問題を考えるためには、unknown something としての見知らぬ他者との correspondence（応答・交感）がいかにして可能になるか、その原理は何かを考察の主題とすることになったのでないか。スミスが『道徳感情論』で実体としてのパースンそのものの交換を想定する「想像上の立場（境遇）の交換」に基づく同感論を人間関係論のすべての根幹とする論理を展開するに至った一つの背景はここにあったといえるであろう。スミスは、修辞学の意義・効用・必要性をはっきり認めながらも、修辞学や言語論のフレームでは、unknown something としての見知らぬ他者との correspondence の原理の問題は解きえず、逆にバークリ的な視覚言語論（[23] 126, tr. 143）に堕する危険性があると考えたため、大きな好評を博した修辞学講義の公刊を意図することなく、修辞学講義はそれとして行う一方で、それとは別個の独立の主題として道徳感情論の思想形成に向かうことになったのでないか。

　最近の内外の修辞学中心のスミス研究では、『修辞学・文学講義』で展開されている修辞学の方法が『道徳感情論』の文体理解に役立ち、言

語論の論理が『国富論』にも適用されていることから、修辞学や言語論とグランドデザインとの継承関係にスポットが当てられている。それらの研究がそれぞれ貴重であることはいうまでもないが、問題は、'62-'63年の『修辞学・文学講義』とほぼ同一内容であったといわれるエディンバラの修辞学講義のスミスの思想展開の出発点としての意義を重視するあまり、エディンバラの修辞学講義と『道徳感情論』との関係が多分に直線的に捉えられている点にある。こうした両者直結論は、「想像上の立場の交換」に基づくシンパシー論を根幹とする『道徳感情論』の論理が、修辞学や言語コミュニケーション論では unknown something としての見知らぬ他者との correspondence の問題に対処しえないという、修辞学や言語論の限界認識に基づく次第を見過ごしたもので(注2)、『道徳感情論』と修辞学や言語論との決定的相違点が、立場の交換の不可欠性認識にある次第を看過するものといわざるをえない。修辞学や言語論にはスミス的な立場の交換の論理はなく、それを必然的に要請する根拠もないことがその何よりの証左をなしているといえるであろう(注3)。スミスが『エディンバラ評論』で論評の対象にした（18世紀の言語起源論の一つの出自と目される）ルソーの『人間不平等起源論』などにも、立場の交換を他者とのコミュニケーションの根本原理とする思想は見られないことも、修辞学講義⇒『道徳感情論』ではなく、『道徳感情論』の思想形成は修辞学や言語論の限界認識を一つの契機とするものであった次第を傍証するといえよう。

　エディンバラ講義以降の'50年代におけるスミス思想の具体的展開過程は資料がないため知るべくもないが、上述のような問題に気付いたスミスが、ハチスンの『道徳哲学序説』をテキストにした「道徳哲学」の講座で、法学の講義をする傍ら、見知らぬ他者との交感の論理の探求に基づく『道徳感情論』の思想形成の道を歩んでいたことは確かであるといえるであろう。

　ロスなどに代表される最近のレトリック論⇒『道徳感情論』説は、（ヒュームのシンパシー論の原理的批判の中から生まれた）スミスのシンパシー論とヒュームのそれとの相違に無関心であるが、『修辞学・文学講

義』からエディンバラのレトリック講義の内容を推測するには、その間に'50年代におけるスミスの10年近い知的営為（'人－人' 間の交通関係の根本原理の探求——その帰結としての想像上の立場（境遇）の交換に基づく同感論の形成という知的営為）があった次第が考慮される必要があるのでないか。エディンバラの修辞学講義と'60年代のスミスの『修辞学・文学講義』とが殆んど変わらないという証言を基にして両者を同列的に扱うのは、修辞学そのものについてはその通りであると言ってもよいであろうが、『修辞学・文学講義』から『道徳感情論』の主題を語ることは、'50年代におけるスミスの思想的営為——その間におけるシンパシー概念そのものの深化・変革——その帰結としての『道徳感情論』の生誕の秘密を知らぬものと言わざるを得ないのでないか。

2) 古典 vs ヒューム問題

(1) スミスの思想形成の枠組み

いずれにしても、思想形成の軌跡を示す手掛かりを残すことが極度に少ないスミスの場合、講義の聴講生や同時代人の証言などを掘り起こしていく資料的接近が不可欠であり、有効な手段であることはいうまでもない。しかし、作業は容易なことではないばかりでなく、証言の信憑性はごく大まかなものでしかない次第が注意される要がある。そのまま採用できない場合もあるであろう[注4]。それよりも、より確実な方法として、'40年代におけるスミス自身の書き残した唯一の文献である哲学３論文（と、３論文と密接な関連がある「外部感覚論」）を典拠（判断材料）にしながら、エディンバラ講義までの、'40年代の思想形成期（'40年オックスフォード大学入学、'46年退学以降、カーコーディ時代）にスミスの思想形成の枠組をなした思想を顧みることが、その有効な手掛かりになるのではないであろうか。

'40年代におけるスミスの思想形成の素材をなした思想の大枠としては、①プラトンとアリストテレスに代表されるギリシャ・ラテンの古典と、②ヒュームとニュートン、ならびに③ハチスンが考えられる。フラ

ンス思想は40年代にはまだ殆んど登場せず、当時の現代思想はコメントの対象・参考資料ではあっても、スミスの思想形成の枠組みにはならないと思われる。自然史研究や生物学への関心はこの時代から始まっているが、まだ形をなすまでにはいたっていなかったといえよう。

　①のプラトンとアリストテレス、ならびに、②のヒュームとニュートンが、３論文の主役であることは改めて指摘するまでもない事実である。それに対し、③のハチスンは、３論文では全く言及されていないが、エディンバラの法学講義では、情念による情念の自制の倫理を構築することを通してプーフェンドルフ自然法学の感情論的再構成を意図していたハチスンの自然法学の紹介・批判的検討が主題をなしていたとみることができるであろう。ヒュームのハチスン批判が、ハチスンと同様にデザイン論を前提していたスミスにとって、この主題との取り組みを法学に関する講義の考究主題化していたと想定することは、それほど的外れの推測ではないのでないか[注5]。ハチスン vs ヒューム問題は、スミスの問題でもあったからである。しかし、この時期にスミスの直面した最大の思想課題は、プラトンとアリストテレスに代表される古典の実在論的実践哲学の論理と唯名論の伝統に立脚するヒュームの『人間本性論』——その認識論との原理的な対極性、相反性という古典 vs ヒューム問題にどう向き合うかという点にあったといえるであろう。

（２）古典 vs ヒューム問題の結合原理性

　このような設問はスミスのオックスフォード時代を知る読者には当然抱かれるべき疑問であるのに、今日まで殆んど問われることがなかったことには、もとよりそれなりの理由があるので、その次第を少し説明する要がある。

　スミスはオックスフォードでヒュームの『人間本性論』を読んで大きな衝撃を受けたと想像されるが、ヒュームは、ホッブズの自己保存の自然権を根幹とする論証的社会理論を経験主体化するため、世間一般の「人間生活の注意深い観察」（[６] xviii）に即した人間本性の徹底経験観察に基づく経験的社会理論（science of man）の構築を主題にしたので

あった。ヒュームが、人間にはより高級な感覚があることを明らかにすることによってホッブズ理論を克服しようとしたシャフツベリとハチスンの問題提起を継承しながら、その論理の非経験性・超越性を批判し、日常生活の場に立つ人間のシンパシー感情を社会性の原理とする社会理論を展開した理由はそこにある。そこからスミスまではあと一歩で、スミス理論の根幹はすべてヒュームにあり、déjàvu すでに見たというのが、ヒューム－スミス関係についてのなじみ深い見方になっているのも当然である。ヒューム＝スミス一体論の一つの論拠もそこにあることは明らかである。後述のように「天文学史」の認識論や『道徳感情論』の同感論の原型・使用概念・用語なども、殆んどすべてヒュームにある。モローをはじめ大多数の研究者がほぼ一様に「ヒュームとスミスの本質的同一性を強調し」、「ヒュームがスミスへの道を準備していた」（[39] 213, 217）としているのも当然である。

　こうした思想の展開過程を知る人にとっては、古典 vs ヒューム問題などは別に存在せず、スミスは古典から多くのことを学びはしたが、古典の知識はあくまでも知的な教養に過ぎず、スミスはヒュームと同様、近代の唯名論の思想伝統の下に育ち、『人間本性論』を読んで、ヒュームの分析に改めて感嘆したのではないかと考えられるかも知れない。しかし、それならスミスはヒュームを読んでヒュームの認識批判に目覚め、ヒュームの science of man 宣言に魅了されて、Humean になったのか。スミスの効用理論批判や客観的自然法則認識論は、必ずしもそうはいえないことを示している。そのこと自体はよく知られ誰もが承認している事実であるにもかかわらず、その原因が問われないのはギリシャ・ラテンの古典になじんでいたスミスにとってヒュームの問題提起が及ぼした衝撃の深さに気付かなかったためではないか。

　周知のように、ヒュームは処女作『人間本性論』の序文で、「人間の科学」は世間一般の「人間生活の注意深い観察」に即した人間本性の「経験と観察に依拠すべき」であり、「我々は経験を超えて進むことはできず、人間本性の究極的な本質的諸性質の発見を僭称（pretend）するいかなる仮説も presumptuous and chimerical であるとして最初に排除さ

るべきである」（［6］xx-xxi, xxiii）という趣旨の「人間の科学」（the science of man）の樹立宣言を行っている。ヒュームの『人間本性論』が長らくヨーロッパを支配していたスコラ哲学の衒学的な論理の無内容性に辟易していた人々に大きな衝撃を与え、受容されたのは当然である。スミスもその一人として『人間本性論』の人間の科学宣言に共感したであろうことは容易に想像される。しかし、ヒュームの形而上学批判は、スコラに対しては100パーセント妥当しても、より自由で豊かな自然観を展開していたギリシャ・ラテンの古典に対しても、同じ批判がそのまま妥当するとスミスが考えていたかどうかについては、いささか問題があるのでないか。オックスフォード時代、もっぱら古典を愛読していたといわれるスミスが、超越的な論理を説く古典にもそれなりの真理があるのではないかと考えたとしても不思議ではないであろう。それを示す証言は知らないが、スミスが「外部感覚論」の中で"古典にも見るべきものがあり、近代の思想にも問題がある"という趣旨のことを述べていることは、その何よりの証左をなすといえるであろう。

　ヒューム vs 古典問題が'40年代の青年スミスにとって自らの思想の根幹を定める最大の問題であったのではないかと私が想定する根拠はそこにある。そのことをあえて問題にする理由は、スミスがヒュームの問題提起の意義を十二分に承認しながらも、古典の方により真理性を認めていたのではないかと考えられる点にある。もしスミスがヒュームの方に軍配をあげ、ヒューム的経験主義に全面的に賛成していたら、「天文学史」以外には「出版に値するものは……何もない」（［25］§137）と本人自身が明言していたものの部類に属する多分にエチュード的な断片に過ぎない哲学論文は無条件に焼却処分の対象にしたはずである。そうしないで残させたのは何故かが問われる要があるのでないか。こうした事実は、ヒュームの経験と観察に基づく人間の科学宣言に大きく共感しながらも、そこで展開された『人間本性論』の理論内容と、個別を超える普遍の原理の探求を主題としていた古典の教義との本質的違いに違和感を覚えていたことを示しているといえるであろう。

　グラスゴウの学生時代にハチスンの薫陶を受け、ハチスンと同様、デ

ザインの存在を前提した思想の展開を意図していたスミスが、ヒュームのデザインを否定する徹底した経験一元論に直面して、改めてオックスフォード時代に耽読した古典の理論とヒュームの人間本性論との決定的な懸隔に気付き、両者の対比的考察のうちに真理への道があるのではないかと考えるに到ったとしても不思議はないであろう。

ヒュームの『人間本性論』は、感覚（経験）を通してperceive（知覚）したアイディアを結合して、対象についてのまとまった視覚像を構成し、対象をdescribe（描写）する観念論的な認識論を根幹とするもので、事物そのものは認識の対象外とするものであった。これに対し古典は、後述の第三論文が示すように、感覚・経験・個別を超える普遍・種的本質・事物の本性認識（体現）を科学としての哲学の主題とするものであった。それは対象そのものとの実践的接触を通して、事物そのもの、そのヴェーゼンの認識・体現を意図するものであったといえるであろう。

こうした古典の論理とヒュームのアイディア理論との決定的相違を象徴しているのがプラトンの国家論にある次の比喩である。

プラトンは『国家』（[15]）の第10巻で、詩人、画家、作家は事物の種的本質の認識・体現ではなく、単にそれを真似るだけの人、describerにすぎないとしている。その上で、彼らよりも物を作る人・使う人の方が事物そのものとの実践的接触を通して、事物そのもの、その本質、事物のイデアを認識・体現する人として高く評価している。この比喩は、古典の論理とヒュームの認識論との根本的な違いを象徴するものといえよう。第二・第三論文が示すように、事物のイデア、種的本質、普遍の認識・体現を科学の主題とする古代哲学は、対象そのものとの実践的接触こそが事物そのものの真実（種的本質）の認識・体現に至る道と考えていたのである。物を見てdescribeするだけの詩人や画家・作家は真似るだけで、真理とは無縁の人としていたのである。

こうした古典の思想になじんでいたスミスが、物体の1次性質も光と色によって知られるとして、ロックのいう1次性質と2次性質の区別を否定し、事物そのものは認識の対象外としていたヒュームの認識論、それに立脚する人間本性論で果たしてどこまで人間の問題を解明できるか

について本能的に疑問を感じ、ヒュームの人間の科学にどう向き合ったらよいかと考えたとしても不思議はないであろう。1746年に故郷のカーコーディに帰ったスミスが、徹底して『人間本性論』に内在（沈潜）しながら、ヒュームの論理を古典との対比において批判的に捉え直そうとしていたのではないかと想定することは、「天文学史」から始まる「哲学的探求指導原理」論としての哲学３論文の後述のような論理内容を知るとき、あながち的外れの推測ではない次第が理解されることであろう。私がこうした事実をあえて強調する所以は、古典 vs ヒューム問題こそが、後に具体的に論証するように、「哲学的探求指導原理」論を構成する３論文の共通主題名との関連自体が理解しにくい３論文を相互に結びつけるとともに、一見ばらばらな個別テーマの共通主題との関連を明確にする中間項（結合原理）の役割を果たすものとして、３論文理解の鍵概念をなしているからである。私があえて古典 vs ヒューム問題を３論文理解のキーをなすものとする所以はそこにある。

３）「天文学史」の主題とその認識論的構造

（１）「天文学史」の問題意識

　スミスの青年時代の作といわれる「天文学史」と「古代物理学史」、「論理学・形而上学史」から成る哲学３論文の主タイトルは、以上の３主題によって「例証される哲学的探求（inquiries）指導原理」となっている。このタイトルはそれ自体、その第一論文である「天文学史」と第二、第三論文とが文字通りワンセットの哲学的な inquiry 原理論として執筆されたものであることを示している(注6)。「天文学史」の本文（第２節）でも、「哲学は自然の結合原理の科学」（[23] 45, tr. 25）であるので、「哲学の理論と歴史は我々の主題の範囲のうちにぴったり含まれる」（[23] 46, tr. 26）として、第二・第三論文の哲学史的考察が「天文学史」の主題と連接している次第が述べられている。それだけでなく、「哲学の起源について」論述した第３節（[23] 48f. tr. 28f.）でも、第二・第三論文の主題につながる論理が展開されている。

欧米のスミス研究の成果を集約した『スミス伝』を書いたロス Ross は、上記の3論文が「外部感覚論」と共に、エディンバラの哲学史講義の素材をなしたものでないかとしている（[17] 98, tr. 110）が(注7)、スミスは第一論文の「天文学史」の第2編の冒頭で次のような趣旨のことを述べている。「精神は、異対象間の類似の観察を好み、観察した観念を排列・分類する。異なる対象に共通するものがあれば、それらを結びつけて分類する。精神は、見るものを類似している事物の種に分類することで、その本性を洞察したと空想するのである。しかし、何か新奇な珍しいものが現れると、それを見る人の想像力の中で孤立するので、二つの対象がいくらか似ていなくとも、互いに連続することがたびたび観察される場合には、それらは空想の中で結合されるようになり、観念連合が成立する。」（[23] 37-41, tr. 14-18）しかし、「自然は、普通の観察から得られる最大限の経験をもってしても、孤立した、先行のすべての事象と矛盾するため、想像力の円滑な運動を妨げるように見える事象に満ちているようにみえる。」（[23] 45, tr. 25）そうした観念連合や習慣的連接に基づく familiar な idea とは全く異なる、経験したことのない異常な事象に遭遇すると、「想像力の円滑な運動が妨げられる」（ib.）ので想像力がざわめく。そこから「想像力 imagination に訴えるアーツの一つ」（[23] 46, tr. 26）(注8) としての哲学がはじまる、という形で自らの主題に入っていっている。

　こうした論理展開が、ヒュームの『人間本性論』を前提し、それをベースにした主題設定であることは明白である。ロスがスミスのエディンバラの哲学史と法学に関する講義で、「ヒュームが『人間本性論』で公言していた『人間の科学』のプラン（研究計画）に基づいて考察を進めていた」（[17] 97, tr. 109）のではないかという所以はここにある。事実、スミスは「天文学史」でヒュームの観念 idea 連合論の論理を前提していただけでなく、そこで言及していた観念連合の一つの方法としての中間項の挿入（第3項の挿入 third object の interpose）論（[6] 11）その他、『人間本性論』の論理を最大限に活用した論理を展開している。「天文学史」は、ヒュームの観念連合論の強化論であるとの解釈は、こうし

たスミスの論理の特色を鮮明にしたものといえよう（[37]）。

　しかし、スミスがヒュームの『人間本性論』を下敷きにし、ヒュームの観念連合論をベースにした論理を展開していることは、必ずしも「天文学史」がヒュームの観念連合論の継承・祖述であり、ヒュームの「人間の科学」のプランの展開であることを意味しない。ヒュームの観念連合論とスミスの「天文学史」とでは、議論の枠組み（土俵）と主題（認識対象）に微妙な差異があるからである。ヒュームの観念連合論は、単純観念を分離・結合させる想像力の働きによる類似・近接・因果関係物を結びつけることによって、対象についての観念像を構成し、対象をdescribe 描写する知覚観念論の論理で、perceive 知覚できない事物そのもの（その本質など）は、認識の対象ではないとするものであった。それに対し、スミスはこうしたヒュームの観念連合論の枠組みを超える論理を展開している。「自然は、通常の観察から得られる最大限の経験をもってしても、（分類・整理できない）孤立的で、先行のすべての事象と矛盾するようにみえる事象に満ちている。」（[23] 45, tr. 25）「そのため、想像力の円滑な運動が妨げられる」（ib.）ことから、「想像力に訴えるアーツの一つ」としての（[23] 46, tr. 26）哲学が始まるのであるとして、ヒューム的な観念連合論や慣習的に連接できない異常な、familiar でなく、wonder や surprise の対象になる見慣れぬ、新奇で、意外な、予期しない（自然）事象を考察の対象にしている。スミスは、こうした観念連合論の枠組みを超える、身近なものからの類推では容易に結びつかない、矛盾した自然の諸現象を結びつけている自然そのものの隠された結合の鎖（hidden chains of nature）（[23] 48）の発見を探求の主題にしているのである。wonder は「自然のさまざまな現象を結合している隠された関連を解明しようと pretend する科学としての哲学（の研究）に人類を駆り立てる第一原理」（[23] 51, tr. 32）であるというスミスの言葉は、ヒュームが『人間本性論』の序文で「われわれは経験を超えて進むことはできず、人間本性の究極的・根源的性質を発見したと pretend（僭称）するいかなる仮説も僭越・虚妄なものとして排除されるべきである」（[6] xxi）として弾劾した、経験を超える主題への接近（自然そのもの

のinvisible chainsや個別の経験を超える「普遍」の原理の発見）が科学としての哲学の主題であることをpretendしたもので、ヒュームの「人間の科学」宣言に正面から意識的に異議申立をしたものといえるであろう。ロスは、上の「隠された関連」用語が「諸現象の背後にある『隠された関連』に関するヒュームの懐疑主義とそうした『関連』についての諸理論の自然主義的な説明」から示唆を受けたものと解して、「自然の結合原理」を「人間の性向という観点から説明する」ことを目指したものと想定している（[17] 98, tr. 110）が、これはスミスの論理とは異なる徹底したヒューム的解釈であることは明白である。スミスは、ヒュームから出発して、自然そのものの結合原理、自然の隠された関連を経験論的な人間本性の自然主義的観察に基づいて解明しようとしていたのではない。そうした捉え方が「天文学史」の主題とは異なることは、「哲学は想像力に訴えるアーツである」という言葉の意味を理解するとき、自ずから明らかになることであろう。

　スミスは、経験的に論証できない、個別の経験を超える、「先行の諸事象と矛盾するかに見える」事象の結合原理の探求を主題にしていたのである。にもかかわらず、スミスがヒュームの観念連合論とは枠組も認識対象も異なる主題をヒュームの『人間本性論』の認識論をベースに展開したのは、彼自身が直面した古典vsヒューム問題にからんで、ヒュームの認識論、それに立脚するヒュームのScience of Manの社会認識論としてのapplicability testを試みようとしたためであったのではないであろうか。

（２）「天文学史」の主題

　スミスがこうした問題意識から執筆するに至ったと思われる「哲学的探求指導原理」論の第一論文に天文学史を選んだことに、ニュートンの影響があったことはいうまでもないであろうが、天文学は古代哲学では自然哲学の一部とされ、第二論文の記述の示すように、宇宙の原理が人間界を含む下界の根本原理とされていたためであったことにも注意する要がある。スミスが「天文学史」を天界よりさらに複雑怪奇な人間界の

動態を認識・解明するための方法原理論として考察の主題としたのではないかと考えることも、あながち的外れの想定ではないのである。

　スミスの「天文学史」は、古代ギリシャ以降さまざまな天文学者たちが天体現象の観察に基づいて、天体現象を統一的に説明するためにさまざまな体系を構成してきた次第を歴史的に考察・叙述したものであった。スミスはその次第を同心天球の体系から始まり、プトレマイオス Ptolemaios の離心天球と周転円の想定→ストア派のエーテル論→アラビアンを経て、コペルニクスの地動説→デカルトの渦動理論⇒ニュートンの引力説に至るまで大まかに概観している。

　スミスは、そうした天文学史の考察過程で、天文学が既存の体系では説明できない新奇な事象に直面（遭遇）するとき、既知の現象と新奇の事象とを結びつけて、統一的に説明することを可能にする、新たな原理に基づく新しい体系が展開されてきた歴史であったことに気付いたのである。スミスの独自性は、そうした形で展開される新しい体系を構築するために必要な（天界や下界に生起する多様な諸現象を結びつける）新たな結合原理の発見が（人間の自然の感情でもある人間の心的能力をなす）imagination の活動を通して可能になる次第を認識論化する独自の imagination 論を展開した点にある。

　スミスが「天文学史」で天文学の歴史の考察結果の紹介（要約）を wonder（驚異）– surprise（驚愕）– admiration（驚嘆）の三つの感情の差異の説明からはじめた理由もそこにある。スミスは、私たちが見慣れぬ事象に直面すると想像力が落ち着かなくなって、ざわめくようになることから、それを鎮めるために身近なものから類推（連想）して、いろいろ imagine – fancy しても、観察した諸事象についての ideas が上手く結びつかないとき、あれこれ中間諸事象を想定していくうちに、一見バラバラな矛盾するかに見える諸観念が結びつき、その対象をなす諸事象の結合の鎖が見出されるようになると説いている。そうした形の想像力の活動の繰り返しの中で、ニュートンが引力原理を発見する至った次第を内在的に叙述している事実それ自体が、上述のようなスミスの意図を最も端的に示しているといえるであろう。

こうした「天文学史」の論理展開それ自体も、ヒュームの観念連合（結合）の論理を下敷きにしていることは明白であるが、議論の中心が、ヒュームのように近接する諸観念を結合させて複雑観念を構成して対象についての認識像を形成することにではなく、一見、矛盾・対立するかにみえる諸事象（その表示としての諸観念）を結びつけ結合する中間諸事象を想定することが、自然そのものの結合原理＝自然そのものの invisible chain の発見を可能にする次第の論証に移っている事実に注意する要がある。天文学者が自らの体系の中心原理として想定した（自然の諸事象の結合原理的役割を果たす）中間諸事象が自然の諸事象の現実の動きと合致しない場合には、その体系は否定されて別の体系が構想されるのが天文学の歴史であった次第を叙述していることも、中間諸事象の想定論が、天界をモデルにした「自然の結合原理（発見）の科学」の中核論理をなすものであった次第を示しているといえよう。

　スミスの「天文学史」は、imagination 原理に基づく中間諸事象の想定を、天体認識＝天空に生起する諸事象の結合原理発見のためのツールとするものであるが、この論理（容易に連合できない諸観念を結合する中間項の想定論）も、それ自体は必ずしもスミスの独創ではなく、ヒュームがすでに言及していた主題である。ヒュームは『人間本性論』の中で、imagination には「中間項（third object）を挿入（interpose）」（[6] 11）することで、容易に結びつかない対立的な ideas を結合し諸観念を連合させる性質がある、と（の趣旨のことを）述べている。スミスはここでもヒュームに依拠しているのであるが、ヒュームの場合には、中間項の想定論は idea を連合させて対象についての観念的認識像を構成するための手段として構想されたものにすぎないのに対し、スミスの場合には、中間項は自然界の諸現象の結合原理発見のための手段として想定されているのであり、想定された中間的諸事象が自然の諸現象の動きと合致するとき、結合原理とされる点が決定的に異なる次第がはっきり確認される要がある[注9]。

　天文学者が、既述のような形でいろいろな中間項を想定し、それを自然の結合原理とする体系を構成しても、それが天界に生起する諸事象と

適合しない限り、次々と破産宣告を受け、ニュートンに至って初めて引力が自然の諸事象の結合原理であると考えられるに至った事実（をスミスが強調していること）も、「天文学史」の主題が「自然の結合原理」そのものの探求にあり、ヒュームの『人間本性論』のプランとは違う次第を示しているといえるであろう。

(3) 自然の客観的合目的性想定論

「哲学は自然の結合諸原理の科学である」（[23] 45, tr. 25）として、天界に生起する諸事象の結合原理の発見を主題にした上述のようなスミスの「天文学史」の論理は、カントのいう「自然の客観的合目的性」（[9] §61）を前提するものであったといえるであろう。自然が何らかの目的（デザイン）に従った合目的存在でないとしたら、自然の結合原理を探求すること自体が論理矛盾であるからである。「自然の目的」の認識可能性を原理的に否定していたヒュームが、「自然の結合原理」の探求を主題とせず、認識の対象から除外した理由がそこにあったことは明らかである。スミスは、ヒュームが明確に否定していた主題の解明を意図していたのである。ハチスンと同様、デザイン論を前提していたスミスにとっては、ヒュームが否定したデザインの認識可能性をハチスンとは異なる形で論証しようとしたのは、いわば当然のことであったのではないであろうか。ヒュームのハチスン批判に直面し、ハチスンと同様にデザイン論を前提していたスミスとしては、さまざまな矛盾・対立する事象に満ち、時に irregular bound を起こす天空の諸現象の結合原理を解明することは、自らの立脚点を確認する上で不可欠な主題であったということもできるであろう。

スミスは、後述の第二論文の宇宙の原理論が示すように、天界－下界を含めた自然界が、無数の矛盾・対立を含みながら、全体として統一性や持続可能性をもつ存在であることを承認していたため、その統一・結合原理の探求を哲学の主題としたのである。スミスの自然観の特色をなしている「自然の operation」や「自然のシステム」、「自然の構造」の前提をなす「自然の意図」や「自然の目的」などの自然関連用語が、「天

文学史」にも、かなりいろいろな形で見られることも、上述の解釈を裏付けるものといえよう[注10]。

　スミスは、自然の意図や目的などの言葉に象徴される自然の客観的合目的性をそれとして承認していたため、その内実を概念的に理解するための手懸かりとして自然界に生起する諸事象を結びつける中間的諸事象を想定することを通して、自然の諸現象の結合原理を明らかにしようとしたのである。ヒューム＝スミス＝経験論者や現代の科学哲学者には、こうした「天文学史」の論理が容易に承認し難いことは否定し難い事実である。『哲学論文集』の編者が「天文学史」は「本質的に meta-science である」（[23] 14）とか、「wildest guesses」にすぎない（[23] 20）という所以はそこにあるが、スミスはこうした形而上学的な自然の結合原理を imagination 論によって明らかにした上で、改めて自然界の諸現象の経験観察に基づく体系的説明を行う道を拓こうとしたのである。こうしたスミスの「天文学史」の主題が、経験的に perceive しうる idea 世界（観念論的世界像）の構築を主題としたヒュームの観念連合認識論とは異なることは明白である。

　だが、天空が客観的に合目的的な存在であるとすれば、その究極目的が複雑である筈はない。同心天球の体系から出発した古代ギリシャの天文学が、さまざまな現象を結びつけるため中間項を多数想定せざるを得なかったことから破綻して、プトレマイオス Ptolemaios の離心天球と周転円の想定に移行し、以後、自然の結合原理として単一の原理が想定されるようになった理由はそこにあった。古代人が宇宙を偉大な機械であるとし、宇宙を機械に類比していたのも、同様な理由に基づく側面があることが注意される要がある。宇宙が機械であるというのは、カントが『判断力批判』（[9] §78, S. 364f., §80, S. 373f. tr. 下 99-108, 111-118）の中で指摘しているように、宇宙が機械のように一つの目的の下に統一された組織であるということであり、すべてが画一的に作動するという意味ではないのである[注11]。

（4）imagination 認識論の展開

　ヒュームが認識対象から除外していた自然の結合原理 = invisible chains の発見を主題とする「天文学史」の認識論は、こうした目的論的前提に立脚する「自然の体系」（自然の客観的合目的性）を前提するものであったのであるが、こうした想定に立脚する自然の結合原理探求論としてのスミスの認識論を簡潔に表現すれば、人間の自然の感情に起因する想像力（の活動）を事物認識の原理とする imagination 論である、ということに大きな異論はないであろう。

　既述のように、経験したことのない、新奇の、familiar でない事象に遭遇すると、想像力がざわめき、それを鎮めるために想像力の活動がはじまり、身近なものから類推して、いろいろ imagine、fancy しても、既知の事象と上手く結合できないときには、中間的諸事象を想定（suppose）することによって、結合原理をめぐって conceive した中間事象が自然の諸現象（の動き、その観察結果）と合致するときに自然の結合原理が発見されたことになる。というのが、「自然の結合原理の科学」（［23］45, tr. 25）としての「哲学は想像力に訴えるアーツである」（［23］46, tr. 26）、というスミスの言葉に象徴される「天文学史」の認識論のケルンをなすことは明らかである。

　想像力は３論文の主題である「哲学的探求指導原理」であり、哲学的探求の推進母体であるのであるが、そうした哲学的探求の promoter としての想像力の活動内容は、imagine – suppose – conceive という３語に集約される。

　この３語が「天文学史」の認識論のキーワードであることは、「天文学史」と後述する「外部感覚論」におけるこの３語の使用頻度からも明らかであるが、この３語はすべて imagination 用語である。imagine することは、suppose することや conceive することと同じく、想像力を駆使して対象についてのコンセプトを形成することである。OED から引用すれば、imagination とは、"That faculty of the minds by which are formed images or concepts of external object not present to the senses" であり、conception は、imagination の力を借りて事物（anything）についての concept or general notion を形成することである。ホッブズにも、"All evidence is conception, and all conception is imagination" という用法がみられるとのことである。conception ＝ コンセプトを形成（conceive）するということは、perceive した ideas を連合（結合）して対象についての観念的な認識像を構成することではなく、対象はこういうものではないか、という対象についての image or general notion を構成することである。ヒュームも『人間本性論』の中で conceive – conception 用語を多用し、imagination には「対象を conceive する」（[6] 11）力があることを認めているが、スミスの imagine → suppose → conceive 論は、事物についての大まかな image or concept を形成することを通して事物そのものについての概念的把握（理解）を意図するものなので、conceive したものをも idea 化し、観念化できないものは認識対象から除外するヒュームの知覚観念論とは基本的に主題を異にしているのである。

　スミスは、imagination 原理に基づく自然の結合原理の conception を「天文学史」の主題にしていたのであるが、conceive 用語自体は、事物そのものとの接触による事物認識（conception 形成）を主題とした「外部感覚論」とちがって、「天文学史」では中間諸事象の想定（による自然そのものの結合原理の発見）論が中心主題であったため、それほど使われていない。しかし、「天文学史」でも結合原理となる中間諸事象の想定は闇雲に行われるのではなく、天空の諸現象を観察しながら、観察した諸事象について形成される諸観念（ideas）を結びつける中間項をあれこれ imagine – suppose しているうち conceive されるものなので、「天文学史」においても、imagine – suppose – conceive 論が、ベースをなしているといえよう。スミスの認識論がこうした imagine – suppose – conceive 論を根幹にしている次第は、スミスが「天文学史」の認識論を第二・第三論文の主題をなす下界の生物界の認識原理としていたことからも確証されることであろう。そこでは事物そのもの、その運動法則についてのコンセプト形成が主題になるからである。

いずれにしても、「天文学史」のimagination論は、知覚に基づくideas連合の強化原理としてのヒュームのimagination論に依拠しながら、それとは主題を異にするものであったのであるが、『哲学論文集』の編者たちは、「天文学史」のimagination論のルーツをヒュームの『人間本性論』に求めることで、両者を同じ範疇でとらえている。確かに「天文学史」のimagination論はヒュームのそれを踏み台にしたものであるが、その内容には微妙な差異がある次第が注意される要がある(注12)。スミスは、「哲学は自然の結合原理の科学である」という命題を論証するパラグラフで、「それ故、哲学は想像力に訴えるアーツの一つである」（[23] 46, tr. 25, 26）としている。スミスはその理由を、「通常の観察で習得しうる最大限の経験をもってしても、自然が……先行するすべての事象と矛盾するように見える事象に満ちている」ため、「想像力の円滑な運動が妨げられる」（[23] 45, tr. 25）ことから、想像力の活動が始まる点に求めている。「哲学が想像力に訴える（address to）アーツの一つである」（[23] 46）というのは、そういうことであるが、哲学が想像力に訴えるのは、哲学は個別の経験を超える自然の結合原理探求の学であるため、imaginationの力を借りて、imagine – suppose – conceiveすることを通してconceptionを形成する他ないからである。

　こうした哲学（観）を、悟性経験論や知覚観念論、あるいは現代の科学哲学や分析哲学などが容認できないことは明らかであろう。これらは、想像力に訴えることによって、自らの課題に迫るものではない。ヒュームのようにimaginationの力を借りることはあっても、それはあくまでも経験（perceive → ideasの連合）に基づく視覚像の形成や、外的存在に関する常識的信念 common sense belief の確証のための媒体的補助手段にすぎない。それに対し、哲学が想像力に訴えるのは、哲学が本来経験を超える問題の探求を主題とする形而上学として、経験的には確証できない事物そのもの、その種的本質、自然の目的、自然のhidden-chainsなどの探求原理論、ないし現実観察の限界を問う存在論としての形而上学であるに他ならないからである(注13)。

　自然の結合原理の科学としてのスミスの哲学が、このような哲学でヒ

ュームの知覚観念論のような経験主義の哲学とは原理的に異なり、両者の体系における imagination の位置も異なることは、以上の点から明らかであるといえるであろう。想像力 imagination に訴えることによって、自然の諸現象を結びつけている自然（そのもの）の結合・統合（統一）・規制原理の概念把握（コンセプト形成）を意図した「天文学史」（の認識論）は、知覚に基づく ideas の連合論とは原理的に問題意識を異にする実在論的認識論の系譜に属するものであったのである。しかし、「天文学史」の論理は、想像力を原理とするものであるため、認識論としては無規定なものでしかない中間的諸事象を想定することによって自然の諸現象を統一的に説明する原理を発見することができたとしても、それが真理であるか否かは実際の現象に合致することが経験的に実証されない限り保証されない。imagine ⇒ suppose ⇒ conceive した中間的諸事象が、自然そのものの結合原理としての機能を果たす保証はどこにもない。自然の諸現象と合致することが経験的に実証される場合にのみ、認識論として成立するものにすぎない。

　ヒュームその他の経験論者が、経験観察のみが信頼できる知識に至る道であるとして、物自体（things themselves）は unknown something として認識対象から除外したのは、そのためであったといえるであろう。認識結果の真理性が経験的に確証されるまで証明されないなら、経験論でよいのでないかという疑問（反論）が起こる方が当然である。しかし、さまざまな矛盾・対立、irregular bound や失政があっても貫徹する、「自然の operation」や、その対自的表現としての「自然的自由のシステム」、その前提をなす「自然の客観的合目的性」などは、経験論の論理では認識しうるものではない。経験のみを認識原理、判断基準とする限り、プロバビリティ論に止まらざるを得ないことは改めて指摘するまでもないことである。

　スミスが『国富論』の嚮導概念とした「自然的自由のシステム」論は、こうした経験科学の論理とは根本的に異なる「哲学的探求指導原理」としての imagination 論の産物で、想像力原理に基づいて（作用因としての人間の活動に媒介される）自然の客観的運動法則を概念的に表現した

ものに他ならない。スミスはそうした経済世界の自然法則についてコンセプトを形成（conceive）した上で、作用因としての人間の活動の経験観察を通して、その次第(妥当性)を経験的に論証し、その実現を妨げる条件（制度や慣行）を批判することが科学としての哲学の主題であると考え、それを『国富論』の主題にしたのである。『国富論』は「天文学史」の哲学的探求原理としての imagination 論を根本原理としていたが故に、一般には単なる楽観主義の表現と解されている「自然的自由の体系」（システム）が、（後述の55年文書にみられるように）自然そのものの運動原理として、さまざまな障害や失政を超えて貫徹する次第を概念的に把握 begreifen することができ、その運動法則の経験論証と、その実現を妨げる慣行や制度の批判を主題とすることになったのである。

　経験論者は、こうした個別経験の範疇を超える経済世界の自然法則（その妥当・貫徹）などは認識できるはずはないと考えるであろう。『哲学論文集』の編者が、「天文学史」は「*meta*-science」（［23］14）であり、現代の科学哲学者には到底容認できるものではなく、「天文学史」の imagination（原理に基づく中間項の想定による自然の結合原理探求）論は「wildest guesses」当てずっぽうの憶測（［23］20）でしかない、という所以もそこにある。しかし、こうした解釈（批判）は、現代の科学哲学などの目で一方的に「天文学史」を裁断するもので、個別の経験を超える複雑な下界の動態＝その根本原理の解明を意図していた（ヒューム的知覚経験論とは原理的に異なる、経験的世界理解の限界を問う）形而上学としての哲学の課題、その inquiry 原理解明の試みとしての「天文学史」の主題を見誤ったものでしかない。スミスの道徳哲学、その結晶としてのスミスの『国富論』体系が、現代の科学哲学者が容認するような経験論に拠る作品であったとしたら、そのような経験論とは対極的で形而上学的な「*meta*-science」の「wildest guesses」に過ぎない「天文学史」を焼却処分の対象から外して公刊の是非を遺言執行人に委ねる形で後世に伝わることを想定していた理由は理解しうべくもないのでないか。

　スミスは、自然の結合原理の探求を通して、第二・第三論文の主題を

なす個別の経験を超える事物の「普遍」原理の認識を意図していたため、個別の観察を超える自然の諸現象の結合原理、事物の運動を支えている普遍原理が、実在世界（事物そのもの）との接触・交流を繰り返しているうちに自然にconceive（begreifen）される次第の論証を「天文学史」の主題にしていたのでないか。スミスが「天文学史」の考察を通して明らかにしたことは、経験的にはconfirmできない自然のoperationや自然的自由の体系の結合原理も、imaginationの力を借りて中間的諸事象の想定を繰り返すことによって発見される次第を天文学史の例証に基づいて論証した点にあったのである。

　こうした「天文学史」の認識論が、古典の実践哲学の論理、そのシンボルとしての、前に触れたプラトンの物を作る人の論理につながる契機を孕んでいることは明らかである。物を作る人（職人）は、対象（事物）そのものへの働きかけ（自己対象化活動）を繰り返しているうちに、事物そのもののヴェーゼン認識に至る。人間国宝と呼ばれるような職人がそうした境地に達していると考えることに、そう異論はないであろう。職人とは異なり、物に直接手を触れる形で対象と格闘することのできない天文学者や哲学者も、想像力の力を借りて、諸現象（の観察結果の諸観念）を結びつける中間的諸事象をあれこれ想定しているうちに、個別の経験・観察を超える、個別を通して貫徹する事物の運動法則、自然の結合・統一・規制原理を発見（概念把握）することが可能になることであろう。真理はそうした形で発見されるもので、それを経験的に傍証（して、事物そのものの運動との適合性を確認）することが哲学としての科学の主題であり、その主題を壮大なスケールで解き明かすことに成功したのがニュートンであった、というのが「天文学史」でスミスが論証しようとした主題であったのでないか[注14]。これは文字通り、古典の実践哲学の論理の理論化であるといえるであろう。「天文学史」の認識論が、スミスの直面した"古典vsヒューム"問題の中から生まれた古典の実践哲学の論理の認識論的精密化であったということも、あながち的外れの想定ではないといえるのでないか。

　スミスは、自らが直面した古典vsヒューム問題を解明するため、ヒ

ュームの『人間本性論』の認識論をベースに、それを応用した論理を展開しながら、ヒュームの知覚観念論とは質的に異なる想像力 imagination 原理に基づく自然認識論を展開することで古典の方に軍配を挙げ、ヒューム的経験論のもつ意義をそれとして十二分に承認しながら、観念連合論の枠を超える実在論的社会認識への道を拓こうとしていたのである。その次第は、第二・第三論文を読むとき、より明白になることであろう。

『国富論』の論理展開のベースをなしていたアダム・スミスの認識論は、哲学３論文や55年文書で考察の対象としていた自然の体系（自然の operation や system）について「天文学史」の imagination 論に基づいて大まかなコンセプトを形成（conceive）した上で、その作用因としての人間の自然の本性に即した活動や事物の運動が、全体として合目的性（James Alvey のいう teleology immanent in human nature & commerce, [1] ch. 2）をもつかどうかを経験的に観察した結果を imagination 原理によって発見された原理に基づいて理論体系化することを意図したものであったのである。

（5）"mere invention of the imagination" の問題

「天文学史」研究の通説的見解が、こうした imagination 論としてのスミスの哲学の主題とヒュームの観念連合論との相違点に十分注目することなく、「天文学史」をヒュームの観念連合論の強化論として経験論的に解釈してきた最大の論拠にしているのは、（多くの研究者が一様に論及しているように）スミスが「天文学史」の末尾で、ニュートンの引力説も imagination の単なる案出物に過ぎない、としている点にある。ニュートンの引力説もあくまで想像力の活動の産物に過ぎない限り、それを自然そのものの運動と同一視することは、ヒューム的認識批判の精神に反することはいうまでもない。しかし、想像力の案出物は事物そのものと同一ではないから、ヒュームと同様、スミスも事物それ自体の認識を問題にしていなかったというのは、スミス＝ヒューム同一経験論のドグマに立脚する idea ≠ thing の論理に過ぎない。知覚に基づく idea

が事物そのものと異なるのは当然であり、感覚経験を唯一の原理とする経験論が idea ≠ thing であるとし、事物そのもの (things themselves) は認識の対象外にするのは、その論理の必然的帰結に他ならない。ヒュームが、外的存在は common sense belief の対象に過ぎないとしていたのも、その限りでは当然といえよう。

　しかし、スミスは、すべての体系は imagination の mere invention にすぎず、想像力の案出物は物自体と異なるから、事物それ自体は認識の対象外であるとはしていない。スミスも、既述のように imagination の力を借りることで、自然の結合原理の発見を主題としていたので、発見された原理が mere invention of the imagination にすぎないのは当然である。しかし、スミスは、idea ≠ thing ⇒ thing = unknown something としていた懐疑主義のヒュームとちがって、想像力の力を借りて対象への実践的働きかけを繰り返していけば、いつしか things それ自体の真理の概念把握にいたると考えていたのでないか。スミスがその論理として採用したのが、さまざまな動きをする自然界の諸現象や目的追求主体としての生物の対立的諸活動を結びつけて統一的に解釈することを可能にする中間的諸事象をあれこれ想定することを通して、自然の諸現象を統一・規制する自然の結合原理を発見するための想像力原理に基づく中間諸事象の想定論であった。スミスは、ヒュームのように perceive した対象についての ideas を連合（結合）するだけでは、（対象についての観念的認識像は構成し得ても）、対象それ自体（その運動法則や種的本質）は conceive し得ないと考えたため、全体としての自然の客観的合目的性を前提した上で、天界の諸現象や（目的追求主体としての）生物の対立的活動を結びつける中間項をいろいろ想定することを通して、作用因主体としての個体の運動に媒介される事物の運動の論理、運動法則を解き明かすことを意図していたのでないか。

　以上のような「天文学史」の論理が、ヒュームの認識批判をそれなりに厳しく踏まえた上で、個別の経験を超える事物の運動法則や作用因としての人間の活動に媒介される人間社会の動態を実践的に解き明かす、実在認識論の系譜に属することは明白である。こうしたスミスの論理と

ヒュームのidea認識論との差異は、次章で分析の主題とするスミスの「外部感覚論」と、外的存在それ自体を視覚の対象化（視覚像化）するバークリーヒュームの視覚中心論との差異を知るとき、より明確になることであろう。

　「我々は、すべての哲学体系を想像力の単なるinventionにすぎない」としてきたが、ニュートンの体系は、「我々が日常経験する現実」について、そのすべてを一つの主要な事実によって密接にconnect togetherする「最も重要で卓越した諸真理の計り知れないchainの発見」（[23] 105, tr. 103. 傍点引用者）であるという「天文学史」の末尾の文章は、たんなるニュートン賛美に止まるものではなく、スミスの哲学的探究の主題が、事物そのものの運動（自然のoperation）の論理の解明＝実在と合致する認識像の確立にあった次第を示しているのではないであろうか。

（6）推測的理論的歴史論の非妥当性

　スミスの認識論をヒュームのそれと同じ枠組みでとらえる経験一元論的解釈の潮流は、「天文学史」をConjectural Theoretical History論の適用例とみる通説的な見解にも端的に示されているといえるであろう。グラスゴウ版全集のgeneral editorsや『哲学論文集』のeditors、ロスなども一様に同じような解釈をし、「天文学史」は「理論的歴史の一つの最適例であり、……哲学的探求を導き指導する人間本性の原理の研究である」（[23] general introduction, 2）と述べている。『哲学論文集』のgeneral editorsは、その根拠にデュゴルド・ステュアート（[23] 293-295）が天文学と数学、数学と推測史との類縁性を指摘していた事実をあげている（[23] general introduction, 11-12）。

　ステュアートは、確かに編者たちのいうように、天文学と数学、数学と推測史との親近性を指摘し、ダランベールの見解やモンテュクラMontuclaの『数学史』の一節を挙げた上で、「この科学そのものの理論史が……スミス氏の最初期の作品の一つであった」（[23] 293-294）として、明示は避けながらも、事実上「天文学史」を推測的「理論史」とする見解を展開している。大多数の研究者が「天文学史」を「推測的理論

史」とするのは、こうしたステュアートの見解に従ったものといえるであろう。しかながら、ステュアートが「推測（conjecture）によって事実（fact）の不足を補う」ためには「人間本性の既知の諸原理」に依拠すればよいとして、経験の欠如を推測によって穴埋めするための原理とした人間本性の理性的考察論が適用されうるのは、「旅行や航海」などを含む自然史や「人類史」（[23] 293）の場合である。人類学が十分に発達していなかった18世紀の四段階論的歴史理論がその適用例であることはいうまでもないが、人間本性の既知の諸原理からその考察に基づいて天体現象に関する事実の欠如を埋めることはできない。スミスが「天文学史」で展開しているのは、人間本性（Human Nature）の原理の考察に基づく推測ではなく、既知の事実とfamiliarでない現象との結合の環の発見であることは、すでに見た通りである。

　天文学が推測史の適例といえるのは、数学が天体現象の説明に応用される場合で、ステュアートがそのモデルとしたモンテュクラの『数学史』などの示すように、観測データの少ない天体現象の場合には、数学を使ってデータを組み合わせていけば、ある程度全体像をdescribeすることが可能になる場合が多いと考えられる。天文学者が天体観測に際し、大なり小なり数学的方法を愛用してきた所以はそこにあるといえよう。

　数学的方法に立脚する天文学史が、推測的理論的歴史（事象記述）の適例であるといいうる根拠はそこにある。しかし、これは、「天文学史」の主題でも方法でもない。スミスは天体現象の説明に数学を使っておらず、天文学と数学、数学と推測史との関係についてとくに注意を払っていない。ステュアートは、人類史をconjectural theoretical historyの適用例とする一方で、数学を援用する天文学を推測史の適例としていたのであるが、既述のように、スミスの「天文学史」の主題はimagination原理に基づく中間項の想定による自然の結合原理の発見にあったのであり、ステュアートが想定したような人間本性の理性的考察や数学を援用することでfactの欠如を埋めることによって人類史や天体現象についてのhistories（事象記述）を完全にする点にあったのではない。後述す

る第二・第三論文の主題を知れば明らかになるように、「天文学史」の主題は、個別に内在しながら個別を超える普遍の原理、種的本質、人間本性、自然の諸現象の結合原理を発見することにあったのであり、事実の欠如を推測によって埋めることではない。人間本性の考察や数学の論理を使って事実の欠如をカバーしても、自然の結合原理は発見さるべくもない。「天文学史」の主題・方法は、推測的理論的歴史論とは決定的にちがうものなのである[注15]。

　ステュアートの「スミス伝」は、スミスと同時代人による事実の証言を基礎にしたものであるため、無条件的に依拠すべき典拠として絶対視されがちであるが、スミスの「天文学史」＝推測史論は、ステュアート自身の間接的言及自体が示すように、事実の証言ではなく、当時の思想動向を反映したステュアート自身の解釈に過ぎないように思われるので、推測史論と「天文学史」の論理との本質的差異を明示することによって、あえて異論を呈した次第である。

　こうした明白な事実にもかかわらず、ステュアートの言葉が重いのは、「天文学史」が人間本性の原理の考察に立脚している次第をスミスもはっきり見据えている点にある。「天文学史」の導入部分のパラグラフも、wonder や surprise から imagination の活動がはじまるとする imagination 論が、人間本性の感情分析論である次第を暗示している。「天文学史」に『道徳感情論』につながる感情分析が散見されるのもそのためである。ステュアートやステュアートの権威を認める研究者が、「天文学史」のうちにヒュームの『人間本性論』に依拠する「人間の本性」論が展開されていると考えるのも、このような「天文学史」の論理内容によるものといえよう。

　しかし、ヒュームは人間本性論を情念論の主題とし、その上に道徳論を展開しているのに対し、スミスは人間本性の根幹をなす人間の感情（「天文学史」では imagination、『道徳感情論』では sympathy）を人間の行動原理兼（プラス）認識原理でもある、としている。その点、ヒュームとはちがう。ヒュームでは、人間本性が知覚に基づく認識の対象化されているのに対し、スミスでは人間本性の原理である感情が人間の行

動原理とされるとともに、そうした感情の運動の論理に従って動く人間の行為の認識原理とされている。スミスが、ヒュームのように人間本性論を快苦の心理学化する形では展開せず、自然の結合原理や人間の行為（諸活動）の統合原理の解明を自らのinquiryの主題としているのも、両者の人間本性論の差異を示しているといえるであろう。

スミスは、自らの直面した古典 vs ヒューム問題に対するリプライとして、ヒュームの『人間本性論』とは異なる人間本性論の展開——そのためのinquiry原理の探求を、「天文学史」からはじまる哲学3論文の主題としていたのである。そう想定することも、必ずしも的外れの解釈とはいえないであろう。

もとよりスミスが、ニュートンとニュートン天文学に並々ならぬ関心を抱いていたことは、「天文学史」に対する彼の"l'art pour l'art"的なaffectionにも示されているので、「天文学史」を古典 vs ヒューム問題の枠組みだけで見てはならない、あるいはその枠組みのみに還元してはならないことはいうまでもない。しかし、『哲学論文集』の編者たちもはっきり承認している（[23] 5）、3論文一体のinquiry原理論としての「天文学史」の主題は、伝統思想では自然哲学の一部と考えられていた天文学の学説史的考察を通して、天界よりさらに複雑な下界の「自然の壮大な劇場」（[23] 107, tr. 113）に生起する諸現象の結合原理がどうすれば認識可能となるかを明らかにする点にあったことは既述の論理の示す通りである。その次第は、第二・第三論文を読むとき、より明らかになることであろう。

4）第二・第三論文の主題

(1)「古代物理学史」の主題

哲学的探求原理論としての第二・第三論文は、物理の原理に規定される下界の諸現象の結合原理を明らかにした上で、そのような普遍原理のconception（概念形成）が哲学としての科学の主題をなす次第を古代物理学（史）と古代論理学・形而上学（史）の論理を紹介する形で例証し

ようとしたものである。その次第を大まかに概観すれば、次のようにいえるであろう。

　第二論文の「古代物理学史」では、天界よりはるかに複雑・多様で不規則な事象に満ちている下界の「自然の壮大な劇場」（[23] 107）に生起する seeming chaos についてのコンセプト（conception）を形成（conceive）するためには、どんなに見知らぬものも、想像力がついていく familiar な少数の要素（things）に還元されると想定（suppose）した上で deduce（演繹的に推論）すればよいという、（天文学史の研究から導き出された）「天文学史」の方法の下界への適用宣言が冒頭（[23] 107, tr. 113）でなされていることがまず注目される。

　その上で、物理の原理が土・水・空気・火の４元素に基づき、火と水が動植物（生物）を inspire し、自然を animate する事実が指摘されるとともに、生物世界の結合原理が種の保存にある次第が語られている。一見したところ、この論理は物理的自然法則の機械的支配論のようにみえるが、必ずしも物理法則が機械的に生物世界を規定することを意味するものではなく、物理の原理に制約される生物の活動が種の保存に収斂されることで全体としてのバランスが保たれる次第が説かれているといえるであろう。

　スミスは、古代哲学では、
　　［Ａ］「天体の運動」が、種の産出・不滅性の根拠をなす宇宙の原理であるとされ、「すべての個体は死滅するが、あらゆる種が不滅であった」のは「それらの継起的生成の原因である天空の回転がいつも同一であったためである」（[23] 112, tr. 121）として、
　　［Ｂ］「種の不滅」性の根拠が、天球の回転の同一性に求められ、種の発生の原因である「天球の回転は常に同一である」（[23] 112, tr. 121）
とされていた事実に着目していたのである。

　このような宇宙観は、アリストテレスの宇宙＝天体の円運動、個体＝生成・消滅⇒「種」における自己回帰論などを踏まえた論理展開といえるであろう[注16]。スミスは、生物の活動が物理の原理＝法則に制約され、

収斂されていく次第を論証することを通して、宇宙の原理をなす種の保存が「自然のすべての部分を相互に結びつけている鎖」（[23] 113, tr. 123）であり、生物界の結合原理である次第を明らかにしようとしたのである。

こうしたスミスの論理は、理想主義的なプラトンとは逆に、多分に自然主義的で生物学的な自然観を展開していたアリストテレスの論理をニュートン的方法で改作したものといえよう[注17]。彼が、後述の「外部感覚論」で「自然には無駄なものはない」（[23] 163）と述べていることも、「自然は無駄なものは何も造らない」（[2] 10）というアリストテレスの著作にしばしば現れるアリストテレスの自然学の大前提をなすものであった。スミスが第二論文で上述のような「あらゆる種の自己保存と繁栄」（[23] 113）にすべてが収斂されるという宇宙観に立脚する「自然の経済」論的な論理を展開していたことは、「自然的自由の体系」論に象徴される『国富論』の経済観の前提を理解する上での一つの問題提起となることであろう。いずれにしても、スミスが「天文学史」に続く「哲学的探求指導原理」論の第二論文の古代物理学史を上述のような形で展開していたことは、物理の原理に制約される社会認識の根本原理の確認を意図していたことを示すものといえるのではないであろうか。

（2）「古代論理学・形而上学史」の主題

「古代論理学・形而上学史」を扱った第三論文は、ピタゴラス、アリストテレス、プラトン、ストアの4学派の「種的本質」論の概観を通して、個物ではなく、普遍＝種の本質の考察が科学の主題をなす（べきものである）次第の論証を中心にしている。第三論文ではスミスは、（古代の論理学・形而上学の例証に基づき）古代の哲学では「個物ではなく、種または普遍が哲学の対象である」（[23] 119, tr. 132）とされ、「永続的かつ不変で、常に存在し、生成や消滅せず、いかなる変化も被らない」（[23] 121, tr. 134）ものが、「科学の対象、悟性判断の対象」（ib.）とされていた事実に鑑み、可変の感覚対象や死滅する個体ではなく、個体を超える普遍、事物のイデア・種的本質（the species or specific essences of things）（[23] 121)、「常に存在し、常に同一であり、決して生成せず、決して消滅しない」（[23] 121, tr. 134）人間本性の begreifen（conception 形成）が科学の主題をなす次第の論証を中心テーマにしていたのである。こうした科学観が、ヒュームの知覚観念論や近代の科学観と根本的に異なることは改めて指摘するまでもないであろう。第三論文は、（第二論文の宇宙の構成原理論の主題をなす種の保存に収斂する）多様な個体の運動の様態の経験観察やその成果の分類・整理ではなく(注18)、個物に内在する普遍の原理・万物の本質、「常に存在し、同一である」「人間本性」の探求を科学の主題とするものであったのである。

　プラトンは、こうした認識の対象をなす事物のイデアや「種または普遍的本性」は、個物とは全く別の独立した存在で、個物（対象）に接すると、心の中に input されていた事物のイデアが自然に想起されるという想起説を採用したのであった。それに対しスミスは、アリストテレスがプラトンとちがって、「何らかの特定の種によって決定されていない一般的質料（matter）も……質料（物体）の何か特定の部分に具現化（embodied）されていない種も現実に存在すると conceive することはできない」（[23] 126, tr. 143）として、「物体の質料的本質は、……何らかの種的本質によって事物のある特定の部類に決定されることなしに現実に存在することはできないし、どんな種的本質も質料（物体）の何か特定の部分に具現化されることなしには存在し得ない」（[23] 127, tr. 144）としていた次第を強調していたのであった。スミスは、アリストテレスが、「質料は、特定の形相（form）を与えられて現実的存在になり得るし、形相は、質料の特定の部分に具現化されることによって、同じように完全な実在の部類に引き入れられ得る」（[23] 127, tr. 144）として、普遍認識が個に媒介されて初めて可能になるとしていた事実に着目していたのである。

　経験論者は、こうしたアリストテレスの論理をベイコン的に解しているが、上の論理は、アリストテレスがベイコンと同じ個（の活動）の一般法則化＝普遍論を採っていることを意味しない。そう解することは、アリストテレスが実在論を離れて名目論者になったことを意味するが、

アリストテレスは、プラトンと同様に「すべての感覚対象が質料と種的本質という彼が等しく実体と呼ぶ二つの原理から成っていると主張していた」（[23] 126, tr. 143）のであり、普遍原理を個の一般法則に解消していたのではない。個体を離れた普遍（種的本質）は存在しないが、個体（物体）は形相（種的本質）を与えられて Dasein（現実存在）になるので、普遍（種的本質）は個の一般法則ではない。普遍は、個体の運動が収斂していく事物の種的本質として、矛盾・対立・相反する混沌（カオス）を通して貫徹する自然の operation の結合原理的性格をもつもので、経験的に規定できるものではない。経験観察を通して perceive できるものではなく、（スミスが「天文学史」で経験を超える自然の諸現象認識について試みたように）imagination の力を借りて conceive する他ないものなのである。

　スミスは、こうした個体そのものに内在しながら個体を超える、個体の運動の規制原理としての普遍原理のもつ意義を古典の論理のうちに学んだために、こうした普遍原理の認識が科学としての哲学の主題である次第の論証を第三論文の主題にしたのである。哲学的探求指導原理論の第一論文としての「天文学史」の主題は、こうした個に媒介される混沌（カオス）を貫く普遍の原理、事物のヴェーゼン、その種的本質、人間本性の begreifen、矛盾・対立する諸現象の結合原理を発見（conceive）するための方法原理の探求にあったのである。そう考えるのは、必ずしも的外れの想定ではないのである。

(3) ロスの論理学解釈

　ロスは、スミスがこうした形而上学としての科学の主題と異なる Logics と呼ばれる2番目の科学が、対象の分類による一般規則の確定を主題にしていることから、〔分類→一般規則化〕の inquiry 原理としての意義を強調している（[17] 103, tr. 115）。

　しかし、古代論理学の分類→一般規則論は、個物の分類に基づく一般規則化＝普遍（形成）を意味するものではない。古代の論理学は、三段論法からなる中世のスコラ論理学や、それを否定した近代の分類→

一般規則論とちがって、個物を超える普遍の存在（その概念的認識の可能性）を前提した上での〔分類→一般規則化〕論で、個物の分類の結果としての一般規則＝普遍と考えるものではない次第が注意される要があるのでないか。

　ロス的な Logics 解釈に立脚する研究者のいう、個→普遍論（その具体的表現としてのアリストテレス→ベイコン論）は、近代論理学の目で、ヘーゲル論理学的な認識論としての古代論理学＝形而上学を裁断するもので(注19)、個物の分類による一般規則の確定という経験論的な論理の問題と、個体を超える普遍原理の認識という実在論的な事物認識の問題とを混同ないし同一視するものに他ならない。近代の思想は、事物の種的本質の認識可能性を否定するため、〔個→一般法則〕論の意義を強調し、そこに第三論文の論理学・形而上学の意義を見出そうとしているが、そのような解釈は、スミスが第三論文を執筆した本来の意図を誤り解することになるのではないであろうか。「天文学史」をヒューム的経験論の継承と解する論者たちは、第三論文の哲学・科学論が「天文学史」の imagination 原理に基づく自然そのものの結合原理 conceive 論に照応する、科学としての哲学の主題設定論である事実を見落とし、第三論文をも経験論的に解釈しているが、そうした捉え方が果たして３論文を執筆したスミスの意図であったかどうか、根底から問い直される必要があるのではないであろうか。

5）哲学３論文の一体性

　スミス認識論のルーツをなす哲学３論文は、プラトンとアリストテレスに代表される古典の論理のうちに自然認識の原理を見出そうとしたもので、ヒュームの知覚観念論とは原理的に異なる（idea 論の枠を超える）ものであったのである。しかし、こうした解釈とは逆に、３論文の一体性に着目しないこれまでの研究では、〔ヒューム＝スミス＝経験論〕のドグマ化のせいで、

　　〔イ〕「天文学史」をヒュームの観念連合の強化論として経験論的に

解し、

［ロ］そうした解釈と矛盾する、個別を越える普遍の実在を認める第二・第三論文の論理は古代の論理の紹介で、スミスの認識論（哲学的探究指導原理論）ではないとするか、

［ハ］アリストテレスをベイコン論化するか、

［ニ］第二論文は、ソクラテス以前の物理学に依拠するもので、歴史的根拠がなく、「未熟な理性的な裏付けのない」誤った推理に基づく作品で（［23］23）、第三論文も、causation 論を欠いたアリストテレス以前の作品にすぎず（［23］24）、

［ホ］第二・第三論文を全面的な警告なしに、1795年の初版本の「Advertisement 序文の人を mislead する最終文」のままで公刊するのはスミスの栄光を傷つけるものである（［23］27）

とされている[注20]。

こうした解釈は、すべて前節で触れた「天文学史」導入部におけるスミス自身の原文（［23］46, tr. 26）や、『哲学論文集』の編者たちやロスなども明言している3論文の一体性論（［17］98, tr. 110）と相容れないので、「哲学的探究指導原理」論としての3論文解釈としては根本的に破綻していると言わざるを得ないのではないであろうか。スミスが「天文学史」と違って、すぐれて断片的・エチュード的な第二・第三論文を焼却せずに、三位一体の inquiry 原理論として公刊の可否を遺言執行人の判断に委ねた事実自体も、「天文学史」は"wildest guesses"（［23］20）であるとか、第二・第三論文は歴史的事実に即さぬ未熟な作品に過ぎないという、編者たちなどのネガティブな解釈が、スミス自身の意図とかけ離れた、木を見て森を見ないものである次第を明示しているのではないであろうか。

スミスの哲学3論文の内実は、こうしたこれまでの支配的解釈とはちがい、本節で個別的に論証したように、三位一体の論理構成になっている。その次第を確認できれば、3論文とスミスのグランドデザインとの関係も自ずから明らかになってくることであろう。

スミスは既述のように第二論文で、古代の物理学史を例証として「天

文学史」のimagination原理に基づく認識対象としての自然の根本原理が、宇宙の原理としての種の保存にある次第を明らかにした上で、第三論文で、下界に生起する諸現象の認識主題が個別（の運動）を通して貫徹する普遍の原理（種の本質や人間本性など）の探求、そのbegreifen（conceive）にある次第を明白にしたのである。こうした第二・第三論文の主題と論理が第一論文の「天文学史」のimagination原理に立脚する事物認識論を前提し、それと照応していることは明白である。ヒュームの『人間本性論』の序言にみられるような形而上学的普遍原理に対する徹底した認識批判に直面して、古典vsヒューム問題を解明主題としたスミスが、あえて古代論理学・形而上学史を例証に、個別（の経験論証ではなく、個別）を貫く普遍原理の認識を哲学的探求の指導原理としたのは、第一論文の「天文学史」でこうした普遍原理としての自然の結合原理は感覚的にperceiveできなくとも、conceive（コンセプトは形成）できるし、そうすることが自然認識に不可欠であることを確信していたからに他ならないといえよう。「天文学史」それ自体は、もとより、スミスのニュートン並びに天文学への関心に基づくものであったことはいうまでもないが、同時に古典vsヒューム問題の中で、ヒュームと古典の原理の妥当性をテストする武器でもあったということができるのでないか。いずれにしても、3論文は、文字通りワンセットの哲学的探求指導原理論として展開されたもので、古代の物理学と論理学からの例証は文字通り原理の例証であって、古代ではそうであったけれど、今は別ということではないであろう。

　こうした3論文の一体的構成は、3論文がスミスの直面した古典vsヒューム問題に対する一つの応答であった次第を明示しているといえるであろう。スミスは、古典vsヒューム問題（古典の論理とヒュームの問題提起との対極性）に対処するため、ヒュームの『人間本性論』と古典の論理を突き合わせ、両者を融合させる論理を模索することを通して、自らのinquiry原理を構築しようとしたのでないか。そう想定しうる根拠は、一見バラバラで掛け離れた主題の展開であるかにみえる3論文を「哲学的探求指導原理」論という統一・共通題名の下に展開した理由を

理解するための中間項として、古典 vs ヒューム問題を想定するとき、3論文が古典 vs ヒューム問題への応答として結合され、「天文学史」と「古代物理学史」と「古代論理学・形而上学史」のそれぞれの論理内容と「哲学的探求指導原理論」という共通題名との、一見どう繋がっているのかはっきりしない4者を統一的に解釈することができるからである。

スミスが「天文学史」で、ヒュームの『人間本性論』を下敷きにし、文字通り『人間本性論』の認識論の application に他ならないといわれる通りの論理を展開しながら、既述のような形でヒュームの論理を逆用し、ヒュームの観念連合論の枠組みとは原理的に異なる自然そのものの結合原理の発見論を展開していたのも、そのためであったといえるであろう。

こうした第一論文の論理内容と違って、一見、古代の哲学思想の単なる紹介にすぎないかにみえる第二・第三論文をも、スミスがそれを哲学的探求指導原理の一つの例証として挙げていた事実を考えると、その論理内容そのものが古典 vs ヒューム問題に対するリプライであった次第がそれなりに理解されることであろう。古典の論理に親しんでいたスミスが、ヒュームの形而上学批判と経験主義宣言に大きく共感しながらも、事物そのものは unknown something とし、外的存在を光と色によって perceive される知覚の対象化する『人間本性論』の認識論と、それに立脚する「人間本性」論に全面的にはなじめないものを感じたであろうことは十二分に想定しうることでないか。スミスが第二論文で、物理の原理が生物の活動を規定し、すべてが種の保存に収斂されていくのが宇宙の根本原理である次第を古代物理学史の解明に基づく哲学的探求指導原理の例証であるとした上で、そうした自然界で個別の動態を通して貫徹する普遍の原理の探求（conception 形成）が、科学としての哲学の主題であることを古代論理学・形而上学史を例証にする形で inquiry 原理論の第3主題とした所以はそこにあったのでないか。「天文学史」の imagination 論がこうした第二・第三論文の主題の conceive 原理論である次第は前に指摘した通りであるが、こうした3論文の inquiry 原理論としての一体的構成は、第二・第三論文も、「天文学史」と同様、古典 vs ヒ

ューム問題を十分に踏まえた上でのそれへのリプライとして書かれたものであったという想定の下に全体を統一的に解釈することができることを示しているといえるであろう。

　スミスが、一見バラバラな3論文を3論文の個別テーマによって例証される「哲学的探求指導原理」論として展開したのは、自らの直面した古典vsヒューム問題に対する応答が共通主題であったためであったと私が主張する所以はここにある。スミスは、ヒュームの問題提起のもつ意義を十二分に肯定しながら、ヒュームの認識論と人間本性論の内実に必ずしも同調し得ないものを感じたため、「天文学史」でヒュームの認識批判に耐え得る事物認識（conceive）の論理を構築した上で、古典の原理を例示することによって、古典の実在論的論理を認識論的に鍛え直すことを自らのinquiry原理論の主題にすることになったのでないか。

　オックスフォード時代に『人間本性論』を読んで大きな衝撃を受け、生涯ヒュームの友人として過ごしたスミスが、ヒュームとちがって自然のoperationや自然の構造、自然のシステムの貫徹を前提する論理を展開していたのは、必ずしも認識批判を欠如した盲目的な伝統の継承ではなく、「天文学史」でヒューム哲学との格闘を通して自然のoperationや自然のシステムの結合原理を発見し対象をconceive（begreifen）する論理を構築していたからでないか。スミスはそこで概念的に理解（把握）した事物そのものの運動の論理を（具体的に確認できる作用因の活動の経験観察を通して）経験的に論証することが事物認識の論理であると考えていたのであるといえるであろう。

6）3論文とグランドデザインとの関連

　『道徳感情論』と『国富論』に集約されるスミスのグランドデザインが上述のような（古典の実在論の伝統を踏まえた）3論文の論理をベースにしていることは、『道徳感情論』や『国富論』がいずれも形而上学的な自然の必然法則の支配・貫徹を前提した上で、その作用因としての人間の自然の感情や性向に基づく事物の運動の論理学として展開されて

いる事実に典型的に示されているといえよう。もとより、スミスの人間本性論も快苦の心理学に他ならないとする、すぐれてヒューム的な解釈がスミス研究のメッカで行われている学界の現状の下では、スミスが論理学か心理学かは、それ自体大問題で簡単に断定できないことはいうまでもないが、「天文学史」の想像力のざわめきに基づく imagination の活動としての imagine – suppose – conceive 論や、『道徳感情論』のシンパシー論、『国富論』の交換・説得性向論などは、いずれも心理学ではなく論理学である。鋭い心理観察に基づくものではあるが、心理分析自体を主題とするものではなく、人間の感情の自然な動きを人間の社会的行為の動因とする感情の論理学である。心理学も、もとより感情の動きのメカニズム分析を行うが、心理学は人間の心理の動態それ自体の分析・考察を主題とするもので、スミスのように感情の運動の論理を人間行動（社会理論）の原理とするものとは本質的に違うのではないだろうか。

　いずれにしても、3論文では例示されただけで認識論的に整理・統一された形では展開されていない未定型の「哲学的探求指導原理」論を、"古典 vs ヒューム" 問題に対するリプライとして書いたことから、スミス自身が自覚的に学びとった社会認識の論理としての哲学的探求指導原理論が、彼のグランドデザインの展開に大きくかかわっていることは確かであるといえるであろう。その次第の具体的検証はスミスに関心を持たれる研究者の参入に期待する他ないが、3論文と『道徳感情論』や『国富論』との関係は殆ど全く論及されていないので、主要な点についてのみごく簡単に鳥瞰しておくことにしたい。

[3論文と『国富論』との関係]
　3論文が主著作のベースをなしている次第は、当然『道徳感情論』にもみられる。『道徳感情論』が人間の感情の心理観察に基づく同感感情の論理学として展開されている事実や、第2部の「自然の構造の効用論」（[21] 85-91, tr. 上、222-240）が「天文学史」の imagination 論をベースにしている点など、その典型をなしているといえるであろう。しか

し、『道徳感情論』とスミスの哲学論文との関連は、「外部感覚論」が主になるので、本章では『国富論』の根本原理が３論文をベースにしていた次第に論及を限定することにしたい。

「自然的自由の体系」論が『国富論』の嚮導概念をなしていることは周知の通りであるが、スミスのいう「自然的自由のシステム」概念は、第二論文で展開された、天界・下界のすべての運動は種の保存に収斂するという宇宙の原理に基づく、自然の operation についてのコンセプトの形成（conceive）の結果を論理化したものであるといえるであろう。それは、作用因としての人間が自然の本性 Nature に従って自由に行動すると、おのずから種の保全と社会の利益が実現されるという、(cosmic harmony 論的な) 自然のシステム思想に立脚する自然観を表現したものではないかと考えられる。政治的失敗や障害があっても、自然（的自由）のシステムは貫徹するという所以はそこにあるが、この論理は自然界や社会事象の動態の経験観察の帰結ではない。経験的に論証できる事柄ではない。アルヴィー Alvey その他の自然神学的スミス解釈者のいうような作用→目的（telos）実現の楽観主義的な目的論そのものの表現（[1] Part 1）でもない。スミスのいう自然的自由の体系は、第二論文の物理法則の生物界支配論でスミスがひそかに前提していたと想定される弱肉強食の生物世界のきびしい現実を前提した論理であると見る方が真実に近いであろう。スミスは、オプティミストでもペシミストでもなく、物理の原理が生物の生存を規定する厳しい現実の下で、過剰なものはカットされることで全体バランスが回復され、自然の原理が貫徹するという、「自然の経済」論的な自然のシステム思想の信奉者であったと見る方が正しいのではないであろうか(注21)。スミスはそうした自然の operation を「天文学史」の imagination 論で conceive することを通して、自然のままに行動すれば自ずから種の保存と全体の利益が実現されることを確信するに至ったのではないかと思われる。

　自然的自由のシステム思想のエッセンスと同じ思想が、「55年文書」の中で、"自然の operation を撹乱しないで、自然が her own design を実現しうるように、自然に自らの目的追求を自由にさせさえすればよ

い"（[23] 322）という形で、明確に示されていることも、必ずしも彼がその時点ですでに経済学に十分に通じていたためではなく、「天文学史」のimagination論で現実の経済世界の運動の根本原理をなす自然のシステムについてのコンセプトを形成（conceive）していたためであったと見ることができるのでないか。『法学講義』行政論から『国富論』に至るスミスの経済理論の展開は、「55年文書」でconceiveされていた経済世界の根本原理の理論化、それに基づく現実批判（論）の展開であったのでないか。「55年文書」の論理（展開）には、ハチスンその他の影響も考えられないではないが、スミスが自然の体系思想を「私が初めてクレイギー氏の教室で教え、グラスゴウで最初の冬を過ごした時からの私の講義の不変の主題であった」（[23] 322）と明言していたことは、それが借り物の思想ではなく、自らの哲学的探究に基づくものであったことを示しているといえるであろう。

　『国富論』は、「天文学史」のimagination原理に基づく自然のoperationについてのconceptionコンセプトの対自的表現としての自然的自由のシステムの現実妥当性の経験科学的論証をした上で、その実現を妨げる慣行や制度批判を主題としたものに他ならない。啓蒙思想家であるスミスは、もとよりこうした「自然の経済」論的な自然のシステム思想を前提した上で、自然の文明化（cultivation 耕作・改良）による人間(人類)の幸福増大を『国富論』の主題にしていたことはいうまでもないが、それはあくまでも自然の物理的枠内（物理法則の支配）を前提するもので、第二論文の宇宙観に照応する自然観に従ったものであるといえるであろう。自然的自由のシステムに立脚するスミスの経済学の前提・根幹論理は、スミスが青年時代に書いた哲学3論文の問題意識に根ざすものであったのである。

　『国富論』の価値論や自然価格論についても、同様なことがいえるであろう。『国富論』の「価値」概念や「自然価格」論は、（3論文的にいえば）経済活動の結合原理、見えない手、invisible chain、価値・価格の種的本質論として展開されたものであったのでないか。道徳世界のニュートン（moral Newtonian）といわれるスミスは、そうした経済世界

の普遍原理を発見（conceive）した上で、その経験科学的論証を基本主題としていたのでないだろうか。

　スミスのいう「価値」や「自然価格」は、どちらも経験的には確証できない、見えないものであるが、交換価値や市場価格の絶えざる変動を規制・統合する見えない鎖・個物に内在しながら個別を超える普遍原理として想定されたものに他ならないといえるであろう。スミスは、貨幣ではなく労働こそが、すべての経済活動の根幹をなし、富の実体をなす次第を認識するとともに、労働生産物としての商品の価値が、交換価値の規制原理として、すべての経済現象を相互に結びつけて統一的に説明することを可能にする商品交換関係の結合原理であることに気付いたため、それを原理とする理論体系を構築したのでないか。労働の生産力の改良の原因の考察から説きはじめ、「商品の価値が、その商品を……他の商品と交換しようと思っている人にとっては、彼が購買または支配しうる労働の量に等しい。したがって、労働がすべての商品の交換価値の真の尺度である」（[22] I.47, tr. I.63）ことから、労働を交換価値の規制原理とする価格理論の考察を行い、労働の生産物の分配の順序論を経て資本の分析に進んでいった『国富論』の経済理論が、上述のような経済現象の根本原理の洞察に基づいていることは明らかであるといえよう。

　同様なことは自然価格論についてもいえるであろう。スミスの自然価格論は、均衡価格、あるいは中心価格論であり、生産費説であるといわれる。経験科学的に規定すれば、それぞれその通りであるといえるが、いずれもそれだけに還元できるものではない。スミスの自然価格論は、ニュートンの引力説と同じように、市場価格の up – down をその中心点に引き戻す引力的な力を持つ経済現象の invisible chain（個別に内在しながら個別を超える普遍原理）として想定されたもので、それなりに経験的に検証できても、それ自体はあくまで経験を超えるものであることは明らかである。セイラム・ラシッド Salam Rasid その他が批判（指摘）するように、スミスには価格論がないとか、スミスの自然価格論は形而上学であるといわれる理由はそこにあるが、スミスの価値論や自然価格論を一面的に形而上学として断罪することには問題がある。

多数派の経済学者が『国富論』の「自然的自由の体系」思想はメタファーであり、スミスの価値論や自然価格論は形而上学に他ならないというのも、それらの理論がいずれも経験的に知覚しえない普遍原理論的抽象理論である限り当然である。しかし、スミスの形而上学は、「天文学史」の認識論や第三論文のアリストテレス論などが示すように、個別を超越（transcend）するものではなく、physics（物質界・現象界）の動態を前提した上で、矛盾・対立する多様な諸現象を結びつけて結合・統一・規制する原理をimagination原理に基づいて発見した上で、発見した原理に基づいて諸現象を体系的に説明していくニュートン的方法による物理の原理論として展開されたもので、個別の経験を離れたものではない次第が想起される要がある。

　『国富論』の原理論がこうしたニュートン的方法に立脚するものとして、無数の経済現象の経験観察を前提したものである次第は、スミスがヒュームの『人間本性論』の認識論や人間本性論においてだけでなく、経済理論においても、ヒュームが『政治論集』その他において展開していた商業論や貨幣論などに関する精緻な経済分析を踏まえた、それに依拠した論理を展開していた事実にも明確に示されているといえるであろう。スミスは、星野彰男が指摘するように、貨幣ではなく労働（「勤労の増加」）が富裕化の原因をなす次第を経験的に認識し、「労働の価値」こそが商品交換の原理をなす次第を論証しながら、問題を価値論として原理論化しなかったヒュームの徹底した経験分析から多くのことを学んでいたのである。ヒュームも、商品の交換関係が等しい労働量の購買・支配である次第を経験観察を通してはっきり認識していたのであるが、スミスのように問題を価値論ベースの理論として体系化しなかったのは、必ずしも彼の経済理論の未成熟性を示すものではなく、懐疑主義的認識論のためであった面が大きかったのではないかと考えられる。

　ヒュームは『人間本性論』の序文に象徴的に示されるように、経験的に知覚し観念化できない抽象的な普遍概念を原理的に認めない経験一元論の懐疑主義者であったため、安易な原理論化を避けたのであるということができるのでないか。それに対して、スミスは、哲学3論文の論理

分析が示すように、ヒュームの『人間本性論』の認識論に依拠しながら、ヒュームの限界を超えて、個別の動態を貫く普遍の原理の認識を主題としていたため、自らの経験観察とヒュームやステュアートその他の経済学説から多くを学びながら、「天文学史」の方法によって発見された原理に基づく価値・価格論や資本蓄積論、再生産論などを中核とする経済理論体系を構築することによって経済学を生誕に導くことになったのであるといえるであろう。

　こうしたヒュームとスミスの経済理論の対応関係は、スミスの自然的自由の体系論や価値論や自然価格論が超越的な形而上学ではなく、古今東西の無数の経済現象の経験観察に基づく経済関係の根本原理論として展開されたものであった次第を示すとともに、哲学3論文が『国富論』の論理展開の認識論的前提をなしていた次第を確証するものといえるであろう。

　スミスの経済学説の形而上学的超越性の出自がこのように哲学3論文にあった次第を知るとき、スミス理論がすぐれて経験的でありながら形而上学的でもある理由(根拠)が明らかになり、スミスをヒュームと同じように経験論的に解するだけでは、スミスの提出している問題を捉えきれない次第がそれとして理解できることになるであろう。

　スミスの『国富論』は、天界・下界の自然認識の原理の哲学的探求を通して、社会認識の方法と主題を模索した哲学3論文の問題意識と思考様式をベースにしたものであったのである。著作家は一般に処女作に帰るといわれる。スミスの場合もその例外ではなかったのでないか。しかし3論文では、いまだ生物としての人間主体の問題は問われていない。『道徳感情論』の根本原理をなす「想像上の立場（境遇）の交換」に基づく同感論が、いまだ全く問題になっていないのも、そのためであった[注22]。この問題に正面から向き合ったのが、次章の主題をなす「外部感覚論」である。エディンバラの哲学史講義の素材をなしたといわれる3論文から『国富論』における経済学の生誕までに4半世紀にわたる時間を要したひとつの要因は、そこにあったといえるであろう。

注

（1）水田洋は、その次第を同時代の資料の具体的読解に基づいて解明しつつあるが、山崎怜や大島幸治は、ロスの評言に触発された論理を展開している。

（2）ロスは、1762年11月29日の『修辞学講義』の第6講で、「学生たちがスミスの修辞学体系が倫理学の……体系と首尾一貫しているのを聴いた」（[17] 130, tr. 147）といわれる根拠として、その日の講義に「シンパシーによって相手に伝達したいと思っている Passion（情念）や Affection（情動）が平明巧妙に表現されていれば、その表現は言語が与え得るすべての力と美をもつ」（[24] i. v. 56. p. 25, tr. 96）という文章があることから、「同感がスミスの修辞学体系の要（Hinge）として提示されている」（[17] 130, tr. 147）としている。しかし、上の原文は同感感情の言語的表現が修辞によって強化されることを述べているだけで、同感が修辞の要であることを意味するものではない。hinge とか corner-stone というためには、同感感情が修辞に不可欠である次第を論証しなければならないが、修辞は同感感情がなくとも可能であるからである。

ロスが「シンパシーがスミスの修辞学体系の要をなしている」というのは、修辞が同感の言語表現として、同感感情や情動を正しく相手に伝えるためのレトリックと考えれば、交感＝同感を前提することになると考えたためではないかと思われる。しかし、同感を人間関係の結合原理としたスミスが、修辞学も同感原理で基礎づけていたとすれば、見知らぬ他者とのコミュニケーションの根本原理としてのシンパシー概念をスミスが何時から身に付けていたかが問題になる。ハチスンやヒュームのシンパシー論には見知らぬ他者との人－人相互関係の交感・交通概念としての性格は希薄で、スミス自身の哲学3論文にもその気配はないので、エディンバラ以降ということになる。次章で論証するように、『道徳感情論』の想像上の立場の交換に基づく同感理論は、バークリの『視覚新論』との格闘の産物と考えられるので、『修辞学・文学講義』の上記の文章がロスの言うように、同感がスミスの修辞学体系の要をなすものであるとすれば、エディンバラ講義にはまだ上の言葉はなく、従って修辞学講義＝『修辞学・文学講義』ではなく、逆に、エディンバラにもあったとすれば、上の文章は（想像上の境遇の交換の論理を前提しない一般用法の）同感感情が修辞によって強化されるという字義通りの意味になるであろう。いずれにしても、エディンバラ講義＝『修辞学・文学講義』⇒『道徳感情論』ではなく、エディンバラ講義と『道徳感情論』⇒『修辞学・文学講義』との間には『道徳感情論』の思想形成をめぐるスミス自身の思想展開・深化があった次第をしっかり踏まえる必要があるのでないか。

（3）パースンそのものの交換を想定する『道徳感情論』の「想像上の立場（境遇）

の交換」に基づく同感論は、知覚⇒観念（idea）＝そのsign or markとしての言語論の枠を超える実体としての他者とのinter-subjectiveなcorrespondence（交感・応答）の不可欠性認識から生まれた論理で、次章で論証するように、他者の立場を考察の対象とすることはあっても、あくまでも主体の立場から他者に語りかける修辞学や言語コミュニケーション論、その認識論的ベースをなすバークリやヒュームの観念理論とは、異なることに注意されたい。

（４）エディンバラの修辞学講義と『修辞学・文学講義』や『道徳感情論』との関係については、水田が丹念に資料を検討した結果、多数の証言があったことから、エディンバラの修辞学講義と『修辞学・文学講義』や『道徳感情論』、さらには『法学講義』との関係についての論究がなされている。それらの探求成果はそれぞれ貴重なもので、それとして尊重されねばならないことはいうまでもないことである。

（５）ロスはエディンバラの哲学史と法学に関する講義では、スミスは「ヒュームが『人間本性論』で公言していた「人間の科学」のプランに基づいて考察を進めていたと推測される」（［17］97, tr. 109）としているが、エディンバラの法学講義はプーフェンドルフ⇒ハチスンの自然法学体系を前提した上で、それに対するヒュームの批判を踏まえた論理が展開されていたのではないであろうか。

（６）『哲学論文集』の編者も、３論文が一体のinquiry原理論であること自体は認めている。（［23］5）

（７）「外部感覚論」も哲学史講義の素材をなしていたかどうかについては疑問があるが、「天文学史」が哲学史講義の中心主題をなしていたことは水田洋によって資料的に確証されている。（［42］その他水田の諸論文参照）

（８）arts which address themselves to the imagination（［23］46, tr. 26）という文中のaddressにはconsign 委託する、address toには、appealする、「訴える、話しかける、頼み込む」の意が含まれているので、裁判所や武力によろしく解決してくれと訴える（頼み込む）のと同じような意味で「訴える」と訳した。

（９）ヒュームの観念連合論とスミスの自然の結合原理探求論との異同は、用語の面からも検証することができる。ヒュームもスミスも共に想像力が異なる観念や現象を結びつけて連合させることから、結合＝連合をワン・セット的に使用している場合が数多くみられる。連合（論）と結合（論）を無差別 indifferentに同義的に解する見方が生まれるのも、その限り当然である。しかし、ヒュームの連合論は、異なる観念や事象を結びつけて連合させることによって、知覚に基づく観念像を構築することを意図したもので、それ以外のimplicationはない代わり、特定の前提を必要とするものではない。それに対し、スミスが「天文学史」の中心主題とした自然の諸現象の結合論は、自然界に生起する諸現象

を結びつける原理の探求を主題とする点で、異なる観念や事象を結合して連合させることで知覚観念像を形成するだけの連合論とは性格・主題を異にしていることは明らかであるといえるであろう。

(10) 周知のように、スミスは主著や講義などで、自然の operation（作用・活動）や自然のシステム、自然のコース、自然の構造、自然の意図などを前提した論理を展開しているが、『哲学論文集』ではさらに great objects of nature（[23] 50）、hidden chains of nature（[23] 48）、intention of nature（[23] 168）、connecting principles of nature（[23] 45, 52, 67 etc.）、wonders of nature（[23] 42）などの自然の客観的合目的性を想定した用語を使用している。それらの用語が、単なるメタファーか神学思想や生物学研究に基づくものであるかは見解の分かれるところであろうが、ヒュームの認識批判に直面して古典 vs ヒューム問題を自らの思想主題としたスミスが自然の意図や目的そのものの存在を無条件に承認し、その認識可能性を当然視していたとは考えにくい。"ヒューム＝スミス＝経験主義"の一つの背景がここにあることは明らかであるが、スミスは、ヒュームのように経験的に知覚 perceive し idea 化しえないものも認識対象から除外することなく、自然の意図とか目的という言葉の中に含まれる自然の客観的合目的性に注目し、自然の諸現象や（自己保存を目的とする）目的追求主体としての作用因のさまざまな行動を結びつける中間項を想定することを通して、自然（の諸現象）の結合原理（引力や同感・価値など）を発見し、それを inquiry 原理とすることによって、（作用因としての）個体の運動に媒介される自然の operation、自然のシステム、自然の構造を解き明かすことを意図していたのでないか。スミスがそうした論理展開をカントのように明確な認識批判原理に基づいて行っていたとはいえないが、スミスがカントのいう「自然の客観的合目的性」（[9] §61 f.）を前提（想定）するとき、はじめて可能になる自然の結合原理の探求を哲学としての科学の主題としていたことは、同感感情や価値原理に基づく事物の運動法則（自然の operation や system、自然の構造）の解明（コンセプト形成 conception）を主題としていた事実に端的に示されているといえるであろう。スミスが哲学論文の中で自然関連用語を多用し、主著でも形而上学的論理を展開していたのはそのためと考えられるが、こうした論理は、外的存在は common sense belief の対象とするヒュームと違って、事物そのものについての conception 形成（conceive）を主題とする実在認識論の系譜に属するものといえるであろう。スミスの「天文学史」は古典の実在論的実践哲学の論理をヒュームに触発された認識批判の原理を踏まえて認識論化したものでもあったのでないか。そうしたヒュームとスミスの認識論の差異は、人間の五感はすべて外的存在を conceive するための外部感覚であるとして、バ

ークリーヒュームの視覚中心論を批判した「外部感覚論」の内実を知るとき、より明らかになることであろう

(11) スミスが「天文学史」の中で展開した体系＝機械論（[23] 66, tr. 51）も、体系も機械と同じように目的による統一体であるという意味では自然（宇宙＝体系）＝機械論（[23] 113）と同根の発想といえよう。

(12) ［ヒュームとスミスの imagination 論の本質的相違点］

　『哲学論文集』の general editors は、「スミスの imagination 論は、ヒュームの適用であり」（[23] general introduction, 16）、スミスの suppose 論（the supposition of a chain of intermediate, though invisible, events, which succeed each other in a train）(ib. 18)は、「ヒュームの『人間本性論』第1巻第4部第2節（[6] I. iv. 2）の"感覚に関する懐疑主義について"と題するセクションを利用している」(ib. 18)ものに他ならず、ヒュームの conception 論には、「世界に関するわれわれの信念を確立する想像力の役割が含まれている」(ib. 19)という David Douglas の論を採用している。その上で、スミスの独自性をヒュームが「外的世界（external world）」に対する our common sense belief」に帰していたものに「科学の仮説を適用」(ib. 16)した点に求めている。

　ヒュームが外的存在の問題を common sense belief (in an external world) の問題としていたのは、彼の知覚観念論の当然の帰結であるが、スミスの論理がヒュームの常識的信念論を科学の仮説化したものに他ならないと見ることには問題がある。スミスは、自然界や人間界に生起する諸現象の結合原理の発見（コンセプト形成）を科学としての哲学の主題にしていたのであり、本章の第5節で論及したように、imagination 原理に基づく事物そのものの真実の解明を意図していた点で、「天文学史」の認識論は、科学における仮説論とは原理を異にする、似て非なるものではないであろうか。スミスが、（編者たちも一様に認めるように）科学と哲学を同一視し、「imagination に訴えるアーツ」としての科学と哲学の主題を「自然の結合原理」の探求（発見）に求めていたことは、編者たちも否定しないスミス自身の原文である。そうした imagination 原理に基づいて、自然の "invisible chain" の探求を主題とする「自然の結合原理の科学」としてのスミスの哲学を『哲学論文集』の編者たちが「本質的に *meta*-science or talk *about* science である」([23] 14)とし、「wildest guesses」([23] 20)でしかありえないという所以もそこにある。しかし、こうした解釈は、現代の科学哲学や分析哲学の論理で一方的にスミスを裁断するもので、スミスの主題はむしろ meta-science、メタ認識論の展開にあったのである。一方でスミスの imagination 論をヒュームの認識論の適用に他ならないとしながら、他方でそれを *meta*-science で wildest guesses であるというのは、自らの

論理の破綻を物語っているのではないか。『哲学論文集』の編者たちは、「天文学史」から始まる3論文の主題が、ヒュームを下敷きにしながら、ヒュームの論理を古典の論理と融合させようとした点にあった次第を看過していたため、両者の主題の差異をみることができなかったのでないか。

なお、『哲学論文集』の編者たちは、ヒュームとスミスの imagination 論を基本的に同一・同列視しているので、両者の差異について簡単に付言しておきたい。

ヒュームは『人間本性論』の第1巻第1部第4節「ideas の結合あるいは連合について」のセクションで、imagination の働きによって、単純観念の結合が可能になるケースとして、類似・近接・因果関係の三つのケースをあげ、そこでは imagination が記憶に代わる結合の機能を果たすとした上で、ここには知的（心的）世界にも自然界と同様、通常（常識）をこえる結果（効果）をもたらす「一種の引力がある」（[6] 12-13）と述べている。スミスがこの imagination に基づく結合の引力性論の翼を拡げて、シンパシーを人間関係の引力的結合原理とする論理を展開したのに対し、ヒュームの imagination 論は、引力的に connect together する対象をあくまで類似・近接・因果関係に限定したものであった。連合の輪を拡げる中間項の想定論も、あくまで観念の結合（連合）論の枠内の論理で、スミスのように、広大な天界に生起する諸現象の結合原理発見のためのツールとして想定されたものではない。ヒュームも、『哲学論文集』の編者たちも認めているように、tangible なものの conception を認める論理を展開しているが、ヒュームの場合には、imagination の力を借りて conceive したものについての impression から idea が形成されるとして、visible = perceive → impression → idea 論と同様、idea 論の枠内の論理とされており、スミスのように対象（の結合原理）についての concept 形成自体を目的とするものではないのでないか。

より本質的な問題は、ヒュームの conceive 論では力点が、空間・延長・時間・無限などの概念も、visible or tangible の idea に媒介されることなしには conceive すること自体が不可能である次第を立証する点にあった点にある。ヒュームが実体そのものは unknown-something であるとしているのも、上と同じ理由で conceive できないと考えるためでもあるといえよう。それに対し、スミスは、視覚や触覚の対象にならないため、perceive はもとより conceive もできない、目に見えない invisible なものも、imagination の力を借りて、身近なものから類推（連想）して、いろいろ imagine し、あれこれ中間項を suppose していくうちに、一見バラバラな諸事象を結びつける鎖についてのコンセプトが形成（conceive）されるようになる。そのコンセプトで諸現象を統一的に説

明できるようになれば、一つの原理で諸現象を体系的に説明できるようになる。スミスは、哲学の課題とした自然の結合原理や invisible chain、自然の operation や構造、事物の種的本質なども、perceive できなくても、そうした形で conceive できれば、そこで発見された原理に基づいて体系を構成し、その妥当性を経験的に論証していくのが、imagination の科学としての哲学の主題であると考えていたのである。

　こうしたヒュームとスミスの imagination 論の差異の根幹は、ヒュームが idea の連合による対象叙述を主題としていたのに対し、スミスは、対象叙述ではなく、対象の Wesen（種的本質）conceive を imagination 論の主題とし、そこに形成されるコンセプト（原理）に基づいて、経験的に観察できる事物の運動（作用因の活動）の合目的性の経験論証の結果を理論体系化するというニュートン的方法の展開を imagination の科学としての哲学の主題にしていた点にあるのでないか。

(13) 哲学は、「分析的・経験的世界理解の限界」を問うもので、本来形而上学である（[20] ch. 2, esp., 46-53）。現代の科学や分析哲学はこの真理を見失っているのでないか。

(14) スミスは、『修辞学・文学講義』の24講（1763・1・21）で体系の説明方法として諸現象を「我々の眼前に生起する順序に従って……一つ一つの現象ごとに一つの原理を示す」アリストテレス的な方法よりも、ニュートンのように「先ず初めに第一義的な原理、あるいは立証された原理をいくつか定め、それに基づいてそれぞれの現象を説明し、それらの現象すべてを同一の鎖で結びつける」方法の方が優れているとし、後者を「ニュートン的方法」と呼び、「最も哲学的な方法である」（[24] 145-146, tr. 286）と述べている。（いわゆる）ニュートン的方法が説明原理であるといわれる所以である。しかし、この説明方法は、既知の体系では説明できない新しい現象に直面したとき、新たな中間項を想定することによって新しい体系を展開するという、ニュートンに代表される天文学者たちが（大なり小なり意識的・無意識的に）展開してきた体系構成の方法を imagination 原理に基づく自然の結合原理探求方法論として認識論化したスミス自身の「天文学史」の方法（認識論）を前提したものであることは明らかである。「天文学史」的な結合原理の探求なしには、すべての現象を同一の鎖で結びつけることなどできないからである。傍点を付した用語の用法なども、上の原文（引用文）が「天文学史」の論理を前提したものである次第を示しているといえよう。『道徳感情論』や『国富論』の叙述方法がニュートン的方法（の適例）であるのも、両著の理論そのものが「天文学史」の方法を前提していたためであったのである。

(15) ラファエルも、「天文学史」をデュゴルド・ステュアートのいう Theoretical History の適用例とみることに反対している（D. D. Raphael: *Adam Smith*, 1985, pp. 105-107. 久保芳和訳『アダム・スミスの哲学思考』119-121）。ただし、反対の根拠は、「スミスの天文学の歴史については推測的なものは何もない」とする点にあり、拙論のように「天文学史」の主題を imagination 原理に基づく自然の結合原理探求に求めるためではない。

(16) 牛田徳子は、アリストテレスの『政治学』の訳者解説で、その例証として、アリストテレスの「天について」ベッカー版アリストテレス全集 Vol. 1, Ch. 9,「生成消滅論」Vol. 2, Ch. 10, 337a1-6, Ch. 11, 338b12-18,「動物発生論」Vol. 2, Ch. 1, 731b-732a1、などをあげている。アリストテレス『政治学』（牛田徳子訳）（解説）464 参照。

(17) 『哲学論文集』の編者たちは、第二・第三論文にはアリストテレスの causation 論がないので、アリストテレス以前であるとしている（[23] 24-25）。編者たちは、その論拠として、形而上学＝論理学ではなく、論理学＝ cause & principle 論で、causation に基づく自然の operation 分析はアリストテレス以後であるとしているが、第二論文の論旨は第三論文の普遍＞個論に対応するもので、第二論文に cause → operation 分析がないことは、スミスがアリストテレスの causation 論を知らなかったことを意味するものではなく、個別を超える宇宙の原理の論証が主題であったためで、スミスは第三論文で、アリストテレスが普遍認識は個に媒介されて初めて可能になるとしていた次第を強調している。アリストテレスの論理は、牛田の指摘（[2] 464）するように多分に生物学的であるので、生物学的な宇宙論を展開している第二論文の論旨は、アリストテレスの論理に通じる面が大きいのでないか。スミスは、アリストテレスから causation に基づく自然の operation 分析の論理（というより、真理）を学びとっていたのでないか。生物界が物理法則に制約・収斂していくというのも、現代の機械文明世界が忘れている生物学・生態学の真理でないか。

(18) 第二論文では、causation 論の具体的展開や、causation に基づく自然の operation 分析それ自体はなされていなかったのも、そのためであったといえるのではないか。

(19) スミスが第三論文の主題とした古代の論理学・形而上学は、事物の論理認識論としての形而上学を排除している近代の論理学とは本質的に異なるもので、普遍は個に内在するとして、事物の運動の論理のうちに事物の概念（種的本質）認識の手掛かりを求める、認識論としてのヘーゲル論理学につながる契機を孕んでいるのではないか。アリストテレス⇒ベイコン論は、アリストテレスが個物の分類⇒一般規則化を問題にしていることから、個の中に普遍を見るアリス

トテレスの論理学・形而上学と、個別を超える普遍原理の実在を否定して個物の分類⇒一般規則化を科学の主題とする近代の論理学を直線的に結合する誤りを犯しているのではないか。

(20)『哲学論文集』編集者たちは、「スミスと彼の慧眼な同時代人も、"見えない鎖"探求の最も創造的な前進さえ、"wildest guesses"(当てずっぽうの憶測)から自由であることは滅多になかったことを実感できなかったのである」([23] 20)と述べている。

(21) ロスは、スミスが「天文学史」の中で、「体系(system)は多くの点で機械に似ている。機械は、……さまざまな運動や効果を結合……するために create された小さな system である。体系は、すでに実際に遂行されているさまざまな運動や効果を fancy の中で結合するために発明された imaginary machine である」([23] 66, tr. 51)と述べていることから、スミスの経済学体系も「現実に遂行されている種々の運動や効果を空想の中で結合する想像上の機械([17] 237, tr. 270)であり、『国富論』の価値論も少数の共通原理によって結合された種々の観察を体系的に配列することの美しさを追求したものである」([17] 239, tr. 272)としている。そうした事実に基づき「スミスはニュートンの路線に従って経済学のモデルを築き、明白で単純な自然的自由の体系に従って operate する理想的な社会で富が自然に生み出されてくる次第についての彼の理論を展開したのである」([17] 272, tr. 311)と述べている。ロスは、こうした論理で「天文学史」と『国富論』との関連を連続的に説明しているが、これは言葉をつなげただけのもので、これではスミスの主題は分からず、自然の体系の精神とは全く無縁のこじつけといわざるを得ないのではないであろうか。

(22)「天文学史」でも、Sympathy 用語が使われているが、立場の交換に基づく同感概念ではなく、一般的用法に過ぎない。

[主要参照文献]

[1] Alvey, James E: *Adam Smith : Optimist or Pessimist?* Ashgate 2003.

[2] Aristoteles: *Politica.* アリストテレス『政治学』牛田徳子訳、京都大学出版会、2001年

[3] Berkeley, George: *An Essay towards a New Theory of Vision,* 1709, in the Works of G. Berkeley, Bishop of Cloyne, ed. by A. A. Luce & T. E. Jessop. Vol. 1, London 1948. 下条信輔ほか訳『視覚新論』勁草書房、1990年

[4] Brown, K. L.: Dating Adam Smith's Essay "Of the External Senses", *Journal of the History of Ideas,* Vol. 53-2, 1992.

[5] Campbell, R. H. & Skinner, A. S.: *Adam Smith,* London 1982. 久保芳和訳『ア

ダム・スミス伝』東洋経済新報社、1984年
［6］Hume, David: *A Treatise of Human Nature*, London 1739. ed. by L. A. Selby-Bigge, Oxford. 1967. 大槻春彦訳『人性論』岩波文庫
［7］── : *Enquiries concerning the Human Understanding & concerning the Principles of Morals*, ed. by L. A. Selby-Bigge, Oxford. 1902.
［8］Kames, Henry Home: *Essays on the Principles of Morality & Natural Religion*, Edinburgh 1751.
［9］Kant, I.: *Kritik der Urteilskraft*, 1790. Herausgegeben von Wilhelm Weischedel, Suhrkamp 1968. 横田英雄訳『判断力批判』岩波文庫
［10］── : *Idee zu einer allgemeinen Geschichte in weltbürgerlicher Absicht*, 1784. 中山元訳『永久平和のために他』光文社文庫
［11］Kleer, R. A.: *"The Author of Nature": Adam Smith and Teleology*, Toronto 1992.
［12］Locke, John: *An Essay concerning Human Understanding*, ed. by P. H. Nidditch, Oxford 1975. 大槻春彦訳『人間知性論』岩波文庫
［13］Mercer, P.: *Sympathy and Ethics, A Study of the relationship between sympathy and morality with special reference to Hume's Treatise*, Oxford 1972.
［14］Morrow, G. R.: *The Ethical & Economic Theories of Adam Smith*, New York 1969.
［15］Platon: *Politica*. 藤沢令夫訳『国家』岩波文庫
［16］Raphael, D. D.: *The Impartial Spectator, Adam Smith's Moral Philosophy*, Oxford 2007. 越生利昭・松本哲人訳『アダム・スミスの道徳哲学』昭和堂、2009年
［17］Ross, I. S.: *The Life of Adam Smith*, Oxford 1995. 篠原・只腰・松原訳『アダム・スミス伝』フェアラーク東京、2000年
［18］Rousseau, J. J.: *Discours sur l'origine et les fondements de l'inégalité parmi les hommes*. 本田・平岡訳『人間不平等起源論』岩波文庫
［19］Scott, W. R.: *Adam Smith as Student & Professor*, New York 1965.
［20］Skolimowski, H.: *Living Philosophy, Eco philosophy as a Tree of Life*, London 1992. 間瀬啓允・矢嶋直規訳『エコフィロソフィ』法蔵館、1999年
［21］Smith, Adam: *The Theory of Moral Sentiments*, 1759, ed. by D. D. Raphael & A. L. Macfie, Oxford 1976. 水田洋訳『道徳感情論』岩波文庫
［22］── : *The Wealth of Nations*, 1776, ed. by R. H. Campbell & A. S. Skinner, Oxford 1976, 水田洋監訳『国富論』岩波文庫
［23］── : *Essays on Philosophical Subjects*, 1795. Ed. by W. P. D. Wightman, J. C.

Bryce & I. S. Ross, Oxford 1980. 水田洋ほか訳『哲学論文集』名古屋大学出版会、1993年
- [24] ――― : *Lectures on Rhetoric and Belles Lettres*, ed. by J. C. Bryce, Oxford 1983. 宇山直亮訳『修辞学・文学講義』未来社、1972年。水田洋・松原慶子訳『修辞学・文学講義』名古屋大学出版会、2004年
- [25] ――― : *The Correspondence of Adam Smith*, ed. by E. C. Mossner & I. S. Ross, Oxford 1977.
- [26] Stewart, Dugald: *Account of the Life and Writings of Adam Smith, L.L.D.*, appended in this Reference No. [23]
- [27] Veblen, T.: The Preconception of Economic Science, 1899, in his *The Place of Science in Modern Civilization*, New York 1961
- [28] Viner, J.: *The Roll of Providence in the Social Order*, Princeton 1966.
- [29] Willey, B.: *The Eighteenth Century Background*, London 1940. 三田博雄ほか訳『十八世紀の自然思想』みすず書房、1975年
- [30] Winch, Donald: Adam Smith als politischer Theoretiker, in *Markt, Staat und Solidarität bei Adam Smith*, Frankfurt 1984. S. 102.
- [31] Worster, D.: *Nature's Economy*, Cambridge 1977. 中山茂ほか訳『ネイチャーズ・エコノミー』リブロポート、1989年
- [32] 大島幸治：『アダム・スミスの道徳哲学と言語論』お茶の水書房、2008年
- [33] 大島幸治・佐藤有史：海外アダム・スミス研究の動向『経済学史研究』52・1、2010年
- [34] 太田可夫：『イギリス社会哲学の成立と展開』（水田洋編）社会思想社、1971年
- [35] 佐藤康邦：『カント「判断力批判」と現代』岩波書店、2005年
- [36] 高哲男「アダム・スミスにおける本能の概念化と経済学の生物学的基礎」『商経論叢』（神奈川大学）43-1号、2007年
- [37] 只腰親和：『「天文学史」とアダム・スミスの道徳哲学』多賀出版、1995年
- [38] 田中正司：『アダム・スミスの自然神学』お茶の水書房、1993年
- [39] ――― :『市民社会理論と現代』お茶の水書房、1994年
- [40] ――― :『アダム・スミスの倫理学』お茶の水書房、1997年
- [41] 浜田義文：『カント倫理学の成立』勁草書房、1981年
- [42] 水田洋：『アダム・スミス論集』ミネルヴァ書房、2009年
- [43] 山中浩司：「感覚の序列」大林信治・山中浩司編『視覚と近代』所収、名古屋大学出版会、1999年

第3章 「外部感覚論」の主題とimplication

1）「外部感覚論」の読解法

　アダム・スミスの遺稿『哲学論文集』所収の哲学3論文は、前章でいささか具体的に論証したように、古典 vs ヒューム問題に直面したスミスがヒュームの『人間本性論』（の認識論）を批判的に考察することを通して、ヒュームの知覚観念論とは原理的に異なる imagination 原理に立脚する天界の自然の哲学的探求（認識）論を構想するとともに、それに基づく下界（人間界）認識の対象と主題を明らかにしようとしたものであった。しかし、3論文では生物世界や人間界認識の方法原理はいまだ具体的には問われないままに止まっていたのであった。この課題に応える一つの手掛かりとして展開されたのが、本章の主題をなすスミスの「外部感覚論」である。その理由は次の点にある。

　「外部感覚論」は哲学3論文とは別の時期に書かれた独立論文で、3論文のように「哲学的探究指導原理」論をなすものでも、青年時代に書かれたことがスミス自身によって明示されている論稿でもない。「外部感覚論」はバークリの『視覚新論』に依拠していることが明言されているだけで、自らの主張や意図を示す証拠や参照資料もないので、スミスが「外部感覚論」を焼却処分の対象とせずに後世に残すことで何をアピールしようとしたのか容易に分からない曖昧さがある。近年、「外部感覚論」の末尾でスミスが展開した本能論に注目し、それを手掛かりに「経済学の生物学的基礎」を論証しようとする高哲男（［36］）や Kleer クリーア（［11］）の問題提起に代表される生物学的な解釈がなされるようになっている。私の解釈は、両氏の理解と重なるところが大きいが、「外部感覚論」自体をスミス自身のグランドデザインとの関連においてどう解き明かすかについて確たる解釈や分析は、いまだ提出されていない。

スミスが1790年に死ぬ間際に、法学関係をはじめとする大多数の草稿を焼却するように命じながら、処分対象から除外された草稿を『哲学論文集』として1795年に公刊したBlackブラックとHuttonハットンも、「外部感覚論」の扱いには判断に迷ったらしく、哲学３論文の後に模倣芸術論と詩形論を収録し、「外部感覚論」は巻末に置く構成をとっていたのも、そのためであったといえるであろう。以後の再版は、当然のことながらそれを踏襲していたが、1980年に刊行されたグラスゴウ全集版では３論文の次に「外部感覚論」が収録され、模倣芸術論などはその後に配置されている。こうした編別変更は、全集版の編者たちが「外部感覚論」の重要性をそれなりに理解し、哲学３論文と「外部感覚論」との一体性ないし関連性を認識するに至ったことを示すようにみえるが、事実は必ずしもそうではない。『哲学論文集』の編者は、「外部感覚論」が『哲学論文集』の「すべての論稿の中で最も評価（assess）がむつかしい。題名にもテキストにもスミスがそれを彼のグランドデザインの中でいかなる役割を、何かがあるとしても、演じさせようと意図していたかを示すいかなるヒントもない。同様に、歴史的展開や「哲学的探求原理」へのいかなる参照にも欠けている」（[23] 133）と述べている。
　「外部感覚論」が「最も評価しにくい」作品であることは確かであるが、３論文の哲学的探求原理論やグランドデザインとのつながりを示す何のヒントも参考資料もないかどうかについては疑問がある。直接的な言及はなくとも、「外部感覚論」と、スミスがその下敷きにしたバークリの『視覚新論』とを対比的に考察し、その異同を確認することを通して、そこに秘められたスミスの意図をクローズアップし、それと３論文や『道徳感情論』の論理との関連を明らかにしていけば、論理分析だけでも、おのずから「外部感覚論」の主題とそのimplicationが浮かび上ってくるのではないかと考えられるからである。『哲学論文集』の編者たちは、前章で論難した３論文の経験主義的解釈と同じ目で「外部感覚論」をみているため、バークリの『視覚新論』を祖述する形で論理を展開しながら、一転して本能論を展開し、味覚以外の五感をすべて外部感覚とした「外部感覚論」の主題がみえなくなっているのではないであろ

うか。いずれにしても、「外部感覚論」の基本は、バークリ⇒スミス関係にあるので、スミスが「外部感覚論」の下敷きにしたバークリの『視覚新論』の論理の確認からはじめることにしよう。

2）バークリの『視覚新論』の主題

バークリは、主著『人知原理論』の前年の1709年に出版された『視覚新論』[注1]で、視覚では対象の距離や大きさ、位置などを知覚することができない次第を個別・具体的に論証することを通して、視覚と触覚との根本的違いを明らかにすることから自らの問題を出発させている。彼は、ロックのいう物体の１次性質を知覚するのは触覚で、視覚は光と色で物体の２次性質を心の中で描くだけで、知覚の対象には外物は存在しない次第を明らかにすることによって、両者の差異に無自覚であったそれまでの視覚論とは根本的に異なる新しい視覚理論の構築を意図していたのである。「私のこの論考の狙いは、（視覚と触覚との差異と、両者の間の共通観念の有無の考察を通して）我々が視覚によって諸対象の距離、大きさおよび位置を知覚する様式を示すことである」（［３］§１）という冒頭節は、こうしたバークリの意図を明確に示しているといえるであろう。

バークリはこうした問題提起の根拠を、視覚像は心が目で見たものを心の中で想像したものにすぎず（［３］§19）、「視覚の固有の対象は心の外に存在せず」、「視覚観念と触覚的事物との間にはいかなる類似もない」（§117）点に求めている。バークリは、視覚で知覚されるのは光と色のみで（§156）、「光と色以外にはいかなる他の直接的な視覚の対象も存在しない」（§129）として、視覚の心内現象的・内部感覚的特性をクローズアップし、外物そのものを知覚するのは、生命感覚としての触覚である（§９）次第を明らかにしていたのである。

バークリは、このように「我々が……見るのは光と色のみで」（§77）、視覚と触覚とは根本的にちがい、両者の必然的結合はないにもかかわらず、「我々が視覚によって諸対象の距離や大きさ、位置を知覚（したり

把握したり）する」（§1、121）のは、見たものに触れ、触れたものを見る「習慣」と「観察と経験」に基づく両者の"習慣的結合"による以外にはない（§62）次第を論証している。見たものに触れ、触れたものを見る経験を繰り返しているうちに（§45）、人間は見ただけで、「視覚的事物の相互の位置（その他）について彼がもつ知覚によって、それに対応する外部の触覚的事物の位置（その他）を瞬時に正しく判断する」（§99、45、56）ことができるようになる。バークリはその次第を目が見えるようになった盲人の例などをあげて論証したのである。

　こうした視⇔触の習慣的結合の経験に基づく視覚の触覚包摂的機能の認識に基づいて、バークリは視覚像（visible figure）が、触覚によって知覚された触覚像〔tangible figure = thing〕のマークとして、言語や記号が事物そのものとは全く別物なのに事物を表示するのと同じような言語的機能をもっている、という視覚言語論を展開している（§140-141）。彼はそこで「視覚像が自然に触覚像を表示するように定められている」（§140）自然の言語性を指摘し、「我々は全体として視覚の固有の対象が、自然の創造主の普遍的言語ともいうべきものを構成していると公正に結論しうる」（§147）としている。その上で、「身体の保全と福祉にとって必要な事物を受け入れ、（危険を避けて）、生きて行く上でのすべての営みや関わりにおいて主として導かれるのは、こうした視覚的対象の告知による」次第を強調（§147）している。

　バークリは、こうした形で視⇔触の習慣的結合論とそれを補強する自然言語論を根拠に、バークリ自身、初めは全面的に触覚的性質に依存しており、「視覚的性質には全く依存していない」（§59）としていた（我々の身体に役立つか有害か、心に快か苦かをperceiveする生命感覚としての）触覚の機能をも視覚が果たす（§59）次第を力説していたのである。彼がこの論文の結び近くで、「膨大な範囲と数と多様性をもった対象が視覚能力によって一度に極めて容易に迅速に快く示唆される」（§148）として、視覚が触覚の狭い限界を超えて人間の生存の役に立つ側面を一面的に強調していることも、この書物の主題が奈辺にあったかを端的に示しているといえるであろう。バークリの『視覚新論』は、近代

思想の主潮流をなしている触覚不要の視覚万能論への道を拓くものであったのであるが、バークリはこうした視覚能力の「驚嘆すべき技巧と考案 contrivance」が、「この能力の意図された狙いと目的とに適合する」（§148）として、触の限界を超え、触の機能を吸収する「我々の眼に語らせる自然の創造主の声」（§152）としての視覚の偉大さを賛美し、その声は「人間の考案による言語が不可避的に被らざるを得ない誤解と不明瞭さに陥ることはない」（§152）としていたのである。

3）「外部感覚論」の主題

「外部感覚論」は「外部の対象を知覚（perceive）する……視・聴・嗅・味・触」（[23] Of the External Senses §1、tr. 230）(注2)の五つの感覚について論じたものであるが、全編バークリの『視覚新論』を下敷きにし、その論理をたどりながら補足する形で論理が展開されている。スミスがこれまで誰も説明できなかった「器官内の感覚作用とそれを引き起こす物体との関係をめぐる」難問を明快に解き明かしたバークリの創見に大きな敬意を表し、バークリの説明に「つけ加えるものは殆んどない」（[23] ibid. §43、tr. 252）とし、バークリが強調した視覚のもつ自然の言語性を明確に承認していることなども、「外部感覚論」がバークリに依拠した思想展開であることを示しているといえるであろう。

「外部感覚論」は、バークリの『視覚新論』の祖述・継承・展開に他ならないとする解釈が生まれる根拠はそこにある。しかし、「外部感覚論」の主題は、『視覚新論』の祖述・継承それ自体にあったのではない。逆に、バークリの『視覚新論』の中核論拠をなす触⇔視の習慣的結合論＝その前提をなす触覚以外の感覚の内部感覚化、それに基づく対象 perceive 論に代わる実体 conceive 論（外物・他者についてのコンセプト形成論）としての外部感覚論の構築にあった次第が確認される要がある。

その次第は、「外部感覚論」の論理を仔細に検討するとき、自ずから明らかになることであろう。

（1）触覚とその他の感覚との対比的考察

　スミスは、「外部感覚論」の第一主題をなす触覚論で、事物とそれらの感受作用（affection）とが全く別のものである次第を明らかにした上で（[23] ibid. §3、tr. 231）次のように述べている。我々が何かの物体（thing）に手を触れるとき、我々が solidity（固性）と呼ぶ抵抗を感じる。「我々は物体を我々の全く外部の something と感じるので、必然的に我々とは全く独立の something として conceive する。それゆえ、我々はそれを実体と呼ぶそれ自体で存在する物と考える」（§8、tr. 233）が、「固性は、必然的にある程度の延長を suppose し」（§9、tr. 233）、「延長は……可分（割）性を suppose する」（§10、tr. 234）。「固性と延長をもつ物体はすべて……（宇宙がそうであると conceive されるように）figure をもつにちがいない」（§11、tr. 234）。「同様に、そのような物体はすべて運動ないし静止できるとして conceive されるにちがいない」（§12、tr. 234）とし、「延長・可分性・形・運動のこれら四つの性質ないし属性が固性的実体の idea or conception に必然的に含まれる」（§13、tr. 235）と述べている。

　スミスはこうした論理で、触覚が外物の存在とその属性を conceive する外物・他者認識感覚である次第を明確にしたのである。これに対し、熱さ・冷たさの sensation（感受作用）や味覚や嗅覚（smell or odour）は、触覚の場合のように器官を圧迫 press on the organ するものではなく、器官の中 in the organ にあるものと感じられるため、外物の presence を必然的に示唆しないが、それらの感覚が何らかの対象によって excite される経験を通して外物の存在を学ぶので、そうした経験の習慣化によって、「internal sensation とその感覚の外的原因とが我々の conception（概念作用）の中で緊密に結合されるようになる」（§21、tr. 240）次第が具体的に論証されている。

　音（聴覚）も自然には organ を圧迫する（pressing on the organ）ものとしてでなく in the organ として感じられるが、……「我々は経験から耳の中のこの音ないし感覚作用が、それを最初に引き起こした物体の距離や方向に従って、様々な modify（変容）を受ける」（§24、tr. 244）

ことを学ぶのであるという。

　これら4種類の、哲学者のいう「2次性質」は、organの中（in the organ）のものと感じられ、外部の独立の実体ないしそのような実体の性質としてperceiveされず、実体に本質的で不可分な性質をもつものとしてconceiveすることもできない（§25-26、tr. 245）。とすれば、これら（4種類）のsensationがこのようにそれらをexcite（引き起こす）外部の実体と不可分の性質を何ももたないのに、何故物体がそれらの感覚作用を生み出すのか。哲学者たちがいろいろintermediate causes（仲介的原因）を想定（suppose）することによって「我々の器官内の感覚作用とそれらを引き起こす遠くの物体とを結びつけ」ようと努力してきたが、それらの仲介的原因が我々のorganに引き起こす運動が、それとは関係のない感覚作用を生み出すのはどのようにしてかを説明できた哲学者は誰もいなかった（§42、tr. 251-2）。これまで誰も説明できなかったこの問題に一つの明快な解答を与えたのがバークリであるとスミスは考えたのである。スミスが視覚論の冒頭でバークリの『視覚新論』を「最も素晴らしい哲学的分析」とし、「彼がすでに行った事柄につけ加えるものは殆んどない」（§43、tr. 252）と賛辞を呈しているのは、そのためであったといえよう。

（2）視覚論の分析視角

　視覚の諸対象も、それらをperceiveする器官を圧迫するもの（on the organ）ではないので、可視的諸対象は、他の感覚作用と同様にそれらをperceiveする器官の中（in the organ）にあるものと知覚されるにちがいない（§45、tr. 253）。「触覚の対象は、固性……その諸形態である延長・形・可分性および可動性である」（§46、tr. 149）のに対し「視覚の対象は色（彩）であるが」、「可視的対象である色は、可触的対象である固性とは何らの類似性をもたない。生まれながらの盲人……が色彩のidea or conception（観念や概念）を形成することができない」（§47-48、tr. 254）理由もそこにあり、動物も人間も、「動物としての生活と生存の本性（nature）に本質的で不可欠（分離不可能）な触覚なしに生まれて

きたことはなかった」（§49、tr. 255）のであるというこの節の導入文は、スミスの視覚論の要点を簡潔に表現したものといえよう。

スミスは、その上でバークリに従って視覚が色彩の濃淡・陰影・配合に基づく遠近法（rules of perspective, perspective of nature）によって、「触覚対象（tangible objects）の位置や距離を正確に judge する」（§50、67 etc. tr. 257、271）次第を明らかにするとともに、判断力に基づく可視像の可触像への修正が行われ、視覚によって可触世界が拡大されることを認めている（§55、tr. 260）。スミスはその例証に白内障の青年の例をあげ、白内障の青年が絵画では不可能な自然の遠近法を観察と経験を通して身につけたとき、可視と可触を完全に一致させたことをあげている（§67、tr. 271）。

しかし、こうした視覚の自然の遠近法（的能力）が本能によるものか理性や習慣化した経験によるものかは分からない（§50、tr. 257）だけでなく、「遠近法の正確さ……それによって可触的対象の距離を判断する正確さは、距離が遠くなるにつれて減少する」が、「可視的対象である色彩・その諸形態は、……可触的対象と関連せず、それ自体として独立には、我々にとって何ら重要ではく、……益にも害にもならず、」「我々の全注意は、可視的・表示的諸対象にではなく、可触的・被表示的諸対象に向けられているので」、私の判断によって可視像の可触像への修正が行われるのである（§51-55、tr. 257-260）という、視⇒触の習慣的結合論を超える生命原理（触の優越論）が導入されていることが注目される。

こうしたスミスの議論のバークリのそれとの微妙な違いは、「我々に視覚を賦与した自然の慈悲深い目的は、我々を取り囲む可触的対象の位置と距離に関する情報を提供する点にある。」人間生活は、その知識に依拠しているからである（§60、tr. 264）という、可触（外物・他者感覚）の可視に対する本源性が強調されている点にもみられるといえるであろう。

その上で、スミスは再度バークリの名を出して、「視覚の対象はバークリが明確に述べているように自然の創造者が我々の目に伝達を address（注3）（委託）する、一種の言語を構成している」（§60、tr. 265）というバークリの視覚言語論を敷衍する説明をしている。「外部感覚論」が『視覚新論』の祖述に過ぎないように思われる所以はここにあるが、ここでも「創造者はそうすることによって我々にとって知ることが最高に重要な事物について我々に情報を提供するのである」（§60、tr. 265）としている点に、バークリの視覚言語論とは微妙な力点の違いがあるといえるであろう。

　バークリが力説した自然そのものの言語性の問題を巡っても、スミスは「可視的対象と可触的対象との間には、」バークリのいうような literacy と oral の関係より「ずっと高度な一定の親和性と対応関係があり、……自然が我々の目に（伝達を）委託した言語は、特定の事物を意味する能力をもっており、恣意性を免れないどんな人為的言語のそれよりもはるかに優れている」（§62、tr. 267）次第を強調している。しかし、こうした可視的対象と可触的対象との結合には、「観察と経験の助力」（§63）が必要である次第を白内障の青年の例をあげて説明することによって、バークリの習慣的結合論に従った論理を展開している。が、ここでも自然が目に託した言語としての「視覚の偉大な諸原理が、（観察と経験に先立って）前もって彼の精神に深く刻印（impress）されていなかったならば、またもし観念連合か何かその他の未知の原理（unknown principle）によって彼に提示された可視的対象の結果として何らかの可触的対象を expect（予期）するように強力に仕向けられていなかったならば」（§68、tr. 272）、目が見えるようになったときのこの青年紳士の対応は、少し違ったかも知れないとしている。

（3）本能論の展開

　その上で、スミスは「この青年紳士が可視的対象と可触的対象との間の関連性についての知識を獲得したのは、ひとえに観察と経験の緩慢な歩調によるものであったかも知れないが、そのことから幼児たちが同じ種類の本能的知覚力（instinctive perception）をもたないと確信をもって推論することはできない」（§69、tr. 273）、として本能論に入っている。

彼はそこで動物の子が「すべての経験に先立って、何らかの本能的知覚をもっており、……自分たちを取り囲むすべての可触的対象についての最も明確な知覚をもっているように思われる」（§70、tr. 273）次第を具体例・例証をあげて力説している。この種の本能的知覚力が弱いと思われる人間の場合も例外ではないとして、子供たちが「非常に早い時期から……可触的対象の距離や形体、大きさを知るように思われる」（§74、tr. 277）事実などに基づいて人間が本能的に知覚力をもっている次第を明らかにしている。

（4）五感論再論

　スミスは、こうした動物の子や人間の子供の本能論をベースに改めて我々の感覚のうちに「観察と経験に先立って、……実体のconception（コンセプト・概念的見解）を本能的に示唆するものがあるか」どうか（§75、tr. 277）の検討に入っている。

　味覚（tasting）は、観察と経験によるので、「実体のconceptionを本能的に示唆するとは決していえない」（§76、tr. 278）。

　嗅覚には、味覚と違って、観察と経験に先立つ面がみられる。生まれたばかりの赤子が母親の乳房にすがりつくのは嗅覚（匂い）のせいである。「身体の状態に起源をもつすべての欲求は、それ自身を満足させる手段を示唆し、経験に遥かに先立ってさえ、その満足に伴う快楽の予感ないしpre-conception（前提概念）^(注4)を示唆する」（§79、tr. 279）が、「匂いは、食欲を刺激するだけでなく、その食欲を満足させる唯一の対象へ向かわせる……ことによって、方向の観念の中に必然的に含まれている距離と外部性についての何らかのnotion（概念的見解・考え）を必然的に示唆するにちがいない」（§80、tr. 280）として、ニオイが「事物の存在についての漠然とした観念やpre-conception」の形成を可能にすることから「幼児が……smell（について）のconceptを形成（conceive）する」（§81、tr. 280）ことを認めている。

　熱さや冷たさの感覚作用自体は、味覚と同様、「観察と経験に先立って、本能的にそれらを引き起こす固性的で抵抗する実体のconception

を示唆するとはいえない」が、「我々がそれらの感覚作用を感じ得るより前に、それらを引き起こす外部の物体の圧迫が、外部の独立の自体的存在についての何らかの conception だけでなく、最も明確な確信をも必然的に示唆するにちがいない」（§84、tr. 282）。

自分で動ける新生動物は、快苦を感じると、「本能的に、すべての観察や経験に先立って」快の方に動く。こうした運動願望は、「外部性についてのある notion or pre-conception を suppose しており、」その原因をなす「何らかの外的事物ないし場所についての漠然とした概念的見解を suppose している」（§85、tr. 283）。快苦の「感覚は、我々自身の身体の保存のために与えられたように思われる」ので、そうした場所への移動は、「外的存在についてのある漠然とした見解を本能的に示唆している」（§86、tr. 283-4）とされている。

聴覚の対象である音は、それ自体は in the ear のように perceive されるが、……（嗅覚と）同様に「本能的にすべての観察や経験に先立って、それを引き起こす外部の実体ないし事物についての some vague notion ある漠然とした概念を示唆する」もので、「自然の手によって直接に刻印された印象の本能的示唆」であり、「過去の観察と経験のいかなる回想によるものでもない」（§86、tr. 284-5）としている。

その上で、スミスは「視覚、聴覚および嗅覚の三つの感覚が自然によって我々に与えられたのは、我々の身体の現実の位置に関してよりも、……早晩現実の位置に影響を及ぼし、我々に有益か有害かのいずれかという結果になるかも知れない他の外部的諸物体のそれに関して我々に情報を与えるためであるように思われる」（§88、tr. 285）と結論している。

4）バークリ批判論的構造

（1）3層、3ステージ構成の論理的帰結

「外部感覚論」の大要は以上のようなものであるが、読者もお気付きのように、「外部感覚論」の論旨（論理内容）には3つの層があり、それぞれの特色が3つのステージでそれぞれに展開されていることが注目

される。

　（「視覚について」と題する43節に入る前の節までの）触覚論から始まる第１ステージでは、外物に触ると抵抗があり圧力を感じることから、触覚が外物の存在・その延長や形体、運動などについてのコンセプトを形成（conceive）するのに対し、味覚や嗅覚、聴覚は、感覚器官を圧迫するものではなく、外物と関係ない in the organ 器官内の感覚なので、外物やその諸属性についてコンセプトを形成（conceive）することができない次第が明らかにされている。その上で、それらの感覚器官が外物によって excite される経験の習慣化から外物と感覚（内容）が結合されるようになるとする論理が展開されている。こうした第１ステージの議論は、バークリの『視覚新論』の議論を下敷きにした上で、その論理内容をバークリと少し違った形できれいに整理・解説したものといえるであろう。

　バークリの『視覚新論』の中心主題を扱った第２ステージの視覚論（§43f.）でも、スミスはバークリに従って可視と可触の関係を論じ、バークリの視覚言語論を敷衍する論理を展開しているが、視覚に対する外物・他者 conceive 感覚としての触覚の重要性が指摘され、生命原理による可視像の可触像への修正が行われる事実を具体的に指摘する形で、バークリの視＝触の習慣的結合論を超える論理が導入されている。その上で、視覚の目的が情報提供にある次第を明らかにすることを通して、可触の可視に対する本源性が説かれていることが注目される。第２ステージは、バークリの『視覚新論』の核心をなす視覚言語論を敷衍し、バークリがその典拠とした自然言語論に全面的に賛意を表しながら、（バークリの議論を補足する形で）視の目的が触にある次第を指摘することを通して、視に対する触の本源性を明確にすることを意図したものといえるであろう。

　第３ステージでは、こうした補足・修正論をベースに本能論が展開されている。この本能論解釈では、一般に経験主義者であるスミスが「観察と経験」に先立って本能を認めていた点にスポットライトが当てられているが、本能論の主題は、すべての生物や人間が本能的に外物知覚力

をもち、触覚を通して事物や対象の距離や形体、大きさなどについてコンセプトを形成 (conceive) し、外物や他者と接触することから、他者との対立を避けるための他者との交感 (correspondence) がはじまる次第を暗示する点にあったのではないかと考えられる。

スミスはその上でこうした本能論をベースに、第1・第2ステージで論じた五感の実体 conceive 能力の再検討に入り、嗅覚や快苦の感覚や聴覚が、観察や経験に先立って、本能的に外物の存在やその場所を conceive する能力をもつ次第を明らかにするとともに、視、聴、嗅の三つの感覚の機能が外物に関する情報提供にある次第を確認する形で、「外部感覚論」を結んでいる。

（2）バークリ批判の中心論点

「外部感覚論」は、上述のように、触覚と視覚の本質的違いの確認（明確化）から出発した『視覚新論』の前提をなしているバークリの感覚論を sense on the organ と sense in the organ とに分けてきれいに分類整理する形で敷衍することから始め、バークリの説明では不十分な点を補足した上で、本能論の例を表に出して、人間の感覚が内部感覚ではなく外部感覚（外物・他者 conceive 感覚）である次第を解き明かそうとしたものであった。こうした「外部感覚論」の論理は、一見バークリの『視覚新論』の祖述・展開であるように見えるが、その内実・執筆意図は暗黙のバークリ批判、というより、バークリの『視覚新論』の論理（その根幹をなす触視の習慣的結合論、それを論拠とする視＞触の代替・包摂論）に対するダウトの提出である次第が注意される要がある。

スミスは、その次第の論証過程で、触覚と視覚との習慣的結合論を中核とするバークリの『視覚新論』を創見として評価していただけでなく、バークリが自説の視覚言語論の正当化の根拠として展開した自然言語 (language of nature) 論に全面的な賛意を表明しているので、一見バークリの祖述にすぎないかに見えるが、スミスは次の点にバークリの決定的難点を見ていた事実に注目する必要がある。

スミスのバークリ批判のポイントは、バークリが視たものに触れ、触

れたものを視ることを繰り返しているうちに、視るだけで触らなくとも、触覚の機能である外的存在の大きさや形、位置などが判断できるようになることから、視覚が触覚の機能を代替・包摂するので、視覚だけでよいとしている点にある。バークリがこうした触覚の機能代替・包摂論に基づいて、視覚は触覚の狭い限界を超えてより広い視界を提供するから、視覚さえあれば何でもという視覚万能論を展開していたことは前節で紹介したとおりである。

　こうしたバークリの論理が触覚の意義（本源性、不可欠性）の事実上の否定につながることは明白であるが、スミスはこうしたバークリの論理（習慣的結合論を根拠とする視覚中心論）は、触覚の本来の機能の誤解ないし軽視によるものと考えたのでないか。その根拠を明白に示しているのが、バークリの感覚論を敷衍する形で展開していた on the organ と in the organ の区別である。

　触覚は、第３節の「外部感覚論」の概要紹介個所で触れたように、我々が外物と接触すると、on the organ 器官に抵抗（press）を感じさせる sense であるのに対し、視覚は聴覚や嗅覚と同様に器官内 in the organ の sense にすぎない。こうした sense in the organ でも、聴覚や嗅覚などは接近する外物（音や臭い）への response（応答）として、外物の接近を前提する sense であるのに対し、視覚は、外物を見る人が perceive した impression から心の中に形成される ideas を分類・整理して、対象についての認識（観念）像を構成していく知的な作業を伴うものである点で、（触ることで外物を確認する）生物学的な触覚とは対極的な機能であることは明白であるといえるであろう。

　バークリは視覚と触覚の違いを、触覚が物体の１次性質を知覚し、視覚は光と色で物体の２次性質を perceive する点にあると考えたため、視触の習慣的結合の結果、視覚だけでも物体の１次性質（大きさや形体、位置など）が分かるようになれば、視覚が触覚の機能を代替しうることになるから視覚だけでも十分であると考えたのであるが、スミスは、そうした捉え方は、触覚の付随的機能だけを問題にしたもので、sense on the organ と sense in the organ の根本的差異をキャンセルする点で決

定的に間違っていると考えたのでないか。

　それが「外部感覚論」の根本テーゼであることは、「外部感覚論」の論理から明白であるが、スミスがバークリの習慣的結合に基づく視覚言語論を原理的に批判した理由は、on と in の根本的違いが看過され、sense of things pressing on the organ としての触覚の機能が sense in the organ でしかない視覚によって代替（包摂）されると、対他存在としてのすべての生物の生存の基本条件である外物や他者との接触に伴う on the organ の外物・他者 conceive 感覚としての触覚の生命感覚性が失われてしまう点にあることは明らかであるといえるであろう。

　18世紀中葉の触覚論（[46] v）はこうした視覚中心論に対する生命感覚としての触覚認識に基づくものであったが、生命感覚のない sense in the organ には対他存在としての生物の外物との絶えざる対立・緊張関係の元になる他者は原理的に存在せず、他者は視覚の対象（視覚像）に過ぎないものとなってしまうことは明らかである。他者は、認識主観としての私（subject）が目で見て perceive した impression に基づく知覚の対象（object）として視覚像化された存在に過ぎなくなってしまうからである。

　そうした形で形成される他者像は、認識主観の視覚を通してみた限りの観念構成物でしかなく、外的存在そのものとしての他者ではないことは明らかである。こうした他者像の下では人－人相互のコミュニケーションの原理、その必要根拠や、それを中核とする社会理論は本来的には成立し得べくもないであろう。視覚中心の人間把握では、他者は実在の他者ではなく、視覚像でしかないため、人－人間のコミュニケーションの問題は原理的には問題にならないからである。哲学者なら、観察者として人間の構成する社会関係を describe することにも一定の意義があるであろうが、日常生活者としての人間は、他の生物と同じように、見知らぬ他者（他の生物）との対立・緊張関係の中で生きる対他存在であるため、見知らぬものと出会ったとき、一体何者ならんといろいろ imagine – suppose しながら、それなりのコンセプトを形成（conceive）して、correspond（応答・交感）することを通して徐々に認識を深めて

いくものであることは、私たち自身の生活行動を顧みれば容易に納得しうることであろう。そうした対他者存在としての人間の感覚（五感）は本来、内部感覚ではなく、外物（外的存在）に対応するための外部感覚（外物・他者認識・交感感覚）として形成されたものであると、スミスは考えたのでないか。

スミスが、五感は外物を conceive し、他者と correspond するための触覚を根幹とする外部感覚であり、視覚その他の感覚はそのために必要な情報提供器官に過ぎないとした所以はそこにあったといえるであろう。

（3）「外部感覚論」の経験主義的解釈批判

こうした解釈に対しては、スミスは「外部感覚論」でも経験主義をベースにした論理を展開していたのではないかとの反論がなされることであろう。ロスも、スミスが盲人問題で「観察と経験」の有無による相違を指摘した点をスミスの経験主義の表現として強調している（[17] 104、tr. 116）。しかし、「外部感覚論」の主題は、生来の盲人と生後に盲人になった人間の目が見えるようになったときの反応の仕方の違いが「観察と経験」の有無にある事実をはっきり承認した上で、すべての生物にはそうした「観察や経験に先立って」外物（対象）を conceive し correspond（応答・交感）する能力がある次第を解き明かす点にあったことは、第3節で論及した通りである。「外部感覚論」の主題は、「観察と経験」に基づく触視の「習慣的結合」を根拠とする触視代替論の根本的難点を明らかにすることを通して、人間の感覚（sensation）が観察や経験に先立って外物を conceive し correspond する外部感覚（外物・他者 conceive 感覚）である次第を確認する点にあったのであり、経験主義の確証ではないことは明白である。ということは、もとよりスミスが観察や経験の意義を否定していたということではないが、「外部感覚論」の主題はそこにはなく、「外部感覚論」に経験主義の証左を求めるのは筋違いと言わざるを得ないのではないであろうか。

「外部感覚論」の典拠をなすバークリの『視覚新論』の論理を根拠とするより内在的な反論としては、バークリが視覚言語論の正当化論とし

て展開していた「自然が目に伝達を託した言語」としての自然言語論にスミスが全面的に賛同していた事実があげられることであろう。スミスが視覚像と触覚像との親近性をバークリ以上に強調していたことから、スミスはバークリの視覚言語論を基本的に承認していたのではないかとの反批判がなされるのも、至極当然である。しかし、「自然が目に語らせる言葉」としての自然言語 (language of nature) 論に対するスミスの全面信頼は、バークリのように視覚が触覚そのものの本来の機能をも代替・包摂するという論理を前提するものではなく、人工言語とちがう自然の言語の受託者としての視覚の健全性（そうした能力を視覚に賦与した自然の能力）に対する信頼性の表明に過ぎない。可視＝可触の親和性の表明はその限りのことに過ぎず、視覚の自然言語性承認は、視覚が触覚の本来の機能をも代替し得るから、触覚は不用ということではない。自然の遠近法（自然が視覚に賦与した遠近法）のおかげで触らなくても、外物の大きさや形態・位置などは分かっても、その場に身を置いて触らなければ物そのものは分からないであろう。自然には無駄はなく、無用なものは賦与していない（[23] ibid. §74、tr. 276）という伝統的な「自然の経済」論的自然観を継承していたスミスは、視覚とは原理的に異なる生物としての人間の生存に不可欠な生命感覚（外物・他者感覚）としての触覚独自の機能の本源性を明確に自覚していたのである。

　スミスが自然の言語の受託者としての視覚の自然の遠近法的な可触性を承認しながら、視覚そのものは、あくまでも情報伝達器官に過ぎず、外物との直接的な接触器官としての触覚に取って替わるものではないと考えていたのはそのためである。スミスは、視覚に触覚の機能を代行させるようになると、生命感覚（外物・他者感覚）としての触覚の対象そのものが perceive の対象化され、独立の意識主体としての他者まで知覚の対象化され視覚像化される危険性をバークリの論理のうちに見抜いていたため、自然の言語性をはっきり承認しながら、それを自説の正当化の論拠とするバークリの視覚言語論の根本的難点を厳しくあぶり出すことを「外部感覚論」の主題としていたのである[注5]。

5)「外部感覚論」の implication

(1) 生物学研究と他者認識

　バークリの『視覚新論』を下敷きにして、自らの論理を展開したスミスの「外部感覚論」は、上述のような形で生物としての人間の感覚は外物 conceive 力としての触覚を根幹とする外部感覚であるとするもので、視・聴・嗅覚は外物に関する情報を提供するための器官である次第を明らかにすることによって、触覚の機能も視覚で代替し得るとしたバークリの視覚言語論のはらむ根本的難点をクローズアップすることを意図したものであったのである。

　このような「外部感覚論」の論理がすぐれて biological 生物学的である事実自体には、誰しも異論はないであろう。こうしたスミスの生物学的人間把握の前提をなすスミスの生物学的関心については、「外部感覚論」に植物の分類・整理で知られる Linnaeus リンネの植物分類論についての言及がみられることから、スミスの生物学関心は分類論＝論理学に過ぎないとする見解があるが、スミスの生物学への関心はロスなども指摘（[17] 105、tr. 117）しているように、青年期からはっきり見られ、分類論にとどまるものではない。『エディンバラ評論』における Natural History 自然史に関する議論や、フランスから帰国後のカーコーディにおける「植物学研究」（[26] No. 208、p. 252）や『道徳感情論』刊行時における自らのフィールドワーク(注6)、さらには王立協会の会員になってからの Buffon ビュフォン、Linnaeus リンネ、Bonnet ボネなどの生物学者や植物学者との交流（[17] 250-1、265、tr. 285、286、302-3）なども、スミスが生物の生態へのかなり強い関心を寄せていたことを窺わせるものといえよう。こうしたスミスの生物学関心は、生物学それ自体への関心に基づくものでもあったであろうが、より以上に他者との絶えざる緊張関係の下にある生物の生態を解明することを通して対他存在としての人間の本性を明らかにしようとする意図があったのではないかと推測される。本能論における生物の子と人間の子供に関する叙述（[23] ibid. §

70-74、tr. 273-277) などは、その次第をはっきりと示しているといえるであろう。

　スミスの生物学、自然誌研究と「外部感覚論」との関連を考える上でより以上に注目すべき事実は、18世紀中葉における Maupertuis モーペルテュイ、Buffon ビュフォン、Condillac コンディヤック、Diderot ディドロらに代表される触覚論再興の動向（[46] 185-216）である。触覚が生物としての人間の五感の根幹をなしている事実それ自体は、アリストテレスが既にはっきりと指摘していた点であるが[注7]、こうした認識自体は、アリストテレスの創見というより、より生物的な自然条件の下に生きていた近代以前の人間にとっては、むしろ改めて問題にするまでもない日常的な事実で、バークリ－ヒューム的な視覚中心論の方が、近代の産物であることは明らかである。そうした文脈の中で、18世紀中葉に改めて触覚論が主流化したのは、17世紀以降の科学的な生物学・自然誌研究の進展によると考えられるが、その背景にはバークリ－ヒューム的な視覚中心（視＞触）論に対する反発もあったのではないか。そう想定することも、あながち牽強付会の解釈ではないと言えるであろう。

　スミスが「外部感覚論」でヒュームの視＝触（visible & tangible）一体⇒ perceive ⇒ idea 連合論のルーツや原理をなすバークリの『視覚新論』の視覚言語論、その正当化論としての自然言語論を基本的に踏襲しながら、バークリの理論と原理的に対立する「外部感覚論」を展開した理由＝「外部感覚論」執筆の動機はそこにあったと想定することができるであろう。スミスが「外部感覚論」を執筆したのは、18世紀中葉における触覚論再興の動向に照応するスミス自身の生物学・自然誌研究の進展⇒その帰結としての近代的な視覚中心論へのダウトが、「天文学史」以来のヒュームの知覚観念論（perceive した事物の idea 連合論）の現実性（生命感覚性）への懐疑と連動した点にあったのでないか。

　だが、人間の感覚（五感）も、他の生物と同様、本来、外部感覚（外物・他者認識・交感感覚）であり、人間も他の生物と同様、自己保存を唯一・最高の目的とする対他存在として、外物との絶えざる緊張・対立関係の下に生きる存在であるとすれば、他者と共生するためには、他者

とのcorrespondence（応答・交感）が必要になる^(注8)。そうした人間相互の「対立」を前提する他者とのcorrespondence：concordant or sympathetic response, OED（非社交的社会性）の原理は何かが問題になるが、その原理は言語ではない。

　言語は、既述のような当時の言語観を借用すれば、ideaのsignないしmarkである。人間はそうしたideaのsign or markとしての言葉を組み合わせて思想を展開し、他者と交通し、社会を形成してきたのであった。言語が社会関係の進展に比例して多音節化・精密化して思想の展開・普及に不可欠の役割を果たしてきたのはそのためであるが、より以上に言語が他者とのcommunicationの手段として、他者との会話・交渉・説得・約定などの媒体として、人間生活に不可欠の道具であることは、私たちが日常実際に経験している通りである。言語が他者との交通・交感（communication & correspondence）の原理であるかのように感じられる理由はそこにある。

　しかし、言語がそうした他者との交通・交感の原理的機能を発揮するのは、同じ共同体、同一集団内に限定され、見知らぬ第三者には通用しない。言葉ではcommunicateはできても、correspondはしない。親しい友人との間でも実際には交感しない場合が多い。じっくり話し合えば分かり合い交感するであろうが、それは言葉を媒介に相手の世界に入っていくためである。言語はcommunicationの手段であっても、他者とのcorrespondence（交感）の原理ではないのである。にもかかわらず、communicationの手段にすぎない言語にcorrespondenceの原理的性格が付与されてきたのはなぜか。

　その理由は、他者不在、他者の視覚像化にある。近代以前の社会では、個人は共同体に埋没し、仲間か敵かであったため、他者は不在であった。人間が他者と異なる個人としての自我を自覚するようになったのは宗教改革以降のことであるが、それは同時に他者を視覚像化し、視覚の対象化するものであった。バークリ－ヒューム－カントの哲学は、こうした他者の客観視、視覚の対象化、視覚像化の論理を認識論化したものであるが、他者が視覚の対象化され、visible figure（視覚像）になるとき、

触らなくても、遠近法で見れば分かることになるため、見たものの sign or mark としての言語も、見れば分かる視覚像的諸個人相互間の交通・交感の手段たりうることになるであろう。communication の手段としての言語が他者との correspondence の原理であるかのごとく考えられてきたのは、こうした視覚像的人間観に基づく面が大きかったのでないか。意見や利害の対立があっても、交渉・対話・説得で correspondence が成立するとされ、レトリックが交通・交感の有力な手段と考えられたのも、そのためといえるであろう。

しかし、他者は、物体と同じ触覚像 tangible figure で、固性（独自の主体性）をもつ抵抗する存在である。自然の遠近法で視るだけでも大体のことは分かっても、本当のところは直接接触して確かめなければ分からない unknown-something でしかない。親友でさえそうである。ましてや、街頭の見知らぬ第三者は、視覚だけでは分からない tangible figure なので、visible figure の sign としての言語だけでは correspond できない。そうした実在の他者との交感のためには、物体認識の場合と同様に、相手の境遇に入って触ってみなければならない。そこで go along with するとき、はじめて交感が成立することになる、とスミスは考えたのでないか。

スミスがレトリック講義をまとめて出版せずに、『道徳感情論』の論理構築に専念し、パーソンの交換論に象徴される「想像上の立場の交換」に基づく同感論を社会理論の根幹にした理由は原理的にはそこにあったといえるであろう。バークリーヒュームーカントまでの主観的観念哲学においては、他者は認識の対象、視覚像でしかなかったため、言語が交通・交感の媒体たりうるとされ、共感感情も立場の交換を前提するものではなかったのに対し、スミスは生物学研究の過程で人間も他の生物と同様対他存在であることに気付き、私とは独立の意識主体としての他者を発見したことから、他者との correspondence の問題を考えるためには、視覚ではなく触覚の論理が必要であると考えるようになったのでないか。

（2）スミスの同感論と触覚論との照応関係

　スミスは、『道徳感情論』の冒頭の第１部第１編「シンパシーについて」の第２節で次のように述べている。「我々は、想像力によって我々自身を彼の境遇に置き、自分たちが彼と全く同一の責苦を耐え忍んでいることについて大まかなコンセプトを形成（conceive）するのであり、我々はいわば彼の身になり（enter as it were into his body）[注9]、ある程度彼と同じパースンになって[注10]、そこから彼の諸感動について、ある観念を形成するのであり、程度はちがうが、それらの感動に似ないでもない何かを感じさえするのである」（[21] 9、tr. 25）と述べている。スミスは、『道徳感情論』の第１編の冒頭の第１節で人間には他人の運・不運に同感する感情があることを明らかにした上で、続く第２節で当事者の痛み（苦しみ）を感じるためには、想像力の力を借りて、当事者の境遇に身を置き、彼の body に enter into するような形で彼の身になることが必要であるとしていたのである。

　この論理が「外部感覚論」で批判の対象にした視覚の論理や自然の遠近法の論理を超える触覚不可欠論に照応していることは明らかである。視覚の論理や自然の遠近法でも、外的存在についての大まかなコンセプトは形成できるが、それだけでは本当のところは分からないから、立場を交換して外物そのものに触れる必要があるというのが「外部感覚論」の論理であったが、『道徳感情論』も「外部感覚論」と同様に視るだけでは他者の本当の苦悩は分からないから、立場を交換する形で当事者の境遇に実際に身を置き、当事者の body に入りこむような形で本人の身になる（enter as it were into his body）必要がある、としているのである。

　この論理は、一見実際にはありえない、行いえない絵空事のように思われるであろうが、実際には私たちが日常経験している事実ではないか。私たちは他人の苦しみに同情し、病人や高齢者の心情に思いをはせる。しかし、病気にならなければ、高齢者にならなければ、当人の本当の苦しみ、悲しさ、悲惨さは分からない。分かるためには、スミスのいうように「空想（fancy）の中で受難者と居場所を取り換えて（by changing places in fancy with the sufferer)」（[21] 10、tr. 26）本人の身になり、person（心身）を同じにする他はない。そんなことは実際には容易にできることではないから、身内以外はそこまで立ち入らないのがエチケットであることは周知の事実である。ヒュームのように、共通利害への暗黙の同意（convention）が社会形成の原理になるとする論理が生まれる一つの背景はそこにある、といえるであろう。しかし、（不平等の現実の下で）common interest 共通利害の認識に基づく黙約が社会形成の根拠をなすというのは、富者の論理であり、貧者や文明とは無縁の生活をしている民族との correspondence の原理たりうるものではない。コミュニティとしての社会は、その構成員の間に立場や利害の違いに基づく対立があっても、お互いに立場（境遇）を交換して他者の身になってみれば、他者の要求も自分の主張と大差はないことに気付いてお互いに自己抑制するところに成立するものである、とスミスは考えたのでないか。こうした考え方は、一見ヒュームのコンヴェンション論と似ていると考えられるかも知れないが、ヒュームのコンヴェンション社会論は、個人と社会一般との関係論で、個々人が全体の動きを見て、共同の利害に共感するものである（厳密には、他者との交感はない）のに対し、スミスの論理は他者との人－人間の対立・緊張関係を前提しながら、他者の body に触れる形で、他者の境遇に身を置いてみるところに交感＝correspondence が成立するとする点が決定的に異なることは明らかである。スミスはこうした形の「想像上の立場の交換」による他者との感情的交流 concordant sympathetic response が、Gewalt や utility や tradition と異なる社会形成のより普遍的・根源的原理であるとした上で、立場を変えてみてなお同感しうるところに適宜性＝正義＝エクイティ＝倫理＝法の原理があるとしたのである。

　こうした「想像上の立場の交換」の論理を根幹とする『道徳感情論』の論理が、「外部感覚論」におけるバークリの視覚言語論批判－それに対する触覚根幹論を契機とする外物・他者認識を前提し、ベースにしたもので、エディンバラ講義の修辞学や言語コミュニケーション論の展開・発展ではないことは明らかであるといえるであろう。スミスは、既

述のようにバークリの『視覚新論』の批判的検討を通して人間の感覚が外部感覚＝外物・他者（認識・交感）感覚で、（生命感覚としての）触覚で他者と直接接触することが生物としての人間の他者との交感の根本原理をなすと考えたため、修辞学や言語論に代わる人間相互間のコミュニケーションの論理として「想像上の立場の交換」に基づく同感論を根幹とする道徳感情の理論を展開することになったのである。戦後いち早く、スミスのシンパシー論は、観察者論ではなく、当事者の相互抑制論であることを指摘した水田洋の卓見（[45] ch. 2）も、上述のような「外部感覚論」解釈を下敷きにするとき、より確証されることであろう。自己保存のために自分の利益を優先する生物としての生活者は、お互いに立場を交換して他者の境遇に身を置いてみたら、'俺もお前と同じか'、ということで相互に自己抑制するようになる。それが市井の生活者の論理である。視覚の原理で万物を裁断するのは、哲学者の論理ではありえても、それでは実在の人間の社会形成原理や正義の原理は分からないのでないか、というのが『道徳感情論』の論理形成に至るスミスの根本的な問題意識であったのではないか。

　スミスのシンパシー論に対する水田の読みの深さは、『道徳感情論』のシンパシー論の根幹をなす"imaginary change of situation"を"境遇の交換"と訳している点にもみられる。place or position を表す言葉である situation の交換を、米林富男や私のように立場の交換と訳さずに、境遇の交換と解するのは、スミスのシンパシー論の内実により踏み込んだ解釈であるからである。しかし、事はそれほど簡単ではない。立場の交換の論理それ自体は、近代自然法が暗黙に想定していた論理であり、ホッブズやヒュームの立場の交換の論理と対比するとき、スミスの立場の交換論の意義と独自性が明らかになり、立場（situation）の交換をあえて境遇の交換と訳すことの正しさを理解しうることになるからである。

（3）ヒューム共感論の視覚論的構造

　近代自然法の原理を最もラディカルな形で表現したホッブズの自然法は、太田可夫がいち早く指摘していたように、「転位ないし立場の交換」

（[35] 122-123）を暗黙に想定した論理を展開することによって自己保存の自然権の社会化の原理を導くものであった。ホッブズの国家論は、その遵守強制機関論として展開されたものであった。しかし、ホッブズにおける立場の交換の論理は、いまだ個々の自然権主体が、自己保存の権利の社会的実現のためには立場を交換してみる必要があるとの実在の市民相互間の相互的他者認識に基づくものではなく、平和の法としての自然法の実現のためには自然権を放棄する必要があることを自然権主体に説得するための立法者の論理（支配の原理）として展開されたものでしかなかったことは明白である。ホッブズ－プーフェンドルフ段階では、自然法の原理としての立場の交換は、個々の主体の内面倫理の問題ではなく、法の原理の問題でしかなく、法への服従が道徳であったのである。

　ジョン・ロックの power（力）論（[12] Bk 2, Ch. 21）を媒介に成立した18世紀の道徳感覚論は、個々の主体（個々人）が自らの欲求（lower senses）を制御するより higher な sense としての道徳感覚を持つとするものであったが、この理論も他者認識を前提するものではなく、従って立場の交換を想定したものではないことは明らかである。

　こうした道徳感覚理論の難点（非経験的実体論性）を徹底的に批判し、ホッブズ理論の経験主体化を意図したヒュームは、人間の自然のシンパシー感情のうちに社会性の原理を見出すことによって、日常生活者としての当事者視点に立脚する、すぐれて経験的な社会理論を構築したのであった。ヒュームは、人間には他者と感情を共にする共感感情があるとすることによって、シンパシーを人間の社会性の原理とする人間本性 human nature 論を展開していたのである。そうしたヒュームの理論展開のうちには、それなりに明確に他者の存在を想定した社会形成論がみられるばかりでなく、のちに具体的に指摘するように、社会形成原理論としての立場の交換の論理すらみられる。ヒュームにおける外的存在の問題が大きく注目され、そのもつ道徳哲学的意義が問題にされる一つの背景はそこにあるといえるであろう。しかし、ヒュームの人間本性論、それに立脚する社会理論は、第1巻の idea 認識論を前提するものであったため、立場の交換に基づく道徳理論の形成は、ヒュームの場合スミ

スのように body そのものを交換して他者の境遇に身を置くことを想定するものではない次第がはっきり確認される要がある。"事情をよく知るためには、立場を変えて相手の置かれた事情を考察する必要がある"という言葉の示すように、あくまでも視覚の論理に立脚するもので、スミスのように触ってみなければ分からないから、パースンそのものを交換する必要があるという論理とは原理が違うことは明らかである。

　そうした両者の立場の交換論の違いは、ヒュームがシンパシーを類似物への共感から始めて、その上に公共利害への共感論を導いている点に最も端的に示されているといえるであろう。ヒュームのシンパシー論は、『人間本性論』の第1巻の認識論に立脚する（情念論から始まる第2巻の）人間本性論そのものが示しているように、生活者としての個人が自分の回りを見回して類似物に共感し、社会全体の共通利害を考えてみてそれに共感するという視覚の論理に立脚するもので、他者との立場の交換を前提するものではないのである。ヒュームが『人間本性論』の第2巻以降で人間の情念の社会性をクローズアップし、社会性の原理としてのシンパシー原理に基づく、すぐれて経験的な社会理論を構築したにもかかわらず、そこで想定された他者は、認識（交通）主体の知覚の対象（視覚像）としての他者にすぎないため、シンパシーが人－人相互間の他者との相互的な立場の交換に基づく社会的交通（communication）の原理たりえなかったのである。ヒュームのシンパシー論がハチスンの道徳感覚理論に代わる人間本性としての社会性の原理論に止まっていた所以もそこにあるといえるであろう。

　ヒュームもホッブズと同様、人－人関係原理としての立場の交換の論理にふれながら、正義論とシンパシー論とが結びつかなかったのも、この事実に照応するものといえるであろう。ヒュームが社会理論で前提していた人間は、認識（知覚）主体としての個人と perceive の対象としての他者でしかなかったため、立場の交換の論理は、人－人間の交通原理ではなく、立法者や哲学者が人間社会の動態を視て、自然権主体を結びつける社会的結合（正義）の原理として構想したホッブズの論理を決定的に克服する論理とはなりえなかったのである。ヒュームにおける正

義論と共感論との分裂は、この事実の帰結でもあったといえよう（[40] 230 ff.）。

　こうしたヒュームのシンパシー論、それを根幹とするヒュームの社会理論の特色、というより難点は、バークリと同様、触覚の対象を視覚に基づくperceiveの対象化し、万物を視覚の論理で割り切り、事物（実体や他者）そのものはunknown-somethingとしていたため、スミスが「外部感覚論」で問題にした生物としての人間の生命感覚の問題や、それに基づく他者認識の問題が、消え去ってしまう点にある。『道徳感情論』の論理の根幹をなすスミスの「想像上の立場（境遇）の交換」論の境遇の交換論としての意義と独自性は、上述のような立場の交換論の歴史を想起し、ヒューム的な立場の交換論と対比するとき、より明白になることであろう。

　スミスが、認識論と同様、人間本性論やその根幹をなすシンパシー論においても、ヒュームの『人間本性論』の論理を下敷きにしていたにもかかわらず、ヒュームのそれと異なる次第が留意さるべき所以は上記の点にあるのである。しかしながら、こうした解釈は、半ば定説化している欧米のヒューム－スミス関係に関する支配的見解とは異なるため（異論が多いと思われるので）、角度を変えて論旨の補足をしておくことにしたい。

　ヒュームのシンパシー論は、モローがいち早く指摘したように、共感を「他人の感情に参加することによって道徳判断を客観的ならしめる能力」（[14] 29）としてとらえるものであった。ヒュームが人間の自然の感情としてのシンパシーを「道徳判断を可能ならしめる諸個人間のコミュニケーションの原理」（[14] 29）と考えていたことは明白な事実である。ヒュームのシンパシー論がスミスのそれに近いといわれるのも、その限りでは当然である。スミスは、認識論と同様、シンパシー論においても『人間本性論』のシンパシー論を下敷きにしていただけでなく、『道徳感情論』の同感論の原型ないし基本概念は、ほとんどすべてヒュームの『人間本性論』のうちにみられる。その次第は、1973年に発表した「同

感論におけるヒュームとスミス」（[40]後編、ch. 2）と題する論稿で少しく具体的に論証した点なので、詳しくはそれを参照いただく他ないが、その要点を簡単に再録すれば、次のようにいえるであろう。

　ヒュームのシンパシー論は、一口にいえば
① 共感のメカニズムをすぐれて因果的に説明する情動的感染（emotional infection）論であるが、
② 共感を他人の感情に参加することのうちにみているだけでなく、
③「他人の環境に関心をもち、それに参加する」（[6] 386, tr. III 166）ことを意味する「拡大的共感」の観念をも展開している。
④ 是認・否認の道徳感情の成立を一般的観点への共感に求める論理も、単なる情動的感染論と違って、自らの置かれた立場ないし状況（situation）の反省（考察）を前提するものであったといえるであろう。
⑤ 字義的には、ヒュームとスミスのシンパシー論の根本的な相違点をなす立場の交換の論理すらみられる。たとえば彼は『人間本性論』の中で、「我々のfancyは、容易にその立場を変え、我々が他人に思われるように自分自身を眺めるか、他人を彼ら自身が感じるように考察するか、そのような手段をとることによって、我々自身には属していない、共感によってしか関心を持ち得ない感情の中にenter intoする」（[6] 589, tr. IV 205）ことができると述べている。ヒュームもスミスと同様、立場を変えて考えてみることが必要であることをはっきり認めているのである。

　こうした『人間本性論』の論理内容は、ヒュームのシンパシー論がスミスのそれに近い、というより、スミスがヒュームのシンパシー論を下敷きにし、その土俵の中で思考していたことを明確に示しているといえるであろう。その限り、ヒュームがスミスへの道を準備していたことは疑問の余地がない。にもかかわらず、認識論と同様、シンパシー論においてもヒュームとスミスの間には基本的な差異、というより、断絶がある次第が指摘されねばならない。その次第の論証も具体的には前述の拙稿を参照いただく他ないが、要点のみ簡単に例示すれば、次のようにいえるであろう。

第一に、ヒュームが前述のようにシンパシーを他人の感情や環境への参加のうちに見ていたことは、必ずしも他者認識を意味しない場合が多い事実が考慮される要がある。参加は、一人一人の他者と直接接触・交流しなくとも、観察者側の一方的な共感感情に基づいて成立しうるからである。祭り（踊り）の輪への参加や劇場の観客と劇の登場人物との「感情的同一化」（[7] 221）は、共感主体とは独立の意識主体としての他者との相互的な立場の交換に基づくものではなく、共感主体（観察者側）の一方的行為としても成立し得るからである。

　ヒュームがこうした形での他人の感情や環境への参加をシンパシーの例証としてあげていたのは、彼のシンパシー論が知覚の論理を前提していたことによる面が大きいといえるであろう。「共感の拡大は、他者のsituationに関する我々の感官知覚に依存するところが大きい」（[6] 386、tr. Ⅲ. 165）という言葉や、共感の拡大の契機を他者のsituationに関する知覚に求める論理などに見られるように、ヒュームは共感を感情の一致の知覚としてとらえ、是認の感情を効用の美の知覚に求めているが、「是認の感情が効用の美の知覚からおこる限り、それが他人の感情と何らの関連をもたない」（[21] 192、tr. 下 43）ことは、スミスの指摘のとおりである。

　ヒュームのシンパシー論は、このようにspectatorが対象を見るときに感じる観察者の共感という視覚の論理に立脚するものであったのである。ヒュームが是認の根拠を観察者の効用判断に求め、「何が公共の利害であるかに関する観察者の認識」（[13] 73）に求めていることも、ヒュームのシンパシー論が視覚の論理に基づいていることを示しているといえるであろう。

（4）『道徳感情論』の思想形成母体の誕生

　こうした是認の原理をめぐるヒュームの論理がスミスのそれと異なる次第は広く認められている事実であるが、シンパシー論をめぐるヒュームとスミスの是認の原理論の差異の根本は、ヒュームが視覚＝perception の原理に立脚しているのに対し、スミスが人間の感覚を、触覚を根

幹とする外部感覚としてとらえている点にある。ヒュームは、バークリと同様、触覚の対象をも視覚の対象化し、シンパシーの原理としての立場の交換の論理自体を観察者側の一方的行為としてとらえていたのであった。それに対し、スミスは、生物としての人間の感覚を、触覚を根幹とする外部感覚（外物・他者感覚）としてとらえていたことから、シンパシーを対他存在としての人間の他者との交通関係の原理とする、倫理学としての『道徳感情論』を構想する道が拓かれることになったのではないか。そう想定することも的外れとはいえないであろう。

スミスの『道徳感情論』のシンパシー論が触の論理そのものであることは、他者と境遇（circumstances）を交換して他者の situation に enter into する（身を置く）ときに、他者の行為や感情に go along with し得るかどうかに行為の適宜性（道徳判断）の原理を求めていた点に端的に示されているといえるであろう。こうした判断様式は、見知らぬ他者と遭遇したとき、触覚を根幹とする外部感覚で、相手についてのコンセプトを形成（conceive）した上で correspondence 応答・交感の仕方を考える生物としての人間、生身の生活者の行動様式である、といえよう。そうした生物学的な人間関係の根本原理の表現が、パースン（心身）そのものの交換による他者のパースンへの enter into 論である。スミスは『道徳感情論』の冒頭部分とそれに対応する第7部の学説史の中で[注11]次のような論理を展開している。

「我々が他人の situation について何らかのコンセプト conception を形成し得るのは、imagination だけによるのであり、……想像力によって我々は自分自身を他人の situation に置き、我々自身が彼と同じ苦しみを忍んでいるのを conceive し、いわば彼の body に enter into し、ある程度彼と同じパースンになることによって、彼の sensation についての idea を形成するのである」（[21] 9、tr. 上 24-25）。「この想像上の境遇の交換は、私自身の person（心身）や character（パースナリティ）の中で私におこるのではなく、私が同感する人物（person）のそれの中でおこると想定（suppose）されるのである。君が一人息子を失ったことについて、私が君に慰めを言うとき、……私は自分が実際に君であっ

たら、どんなに辛いかを考えるので、私は君と circumstance（境遇）を変えるだけでなく、person（心身）や character（パースナリティ）を変えるのである」（[21] 317、TMS. 1st. ed. 496-497、tr. 下 340）。

このようなスミスの考え方は、スミスの同感論が他者の置かれた情況（circumstances）を見て共感するという視覚の論理ではなく、私とは別個の意識主体としての他者の存在を前提した上で、他者とパースンそのものを交換して他者そのものと一体化するという触の論理に立脚していることを示しているといえるであろう。ヒュームの立場の交換の論理は、既述のように、fancy の力を借りて他者の立場になって自分自身を他人の目で「眺める」か、「他人を彼ら自身が感じるように考察する」ことによって、他者の「感情の中に enter into する」（[6] 589）ことができるとするものであった。この立場の交換の論理は、他者と共感するためには、当事者（他者）の立場に立って他者の環境や感情を考察してみる必要があるという思想（観察者の論理）の表現で、人格そのものの交換論ではないことは明らかである。それに対し、スミスにおける立場の交換の論理は、他者を知り、他者と交感するためには、観察者として他者の生活環境を考察するだけでなく、他者と境遇を交換し他者の身になることが不可欠で、現地に行っても見るだけでは十分ではない、という見地であるといえよう。

その違いを人類学の例でいえば、かつての Fraser フレイザーの籐椅子人類学のように現地に入っても籐椅子に座って現地の生活環境や現地人の行為や感情を見ているだけでは本当のところは分からない。まして現地人と交感することはできない。今日の人類学では、未開社会の構造を知り彼らと交感するためには、現地人の社会に入り込んで生活を共にし、その一員として生活実践する必要があるという。今日の人類学に近い論理を展開していたのが、スミスのパースンの交換論であった、といえるのではないであろうか。

見知らぬ他者との交感（correspondence : concordant or sympathetic response, OED）は、そうした形で成立するもので、他者を知覚の対象化する視覚の論理では、それなりの相互関係は成立しても生身の生活者

同士の交感関係は成立しない。同じ土俵の中で相互にパースンを交換してみて同感（go along with）できるとき、はじめて心を許す関係が成立することは私たち自身が経験する事実である。握手や抱擁はこうした関係の表現であり、その儀式（形式）化であるが、こうした思想がバークリ的な視覚の論理ではなく、触覚の論理に立脚するものであることは明白である。ヒュームの立場の交換論も、他者の「感情の中に入る」必要があることを問題にしている限り、ヒュームとスミスとの距離は「あと一歩」ということができるかも知れないが、他者を perception の対象と見る視覚の論理に立脚する限り、当事者との人格的な立場の交換の必然性はない。精々、相手をよく知るためには、当事者の立場に立って見る必要があるという認識に止まる。しかし、他者は一方的な知覚の対象ではなく、私とは全く別個の意識主体であり、他者と交感するためには、他者を私とは独立の意識主体として承認する必要がある。それが生物としての人間の相互関係の基本であるとすれば、そうした主体相互の inter-subjective な交感が成立するためには（パースンをも含めた）立場の交換が不可欠な条件として要請されることになることであろう^(注12)。スミスが『道徳感情論』で「想像上の立場（境遇）の交換」に基づく同感論を根幹とする論理を展開していたことは、彼がこうした触覚論的・生物学的人間認識に基づく社会理論の展開を意図していたことを示しているのではないであろうか。

　もとより、こうした「想像上の立場の交換」に基づく同感が、生身の生物学的人間（生活者）同士の交感（社会）関係の根本原理ではあっても、それだけでは立場や利害を異にする人間相互の社会関係は成立しない。スミスは、そのため当事者とは利害関係のない第三者としての観察者を想定して、当事者である私たち自身が観察者の立場に身を置いてみた場合に、どこまで当事者としての自分自身の行為や感情に enter into し go along with できるかどうかを、道徳判断（行為や感情の適宜性）の原理としたのであった。この観察者の同感論についても、ヒュームのそれとの関連が問題になるが、スミスの観察者概念自体も多義的で、一義的には規定しえない側面や難しさがある。通りがかりの街頭の観察者

が当事者の行為や感情表現を見るだけで判断（同感したり反発したり）する場合が多いことも明白な事実である。同様に、観察者の判断がpublic opinion 世論に流れやすいことは、スミス自身も 6 版で認めている通りである（[41] 下、133-134)。しかしスミスの場合、観察者の同感が道徳判断の原理となるためには、当事者が観察者の立場に身を置いて自制することを求められているように、観察者も当事者の body に enter into することを求められていることは確かであるといえるであろう[注13]。

　スミスが『道徳感情論』の根本原理とした「想像上の立場（境遇）の交換」に基づく同感論は、このように視覚の論理に立脚するものではなく、生物学的な人間認識に基づく触覚の論理を人間把握、社会認識の根本原理とするものであったのである。しかし、そう断定するためには、「外部感覚論」の執筆時期が、『道徳感情論』の同感論の形成、それに基づく『道徳感情論』の執筆時期より前であったといえるかどうかという、「外部感覚論」の執筆時期をめぐる問題が問題にならざるをえない。

6）「外部感覚論」の執筆時期をめぐる問題

　「外部感覚論」の執筆時期をめぐる解釈は、大別すると、初期説と『道徳感情論』刊行前後説と50年代前半説とに分類できる。

（1）『人間本性論』読書以前の初期説
　『哲学論文集』の編者たちやその説を継承したロスは、スミスが「外部感覚論」でロックの 1 次性質と 2 次性質論を前提した議論を展開し、その区別を否定した『人知原理論』に言及していないことから、「外部感覚論」は「ヒュームの『人間本性論』を digest する以前」の「ヒュームと親交を結ぶようになった以前」の「very early piece」（[23] gene. intro. 16、133、17 103-4、tr. 115）であるとしている。「もしそうだとすると、「天文学史」は「外部感覚論」より後になるであろう」し（[23] gene. intro. 16)、「『道徳感情論』は「天文学史」より少し後に構成された」(ibid. 19）ことになる。この初期説に従えば、編者自身が述べているよ

うに、「外部感覚論」⇒「天文学史」⇒『道徳感情論』の順に書かれたことになるが、スミスはバークリやヒュームが１次－２次の区別を否定し（１次を２次の光と色に還元し）ていた事実を知らなかったのではなく(注14)、逆にバークリやヒュームが触覚の対象である物体の１次性質を光と色のみに基づく２次性質の対象化していたことに疑問を感じていたため１次－２次の区別を強調したのでないか。スミスはバークリやヒュームの視覚中心（万能）論に異議申し立てをするため、あえてロックに従ったのではないかと考えられる(注15)。「外部感覚論」が「天文学史」以前の、『人間本性論』を digest する（読みこなす）以前の作品であるとしたら、ヒューム的懐疑主義の精神に従って「天文学史」を書いたスミスが、なぜ「外部感覚論」を焼却処分の対象にしないで、３論文と共に公刊の是非を遺言執行人に委ねたかを説明しえないであろう。「外部感覚論」の論理内容自体も、スミス自身の生物学、自然誌研究がそれほど進んでいなかった極めて早い時期の作品とは考えられぬ豊かさに満ちたもので、「外部感覚論」⇒「天文学史」⇒『道徳感情論』説は、「外部感覚論」の主題とその implication を知らぬ盲説であるといっても過言ではないであろう。

（２）ブラウンの１７５９年前後説

　こうした初期説に対し、ブラウンは、スミスはバークリの『人知原理論』（1710）を知っていたとした上で（［４］333）、①スミスが引用したリンネの『自然の体系』の10版（1758）に初めて登場した用語や用例がみられることから、「外部感覚論」は '58年以前に完成したものではなく、②『道徳感情論』（'59）を批判したエリオットへの返書（［26］§40、pp. 48-57）の中に「外部感覚論」の視覚の哲学の類比（ibid. 56）が使われ、それがそのまま『道徳感情論』２版改訂稿（［21］2nd. ed. 1761、210-211、1976 ed. 134-5）に転載されていることから、「外部感覚論」は '58年から '59年10月（エリオットへの返書）までの間に構文されたものであるとしている（［４］334-5）。ブラウンはさらに、③自説の根拠として、スミスの自然誌研究をあげ、'59年春・夏に行われたスミス自身の field study（ib. 336）などが「外部感覚論」展開の契機（土壌）をなしたのではないかとしている。

　このブラウン説は、資料的なチェックに基づくものなのでそれなりに説得力をもつが、①'58年のリンネの10版からの引用は、ロスのいうように、「後から付加することも可能である」（[17] 104、tr. 115）ので、初期説を覆す絶対的根拠とはなりえない。②第2点の「視覚の哲学」（Philosophy of Vision）の論理がエリオットへの返書に見られることも、『道徳感情論』の論理の根幹をなす立場の交換の不可欠性を明確化するため、『道徳感情論』の初版で前提していた論理を表に出したと考えることができるので、'59年段階に「外部感覚論」が書かれたとする証拠にならない。「外部感覚論」が『道徳感情論』刊行以前の作品であることは、前述のような『道徳感情論』の同感論と「外部感覚論」との照応関係からも明らかであるが、エリオットへの返書、ならびにそれに基づく『道徳感情論』2版の増補箇所における視覚の哲学に関する言及内容も、「外部感覚論」がエリオットへのリプライのために書かれたものではなく、『道徳感情論』刊行以前に書かれた「外部感覚論」の論理の借用にすぎないことを示しているといえよう。その次第は以下のような該当箇所の論理展開からも納得されることであろう。

　スミスは、ブラウンが『道徳感情論』の2版における「外部感覚論」の論理援用の例証としてあげている「外部感覚論」の当該箇所（[23] Of the External Senses §54-55、pp. 152-3、tr. 260）で、「草原や森や遠くの山々」のような「大きな対象を身の回りの小さな対象と正しく比較する」ためには「少なくとも fancy で私自身を different station（別の場所）に transport する（移す）」（[26] §40、p. 56、[21] 2nd. ed. 210、1976 ed. 135、tr. 上 310）必要があるという、エリオットへの返書と『道徳感情論』の2版（[21] 2nd. ed. 210）の増補分の論理と同じ趣旨の論理を展開している。スミスはエリオットへの返書と『道徳感情論』の2版で、「外部感覚論」の視覚の哲学の論理を上述のようにまとめた上で、次のパラグラフで、（それと）「同じように」人間本性の利己的な情念を抑制するためには、「立場を交換しなければならない」として、支那地震の例をあげ

ている。スミスがこうした形で「第三者視点」(ibid. 211、1976 ed. 135)に立つ必要がある次第を2版で改めて力説したのは、「遠近法の明確さは……距離が遠くなるにつれて次第に減少する」([23] ibid. §51、tr. 257)から立場を交換して触ってみる必要があるとの論理を展開していた「外部感覚論」の論理を援用することによって、初版の立場の交換の論理を補強するためであったといえるであろう。

　スミスは、エリオットの批判に対して、初版以来の「想像上の立場の交換」の論理を補強するため、初版では前提していた視覚の哲学の論理の一端を紹介することを通して、対立利害を正しく比較するためには、他者の立場を体現する必要がある次第を明らかにすることによって、立場の交換に基づく同感倫理学を「内なる人」の倫理にまで高めようとしたのでないか。「外部感覚論」が'59年段階にエリオットの批判に答えるために書かれたものではなく、『道徳感情論』以前の作品であることは、既述のような「外部感覚論」の論理内容や上述のような『道徳感情論』の2版における引証の仕方などから確証されることであろう。『道徳感情論』の2版は、「『道徳感情論』第2版改訂の主題」([41]上、187-212)と題する拙稿で論証したように、エリオットの批判に答えるために、初版では前提していた神学的前提概念や「外部感覚論」の論理を表に出したものであったのである。

　第3点についても、スミスの生物学や自然誌への関心は青年期からみられ、鳥の餌付けや子供の本能的性行動、生物の分類などに関心を示していたことはロスの指摘([17] 105、tr. 117)する通りである。'56年の『エディンバラ評論』では、ルソーの『不平等起源論』について詳しい論評を行っていただけでなく、Buffon ビュフォン、Daubenton ドバントン、Reaumur レオミュールらの作品への言及([23] 248-9, tr. 324-5)がみられることは周知の通りである。スミスがダランベールやディドロ、モーペルチュイをはじめとする「初期の生物学理論に重要な貢献をなしたすべての著述家たち」([5] 80, tr. 94-95)の作品（のコピー）をもっていたこともよく知られている事実である。スミスの生物学や自然誌に対する関心は、初期（青年）時代からみられ、それが『エディンバラ評論』

における百科全書の寄稿者たちとの自然誌に関する討論のベースになっていると見られるので、'58-'59年段階におけるスミスの生物学、自然誌研究が「外部感覚論」執筆の契機になったとはいえないのでないか。

その点に関するより本質的な疑問は、スミスの「外部感覚論」が生物学や自然誌研究を一つの契機としているとはいえ、「外部感覚論」の中心主題がバークリの『視覚新論』の原理的難点の明確化にあった次第が看過されている点にある。ブラウンの'58-'59説が資料的には考慮すべき論点を提出しながら、基本的に同調しえない最大の問題点は、スミスが『道徳感情論』の刊行前後にバークリ批判を中心主題とする「外部感覚論」を自然誌研究や生物学知識に基づいて展開したと主張する論理的証拠を説明していない／説明できない点にある。ブラウン自身が主題にする「外部感覚論」とグランドデザインとの関連についても、ブラウン説では「外部感覚論」は『道徳感情論』のシンパシー論の形成とは無関係ということになり、精々『国富論』の形成に生物学の論理が影響したかも知れないというだけのことになってしまうであろう。ブラウンは、「外部感覚論」の中心主題が生物学知識に基づくバークリ－ヒュームの視覚一元論批判にあった次第についての認識を欠いていたため、"木を見て森を見ない"誤りを犯す結果になっているのである。

以上のような理由から、私はスミスの「外部感覚論」は、『道徳感情論』の原稿執筆以前の作品ではないかと想定するが、それにも二つのケースが考えられる。

(3) 4論文連続・一体40年代説

第1に想定されるのは、哲学3論文との連続・一体説である。スミスは、前章で論証したように、哲学3論文の第一論文の「天文学史」で天界の諸現象の結合原理（を解明する論理）を明らかにしたのち、第二・三論文で天界よりはるかに複雑な動きをする下界（生物・人間界）の諸現象が物理の原理に支配され、その結合原理が（物理の原理に制約される）種の保存（に収斂されていく点）にある次第と対象の解明を主題にしていたのであった。スミスは、3論文で自らの研究主題としてひそか

に想定していた下界の生物・人間界の研究対象（主題）と研究方法を明らかにしていたのであるが、3論文ではいまだ生物（人間界）そのものについては具体的に論及していなかったので、生物界の結合原理探求過程で生物そのものの生態を知る必要に迫られることになったのではないかと考えられる。スミスがかなり早い時点から生物学や自然誌に関心をもっていた一つの理由（根拠）もそこにあったといえるであろう。そうした形で始まった生物学・自然誌研究が、「天文学史」で感じたヒュームの知覚観念論に基づく人間把握への懐疑と相まって、ヒュームの触＝視一体論のルーツ（論理的根拠）をなすバークリの『視覚新論』の批判的考察に向かわせることになったのではないか。そう想定すれば、スミスが哲学3論文とそれほど間を置かないエディンバラ講義以前の時期に「外部感覚論」を物したと考えられなくもない。

　古典 vs ヒューム問題に直面したスミスの3論文執筆の動機が既述のように外的存在の問題をめぐるヒュームの見解に対するダウトにあったとすれば、3論文と「外部感覚論」との距離は一気に縮まる。ロスなどが暗黙に想定しているようにみえる3論文と「外部感覚論」を共にエディンバラ講義以前の作品と解する初期説を一概に捨てがたい理由はそこにあるといえるであろう。

　そう想定する際の一つの問題点は、'40年代のスミスに「外部感覚論」を書くだけの生物学知識があったかという点にあるが、第二論文でアリストテレスの生物学的な自然観に接していたスミスが、アリストテレスの触覚中心論（［46］211-2）などを参考に独自に考えたと想定することもできないこともない。ありのままの生物学的な自然そのものの中で生きていた古代・中世の人間は、生物としての人間の感覚が触覚を中心とする外部感覚であると考えていたのではないかと想定する方が自然であるからである。自然には無駄がなく、「自然は、どんな動物に対しても、必要でも有用でもないいかなる能力も賦与しないと言ってよい」（［23］ibid. §74、tr. 276）という「自然の経済」思想を認めていたスミスが、ヒューム的人間把握とは異なる生物学的人間把握の論理を早くから構想していた可能性は十分ありうることであろう[注16]。

スミスがそうしたことから'40年代に「外部感覚論」を執筆していたとすれば、スミスがエディンバラ講義で高評を博したレトリック論を公刊せずに、『道徳感情論』の形成に専念した理由はそこにあったと考えることもできないではないであろう。

問題は①この時点の認識と「外部感覚論」の理論内容とが論理的に照応するかという点と、②かりに、この時点で既に「外部感覚論」のimplicationに気付いていたとしたら、'59年の『道徳感情論』までの間がいささか大きすぎる点と、③スミスが'40年代に「外部感覚論」でヒューム的人間把握と異なる生物学的人間把握に基づく論理を展開するに至ったのではないかと想定するにはまだ何かが足りない点にある。そうした理由で、私は'40年代説には消極的である。

(4) 1750年代前半説

上述のような4論文連続説よりもより説得力のあるもう一つの想定として、'50年代前半の可能性が考えられる(注17)。

スミスはエディンバラ講義の好評などで'51年にグラスゴウ大学の教授になったが、そこから始まったグラスゴウ大学教授としての'50年代のスミスの思想課題は、'40年代の古典vsヒューム問題を継承しながらも、焦点はそれに代わって、ハチスンvsヒュームvsケイムズの3者の三角形的継承・批判・対立関係からなるデルタ地帯の中で、フランス思想との交流や生物学、自然誌研究などに関心を広げる傍ら、自らの主題を確立する点にあったといえるであろう。

スミスは、教授に就任した翌年の1752年に道徳哲学教授になり、ハチスンの『道徳哲学序説』をテキストに道徳哲学の講義をする過程で、ヒュームの道徳感覚理論批判を踏まえた上でのハチスンの道徳哲学体系の再構成を意図し、①ヒュームのシンパシー論を下敷きにしながらそれを超える自らの倫理学体系の形成・展開に努める一方、②ハチスンの自然法学体系そのものの組み替え、再構成に取り組むことになったのであった。その帰結が『道徳感情論』の成立と法学からのポリース論の分離・独立⇒経済学の生誕であったことはいうまでもない。それが'50年代の

スミスの中心主題であり、その産物が『道徳感情論』であり、その延長線上に展開されたのが『法学講義』のＡ－Ｂ二つのノートであったことに異論はないであろう（[42][43]参照）。

こうした形のハチスンの道徳哲学の再構成に哲学３論文の論理が種々の影響を与えていたことは、前章で考察した点であるが、'50年代初頭におけるスミスの思想形成に大きなかかわりをもち、影響を与えたものとしてはケイムズとの関係が注目される要がある。

ケイムズは、日常生活者としての市民相互間の法的関係を処理する法学者として、'50年までにすでに法関係の書物を出版していたが、'51年に『道徳・自然宗教原理論』を出版したのであった。この書物は、ハチスンのデザイン論証に対するヒュームの認識批判に対処するため、デザイン論証の代わりに、カルヴァン主義の予定説の信仰に基づく自然の必然法則（デザイン）の支配・貫徹を前提した上で、それが人間には見えないことから人間には偶然・自由の余地があるとするものであった（[8]Ⅲ、[39]前編第４章）。ケイムズは、予定説の信仰を逆用することによって、人間を神法や理性の支配から解放した上で、生物学的な自己保存の欲求充足のための個々人の自由な行動がおのずから神のデザインした必然法則の実現につながるという、スミスの自然的自由の原理を先取りする論理を展開していたのである。

スミスが『道徳感情論』で展開した自由（作用）⇒必然（目的）論は、こうしたケイムズの論理を踏まえたものであるが、ケイムズはこうした論理で欺瞞の摂理を説くことによって、人間を生物学的に自由な裸の個人としてとらえることを可能にしたのである。しかし、自分も他者と同様に不法に制約されない自由な存在であるためには何らかのルールの形成が必要になる。ケイムズが欺瞞的な自由⇒必然を前提しながら、自由な諸個人間のcorrespondence（交感）の原理として「道徳感情」（moral feeling, moral sentiment）（[8] 2nd. ed. 140、144、145 etc. [39] 122-3）の形成を説いた所以はそこにある。その論理としてケイムズが展開したのがRemorse（悔恨）論である（[39] 121f.）。

ケイムズの悔恨論は、どんな人間でも罪深いことをすると、回りの

人々がひそかに指弾していることを感じて自然に悔恨の情（remorse）にかられるとするものである。スミスが『道徳感情論』の中で展開したremorse論（[21] II. ii. 3. 4f. [41] 上 107、156）は、このケイムズの議論を借用したものであるが、この論理が理性や効用判断などのような知覚の論理をベースにしたものではなく、日常生活者としての市民相互間の人－人間の自然の感情の論理であることは明白である。

　スミスの『道徳感情論』の正義論は、別著（[41] 上 107-108）で詳説したように、このケイムズのRemorse論を対自化したものであるが、こうした日常生活者相互間の人－人関係の中から自然に生まれる悔恨の感情を対自化して道徳感情論化するための論理として展開されたのがケイムズのcommon sense論である。

　common senseは、一般には常識、最近では共通感覚と訳されることが多くなっているが、いずれにしても、これはperceptionの論理ではない。集団を構成している人間が共同生活をしていくために不可欠な感覚として自然に身につける日常生活者相互間の人－人関係の論理であるといえよう。各人が互いに他者を自分とは別個の存在として認めあった上での共存・交通の論理である。他者を認識の対象（視覚像）化する知覚の論理ではないことは明らかである。生物や日常生活者が社会を形成して生きていくために自然に身につける感覚といってもよいであろう。ケイムズがスミスのエディンバラ講義に際し、スミスに対しレトリック論を主題にするように勧めた理由に、当時のスコットランド人の英語表現があったことは水田（[45] 130-1）が指摘している通りであるが、ケイムズが修辞学やコミュニケーション論に関心をもったことの背景には、ヒューム的な知覚の論理とは異なる人－人関係視点があったことも確かであるといえるであろう。

　しかし、ケイムズのcommon sense論は、他者の存在を承認した上での他者との共存の論理、そのための共通感覚ではあっても、いまだ必ずしも自らの主体性を明確に自覚した上での社会的交通主体の論理ではなく、所詮は世間から指弾され村八分にされないように世間の目を気にして生きる世間様の論理にすぎないことは明白である。ケイムズが常識

哲学といわれるのも故なしとしないといえよう。

スミスは前述のようなケイムズの人間観に共感し、必然法則＝見えない⇒偶然・自由＝作用⇒目的（必然法則）実現論の逆説的真理に学びながらも、ケイムズのcommon sense論には同調しえないものを感じたのではないか。ケイムズのcommon sense論は、ハチスンの道徳感覚論を日常生活者の共存の論理に揚棄したものであるが、主体性が曖昧な共通感覚論では、優勝劣敗の厳しい生存闘争関係にある生物界はもとより、人間界にも対立がある限り、立場や利害を異にする生活者相互間のコミュニケーションの根本原理にはなりえないからである。そうスミスは考えたのではないか。

その難問をクリアするヒントをスミスに与えたのが、彼の生物学関心の深化でないか。スミスが既述のように、生物学や自然誌に強い関心を抱いていたことは、彼の蔵書内容からも推測できるが、スミスは自らの観察や実験とビュフォンその他の生物学関係の文献を読んでいくうちに、すべての生物の感覚が触覚を根幹とする外部感覚で、バークリやヒュームが想定していたような内部感覚ではなく、ケイムズの共通感覚論ともなじまないことを感じたのではないであろうか。

こうしたコンテキストの中で、スミスが改めて、バークリやヒュームが人間の感覚を senses in the organ としてとらえていたのはなぜか？そうしたとらえ方が正しいかどうかを確かめるため、バークリの『視覚新論』を読んで（読み直して）「外部感覚論」を書いたとすれば [注18]（そう想定することは、上述のコンテキストの中では最も蓋然性が高いといえよう）、「外部感覚論」は、'50年代前半に書かれた公算が大きいということになるであろう。

ヒュームの認識論やケイムズのcommon sense論にダウトを感じていたスミスは、バークリの『視覚新論』を読んで、バークリやヒュームの根本的難点が on を in に吸収し、人間も他の生物と同じ外部感覚（他者認識・接触感覚）主体として、他者との絶えざる対立・緊張関係の下にある対他存在である次第をみない点にあり、ケイムズのようにcommon sense 主体としてとらえるだけでは、人間相互の correspondence

の問題は解きえないことを確信したのでないか。

スミスは、生物学、自然誌研究を契機に、個人の主体性が必ずしも明確でないケイムズの common sense 論の常識哲学的限界を突破して、人間も他の生物同様、出会う他者についてコンセプトを形成（conceive）した上で、他者と correspondence（応答・交感）する対他存在であることを明確に認識（自覚）するに至ったのでないか[注19]。

だが、人間が他者との対立関係にある対他存在であるとするとき、そうした他者との correspondence のためには inter-subjective な他者との交通（交感）の論理が必要になる。その論理としてスミスが展開したのが、パースンそのものの交換論に象徴される想像上の立場の交換に基づく同感論であったのであるといえるであろう。

スミスは、既述のようにシンパシー論でもヒュームのそれを下敷きにしていたが、ヒュームは、シンパシーを日常生活者の社会関係原理としてとらえ、社会認識論の根幹にしていたにもかかわらず、視覚中心の認識論を前提していたため、他者を対象（視覚像）視していたのであった。スミスは、そうしたヒュームのシンパシー論を他者（外物）についてコンセプトを形成 conceive して交感する独立の意識主体相互間のパースンそのものの交換に基づく inter-subject の論理としてとらえ直すことによって、想像上の立場の交換に基づく同感論を人間・社会認識の根本原理とすることになったのである。こうしたスミスの同感論の形成が「外部感覚論」の触覚論的人間把握⇒その土壌をなす生物学研究に依拠していることは既にみた通りであるが、スミスがこうした生物学的人間把握をするに至った背景にはケイムズの欺瞞の摂理に基づく日常生活者視点があったことも、忘れられてはならない事実であるといえよう。

スミスがエディンバラ講義の中ではレトリック論が最も好評で大きな反響を呼んでいることを知りながら、それを書物にまとめて公刊せずに『道徳感情論』の論理形成に専念したのは、上述のような'50年代におけるスミスの思想課題がバークリーヒューム的な視覚原理に基づく社会理論の構築ではなく、「外部感覚論」で確認された触覚を根幹とする生物学的な外部感覚原理に基づく外物（他者）conceive 主体としてのサブジ

ェクト相互の交感理論の構築こそがすべての根本で、レトリック論やコミュニケーション論は、所詮はその媒体にすぎないことを自覚していたためであったことは確かであるといえよう。

　以上のような「外部感覚論」='50年代前半説は、それを確証する客観資料が発見されない限り、あくまでも'50年代のスミスが当面していた思想課題に基づく論理的推測にすぎないことはいうまでもないが、スミスの青年時代の'40年代の作品である哲学3論文から『道徳感情論』と法学講義ノートに至るまでの空白の'50年代に架橋するための一つの問題提起としてあえて論及した次第である。こうした想定を一つの契機に'50年代の空白を埋める試みがさまざまな形でなされることになれば、空論も何がしかの意味をもつことになるであろう。

7）意図的保存の理由

(1) 主著の出自と核心

　スミスの「外部感覚論」は、既述のように、人間の感覚も、他の生物のそれと同様に外物（他者）をconceiveして対応する外部感覚で（内部感覚ではなく）、視覚は、聴覚などと同様、外物・他者conceive力としての触覚の補助器官（触覚への情報提供の役割を果たすもの）にすぎないとすることによって、他者を視覚の対象化する認識論の必然的帰結としてのヒューム理論の原理的無他者性を暴き出したものであった。

　スミスが『道徳感情論』で太田可夫がいち早く指摘したように、「他者の存在」に「決定的な役割」を与え[注20]、他者とのたえざる対立・交通関係にある生活者が相互に立場を交換して相手の立場に身を置いた場合、go along withできるかどうかを考えて相互に自己抑制することを人間相互の交通関係の原理とする理論を展開するに至った最大の契機が、「外部感覚論」におけるバークリ＝ヒューム的な視覚中心論とは逆の論理展開にあったことは明らかである。私が『道徳感情論』の論理形成の最大の契機（母体）は「外部感覚論」にあったのではないかと想定する根拠はそこにあるが、「外部感覚論」は、認識論的には前章において論

究した実践哲学的実在認識の論理としての「天文学史」の imagine – suppose – conceive 論を個体認識に適用したものとして、「天文学史」を根幹とする哲学3論文と共に、『国富論』における実在論的事物認識の論理展開に認識論的基礎を提供するものであったといえるであろう。

　こうした「外部感覚論」と哲学3論文の論理内容は、4論文が主著とは関係のないスミスの青年時代（思想形成期）におけるたまたまの習作に止まるものではなく、逆に、『道徳感情論』と『国富論』に集約されるスミスのグランドデザインの形成母体・前提・礎石、さらには枠組みをなすものであったことを示しているといえるであろう。その次第を具体的に確証するためには、4論文と主著作との論理的対応関係を個々の個別論点に即して具体的に論証しなければならないことはいうまでもない。その具体的展開は今後の学界の動向に期待する他ないが、『道徳感情論』の正義論が立場の交換の論理に基づく同感論をベースにしていた事実や、『国富論』の自然価格論や価値論、自然的自由の体系論などの根幹論理が、個別の経験に即しながら、個別の経験を超える経済世界の自然法則の begreifen（概念把握）論であり、自然の必然法則の現実世界における普遍原理的貫徹を主張する meta-science である事実[注21]は、4論文が主著作の枠組み形成母体をなしていた次第を強く窺わせるものといえるであろう。ということは、もとより、4論文が'50年代におけるスミスの思想形成・展開の母体となった素材のすべてであることを意味しない。'50年代におけるスミスの思想形成・展開過程を知るためには、水田洋が試みているようなフランス思想を中心にする大陸思想との交流（[45]）その他、さまざまな要因を解明せねばならないことはいうまでもない。にもかかわらず、スミスの青年時代の思想形成期の作品である3論文と'50年代前半におけるさまざまな思想との接触の産物であると想定される「外部感覚論」が、'50年代におけるスミス理論の根本原理の形成・確立・展開の契機がどこにあったかの謎を解き明かす最大の、スミス自身が書いた唯一のオリジナル資料であることは、誰も否定しえない確かな事実であるといえよう。

（2）不完全な断片や習作を残した理由

　スミスが哲学3論文と「外部感覚論」を焼却処分の対象から除外し、公刊の可否判断を遺言執行人のブラック Joseph Black とハットン James Hutton に委ねた事実それ自体も、4論文と主著作との不可分の関係を示す強力な傍証たりうるであろう。その理由を解き明かすことがスミスの意図を知ることになるからであるが、その理由は、4論文の主題と実態を個別に検証していくとき、おのずから浮かび上がってくることであろう。

　「天文学史」は、スミス自身が発表に値すると考えた唯一のペーパーであったし、いろいろ推敲を重ねていたふしがあるので、残したのは当然である。芸術論関係の作品には、別の affection（愛着）があったであろうし、主著とはジャンルが違い主著との関連を気にする必要もないので残したと考えることができるであろう。しかし、第二・第三論文は、主著作の根幹をなすスミスの哲学観そのものにかかわる主題なので、残す場合には論稿の内容がそれに値するかどうかについての相当の配慮が必要なのに、『哲学論文集』の編者たちが指摘するように、古代物理学・論理学史としてはいろいろ疑問点がある不完全な研究ノート的断片、精々研究プログラム的なものにすぎない。そうした第二・第三論文を残したのは、3論文が、主題名の示すように一体の enquiry 原理論であるという理由によると考えるのが至当であろうが、「天文学史」からはじまる3論文が果たしてはじめから一体の哲学的探求指導原理論として書かれたものであったかどうかについてはかなり問題がある。そう考えるには、第二・第三論文は、「天文学史」とは逆に、あまりにも断片的な、プログラム的な問題提示にすぎないからである。天界から下界への移行関係は第二論文の冒頭で明確に示されているが、統一テーマの展開としてはバランスを失しているといわざるをえない。第二・第三論文は、「天文学史」とちがって古代の例示にすぎないことにも、原理論というには違和感があるのを否めない。enquiry 原理論という主題名は、第二・第三論文を残すために後から付加されたのではないかという疑念が残る。いずれにしても、第二・第三論文を焼却処分の対象にせずに残したこと

には、前章でも論及したようなそれなりの積極的な理由があったのではないか。そう想定することができるのではないであろうか。

「外部感覚論」は、既述のように3論文とは執筆時期も動機も異にする独立論文で、主著の主題とは一見関係があるようには見えない論稿である。バークリの視覚論研究ないし『視覚新論』の批判的祖述か、自らの生物学的関心の一端を示す習作かにすぎない。どちらにしても、第二・第三論文のように「天文学史」との関係も一切ない単独の独立論文として、それ自体だけであえて残す積極的理由はない。むしろ主著との関係で疑問をもたれかねないから処分した方が無難な主題であるといった方がよいであろう。そうしたペーパーをあえて残したのはなぜか？

そうしたダウトを感じさせる「外部感覚論」や第二・第三論文を、最後まで公刊を意図していた法学や文学関係の膨大な草稿類をすべて焼却させたスミスが、なぜ焼却処分の対象にせずに、任せれば早晩遺稿集として公刊されることが見え見えの遺言執行人に処置を委ねたのか。こうした「一見明白な意図的保存」（apparently intentional preservation ［4］335）の理由はもっと突き詰めて考察し、浮き彫りにする必要がある。

周知のように、スミスは『道徳感情論』の6版改訂版のAdvertisement序で、『道徳感情論』の初版の結びで予告していた「法と統治の一般原理」論の展開の課題は、行政、公収入、軍備などについて『国富論』で実行しただけなので、法の理論そのものの叙述をそれとしてまとめて公刊すべく準備してきたが、高齢のため完遂しうるとはいえなくなっている。「それでも、私はその計画を全く放棄してしまったのではなく、私は依然として自分がなしうる限りのことをするという責務を負い続けたい」（［21］3: Advertisement、tr. 上 20）と述べている。スミスは、死の直前まで水田洋のいう「幻の第三の主著」[注22]の公刊を念じていたのであるが、なぜか彼はかなり膨大な量にのぼる法学関係の資料をすべて焼却処分の対象にしてしまったのであった。

その理由は、一切不明で知るべくもないが、常識的に推測すれば、①未完成、②不十分、③『道徳感情論』や『国富論』に匹敵する独自性の欠如、④主著との整合性の有無、⑤確立された名声を汚す恐れ、⑥ど

んなに不完全で欠陥があっても何らかの形で残しておきたい、残しておく必要があるとの必然性の欠如、などが考えられるであろう。

そうした観点から考察する場合、仮にまだ未完成でいろいろ欠陥があったとしても、倫理学と立法原理論としての経済学とならぶ第３の、というより、それらの中核をなす法学プロパーの問題についていうべきことがあれば、焼却せずに残した筈である。それなのに、残さなかったのは確立された名声を汚す恐れへの配慮もあったであろうが、そうした危険を犯しても、核心部分だけでも断片的にでも残すはずである。そうしなかったのは、『法学講義』Ａノートに至るまでの法学講義の過程で、自然法学の契約章の中から経済関係論をポリース（行政）論として分離・独立させた上で、行政不要の行政原理論として経済学を独立に導いたスミスにとっては（［43］第１編）、法の一般原理論そのものは、倫理と経済をつなぐケルンとして展開すべき主題ではあっても、ぜひとも残さねばならぬ必然性があるものではなく、Ｂノートで形成の意向を示していた「法の理論」を『道徳感情論』の原理に基づいて展開することには限界があることを認めざるをえなかったため(注23)、中途半端なものを残すより焼却した方がよいと考えたためではないだろうか。

いずれにしても、スミスが法学関係の文書を残さなかったのはそのためであるとすれば、「「天文学史」以外には……出版に値するものは何もない」（［26］§137）と本人自身がはっきり明言しているように、不完全で欠陥が多いだけでなく、グラスゴウ版の編者解説に典型的に見られるように、大きく誤解される恐れすらある断片エチュード的な第二・第三論文や「外部感覚論」を焼却処分の対象にせずにあえて残させたことには、それを必然的に要請する積極的な理由があったためであるということになるであろう。

その理由も、スミス自身が言及していない以上、知るべくもないが、４論文がいずれも主著の刊行以前に書かれたものであり、法学には触れられていない事実と、既述のような４論文の論理内容そのものから推測して、スミスは４論文を焼却せずに残すことによって、読んだだけでは必ずしもはっきりとは分からない『道徳感情論』や『国富論』の思想の

ルーツと論理のケルンが奈辺にあるかを知らせる手掛かりを残しておこうとしたのではないかと考えることができるのでないか。そう想定することも、あながち的外れの推測ではないといえよう。

「天文学史」から始まる哲学3論文が、帰納とか演繹とかという後世の経済学方法論で一般化した分類法では概括できない『国富論』の哲学的な論理の出自や核心をなし、「外部感覚論」が『道徳感情論』の同感論の契機をなしていた次第は既に見たとおりである。スミスは『道徳感情論』と『国富論』の二つの主著の論理を正しく理解してもらうためには、そうした主著のルーツやケルンを知る手掛かりを残しておいた方が良いと考えたために、誤解を恐れず、不完全さを承知の上で、その手掛かりになる4論文をあえて焼却処分の対象から外したのでないか。そうでなければ、焼却しても何の支障もない、逆に残すと誤解される恐れのある不完全なノートを残す理由は何もないのでないか。

スミスが4論文を残した理由としては、以上のような想定の他に、もう一つのより現実的な理由としてヒュームとの関係が考えられる。

周知のように、スミスはヒュームとは生涯にわたる親友であったため、ヒュームの思想については『道徳感情論』の第4編における効用理論批判のような形で間接的に触れるだけに止めていたのであった。スミスが、同時代(当時)から現代に至るまで、"ヒュームに近い、ヒュームと同じ"経験主義者とされてきたのも当然であるが、実際には本章と前章で論証したように、スミスはヒュームの『人間本性論』の知覚経験論に依拠しながらも、経験の枠を超える、個別に内在しつつ個別を超える普遍的な事物の運動の自然法則、その根本原理の概念把握に基づく自然の必然法則の経験論証を主題にしていたのであった。ヒュームが人間本性論そのものを心理学化したのに対し、スミスが人間の自然な感情や性向の運動の論理の解明を『道徳感情論』や『国富論』の主題にしていたことも既に見た通りである。一般にヒュームとスミスとの相違点として知られているスミスの効用理論批判や目的因説(final causes 前提論)の叙述も、上述のような4論文の論理内容を知れば、たまたまの言及ではないことが知られるであろう。

スミスが死の床で（死を前にして）こうしたヒュームの理論と自説との決定的な違いを明らかにした方が良いと考え、その手掛かりとして不完全さを承知の上で（哲学）4論文を残すように遺言的に指示していたとすれば、「天文学史」から始まる哲学3論文と「外部感覚論」は、天文学と古代の哲学、ならびに生物学的関心に基づくたまたまの習作ではなく、『道徳感情論』と『国富論』という二つの主著の出自と核心をなすものとして、すぐれて経験一元論的に解釈されてきたスミス理論解釈の根本的変革を迫ることになるのではないであろうか。「経済学は、その最も抽象的で最も関心を引くレヴェルにおいては、演繹的科学でも帰納的科学でもなく、思弁的で哲学的論考である」[注24]という Duncan K. Foley ダンカン・K・フォーリーの言葉は、『哲学論文集』の認識論が『国富論』体系のベースをなしていたことを知るとき、最もよく理解されることであろう。

注

(1) バークリの『視覚新論』については、下条信輔ほか訳『視覚新論』勁草書房 (1990) の中に「『視覚新論』とバークリ──神・身体・同一性」と題する一ノ瀬正樹氏の詳細な解説がある。訳文も主として上掲訳書に従ったが、原書の引用表示と同様、セクション表示にしないと、かえって混乱するので、訳書のページは表示していない次第、悪しからずご了承いただければ幸いである。

(2) 「外部感覚論」は、バークリの『視覚新論』との対応関係もあり、また節表示の方が引用文の論旨を理解しやすいので、本章ではグラスゴウ全集版 *Essays on Philosophical Subjects* のページ表示ではなく、原書（[23] Of the External Senses）の節表示を採用し、そのあとに邦訳のページを表示する。原書のページ表示のみの箇所は編者の introduction 部分のページ表示である。

(3) "the language which the Author of Nature addresses to our eyes"（[23] Of the External Senses, §60, 62) は、訳し難い表現だが、address には 'address to' の appeal（訴える、頼みこむ）につながる consign の意もあるので、「自然の創造主が目に伝達を委託した」(entrust) とか、「自然が目に宿した言語」と訳すことにする。ただ、それでも訳文だけ読む読者には分かり難い場合もあると考えられるので、文脈に応じて「自然が目に語らせる言葉」と訳す場合もあることをお断りしておきたい。

（４）pre-conception は、一般には「先入感」、最近では「前提概念」と訳されているが、人間や生物には対象を概念的に識別し、コンセプトを形成（conceive）する力が自然に備わっていることに基づく生得的な概念形成力を前提する言葉で、スミスもそうしたニュアンスで使用している（本書34, 114f. ページ参照）ので、原語のまま表記し、訳す場合には、前堤概念と訳すことにする。

（５）スミスは、バークリと同様、「自然が目に語らせる言語」としての自然の言語性を賛美していたが、自然の言語の受託者としての視覚のそうした機能を根拠に、視覚が触覚の機能を代行し、視覚に基づく観察と経験による perceive ⇒ idea 連合 ⇒ 言語化するとき、事物のみならず、他者も視覚に基づく perceive の対象化され、生命感覚が失われるため、他者は交感の対象でなくなり他者との交感関係は成立しなくなる。スミスの批判はそこにあったのではないか。visible figure のもつ tangible figure 表示機能は、外物 conceive ⇒ correspondence（応答・交感）器官としての触覚の機能を代行し、とって代わりうるものではないのに、視覚言語論は可視像の可触像包摂性を根拠に事物や他者を一方的な perceive の対象化してしまう。それでは、事物も他者も、私が見た限りの「視覚像」化してしまう。事物（他者）が、unknown-something とされてしまうのはまだしも、そうした一方的な視点では人－人間の交感・交通関係は実際には成立しない。スミスのバークリ批判——視覚言語論批判はそこにあったのではないか。自然言語論は、人間の自然（human nature）そのもののもつ能力に対する信頼の表現で、バークリの視覚言語論のように、視覚が触覚の機能を代行するから触覚は不要ということではないのである。視覚が触覚のすべての機能を代替できると考えるのは、自然には何も無駄なものはないという自然の意図に反する。その次第の認識の欠如が、「外部感覚論」＝バークリ祖述論になっているのではないであろうか。

（６）K. L. Brown ブラウンは、「1759年の春と夏の間に"若鳥や哺乳動物"について自分で field 研究を行いさえした」（[４] 336）と述べている。

（７）「感覚の第一の形態は触覚である。すべての動物は、触覚を有している。感覚の基本形態は触覚である。」（アリストテレス『魂について』、[46] 211の山中浩司のノートからの引用。）

（８）他者との敵対関係・対立を前提するカントの非社交的社交性 ungesellige Geselligkeit（[10] tr. 40-42、第４命題）の論理はこの真理を概念化したものでないか。

（９）この訳語は水田洋氏の教示に基づく。

（10）グラスゴウ版（第６版）では、この箇所は、"the same person" となっている（[21] 9）が、1759年の初版（*The Theory of Moral Sentiments,* London, printed for A. Millar, 1759）では、"become in some measure him"（ibid. 2）となっている。しかし、『道徳感情論』の最終部の学説史（[21] 1 ed. 496-497、Glasgow ed. 317）では、初版でも "if I was really you, and I not only change circumstances with you, but I change persons and characters"（497）とされているので、初版でも person の交換を前提した論理であるということができるであろう。

(11) 『道徳感情論』は周知のように第1部のシンパシー論に基づく「行為の適宜性」論から始まり、最後の第7部（初版では第6部）で道徳哲学の学説史を展開しているが、グラスゴウ大学における道徳哲学講義では学説史を概観したのちに、同感論から始まる自らの倫理学説を展開したのではないかと推測されている（[41]上、70-72）。『道徳感情論』のグラスゴウ版の編者たちも「書物の最後の部分がその最も早い版では倫理学に関する講義の最初の部分をなしていた題材に由来するように思われる」（[21] editors' introduction 4）と述べているが、スミスが講義の冒頭の（ヒュームのシンパシー論に至る）学説史の中で person & character そのものの交換の要を強調したあとで、改めて本論の冒頭のシンパシー論でパースンの交換論を展開していることは、パースン論にヒュームのそれとちがう『道徳感情論』の想像上の立場の交換論の最大の key-point があったことを示すものといえよう。

(12) inter-subject の論理は、ヒュームやカント的な perception の論理、それに対応する事物自体（things themselves）= unknown something, unerkentbar Ding an sich 論では成立しえず、他者 conceive ⇒ correspondence 論の下ではじめて成立しうるものではないであろうか。

(13) 観察者の同感論は、当事者相互間の相互的な自己抑制論と違い、両当事者が相互に立場を交換するだけでは concord が成立しない場合に、両者が拠るべき適宜性（正義）の根拠を観察者の同感に求めるものである。当事者とは利害関係のない観察者としての impartial な視点が問題にされる所以はそこにある。spectator は、そうした impartial な視角から両当事者の situation を観察すれば、視るだけでも視覚の哲学、自然の遠近法のお陰で tangible object の位置や距離を知ることができるので、直接触れる必要はないと考えられるかも知れない。しかし、視覚で見たものは実際の大きさとは違うので、当事者の本当の事情は立場を交換して直接触ってみなければ分からない。それ故、観察者も当事者の立場に立つ必要がある。『道徳感情論』の想像上の立場の交換に基づく同感論は、視覚の哲学、自然の遠近法を前提した上で、それだけでは本当のことは分からないから、立場を交換する必要があるという触＞視の論理をベースにするもので、その次第は、観察者の同感＝正義の原理論においても全く変わっていない

といえよう。
(14) スミスが１－２次の区別に反対するバークリのidea-list論を知っていたことは、ブラウンも認めている（［４］333）。
(15) スミスが「外部感覚論」でロックの１次・２次性質の区別を採用したのは、「外部感覚論」の主題が、物体そのもの、その大きさ、位置などをconceiveする触覚の機能を光と色で２次性質をperceiveする視覚に吸収した、ヒュームの触＝視（indifference）論やその原理をなしたバークリの『視覚新論』が既述のような形で１次（触）と２次（視）の区別を事実上消去していたことに反対であったためであるといえよう。
(16) ブラウンは、スミスのバークリ－ヒューム的idea主義（idealism）と観念連合原理への不同意の根拠をこうした「リンネ的自然の経済（Linnaean Economy of Nature）」思想へのスミスの厳格な帰依に求めている（［４］335-336）。
(17) スコットは『哲学論文集』の所収論文のいずれがエディンバラ講義か、それともグラスゴウの教授としてのアダム・スミスの作品に帰しうるかの決定は、時期次第であるが、「これらのうち外部感覚に関する断片は、グラスゴウで書かれた可能性が最も高い」（［19］50）と述べている。キャンベルとスキナーも、1750年代初期である蓋然性が高いとしている（［５］80、tr. 94）が、いずれもその根拠は示していない。
(18) ブラウンは、スミスのバークリ－ヒューム批判のルーツをスミスの生物学関心に求めているが（［４］335-6）、バークリの『視覚新論』の批判的考察が「外部感覚論」の中心主題であった次第は見ていない。
(19) この認識は、いまだ３論文にはなく、エディンバラの修辞学講義にもなかったことは明白である。私が「外部感覚論」＝'50年代前期説を想定する一つの理由は、こうした認識の形成にはケイムズの欺瞞論の影響と生物学研究の深化がからんでいたのではないかと考えられる点にある。'50年代前半の作といわれる正義論草稿（［21］388f.［41］上120）でも、『道徳感情論』の根本原理をなす立場の交換の論理はクリアでないことも、その時点ではまだパースンそのものの交換論のベースをなす触の論理、その形成の契機をなす「外部感覚論」が展開されていなかったことの一つの証左となりうるのではないか。
(20) 太田可夫は、1938年に発表した「アダム・スミスの道徳哲学について」と題する論考の中で、是認の原理（根拠）を効用の美の知覚、観察者の効用判断に求めていたヒュームとちがって、スミスの道徳哲学においては、「他人の存在は彼の学説にとって決定的な役割を果たしている」（一橋論叢、2-6、1938、p. 705）次第をいち早く喝破していたのであった。水田洋のスミス研究の根幹をなす「アダム・スミスにおける同感概念の成立」（『一橋論叢』60巻６号、1968年、

[45] Ch. 2 所収）は、この太田の指摘を受けて、スミス同感論の核心が観察者論ではなく、当事者（日常生活者）の自己抑制論にある次第を明確にしたものである。「外部感覚論」は、こうした太田＝水田のスミス解釈の本質的真理性、スミスの『道徳感情論』の根本原理を的確に見抜いた眼力の確かさを確証するものといえよう。

(21) 現代の経済学者や科学哲学者は、スミス理論の meta-science 的側面をネガティヴにみて、消去しようとしているが、スミス自身はメタ真理の実現条件の探求を主題にしていたのでないか。スミスは古今の歴史的ケースをすべて経験的にチェックしようとしているが、それはあくまで傍証としてで、経験⇒真理論ではないことに注意されたい。

(22) 水田洋「アダム・スミスの法学講義 LJB——幻の第三の主著」日本学士院紀要、62-2、2007。

(23) スミスは、『法学講義』のＡノートで、同感の不安定性克服の論理として『道徳感情論』で展開していた「状況的適宜性」（Situational Propriety）論の法の理論としての妥当性（[42] 195-6、208、291-5）を社会経済発展の４段階分析を通して検証することによって、状況的適宜性論が法の歴史的批判の原理たりうる次第を明らかにする一方、４段階分析に伴う分業認識の進展の帰結として、分業原理に基づく経済学の生誕への道を拓くことになったのであった（[43] 第１編参照）。

　これに対し、Ｂノートでは、自然法の伝統に従って所有権法を根幹とする私法⇒公報の順で展開されていたＡノートとは逆に、公法論を前に出した上、その冒頭で、Ａノートでは公法論の途中で統治者（政府）への服従の原理とされていた「権威と功利の原理」論（[24] 318）を政府の形成に先立つ「市民社会」への加入の原理に格上げする（[24] 401、tr. 32）などすることによって、ホッブズ－ヒューム的な utility 原理論に代わる同感原理に立脚する「法の理論」構築の意図（と枠組）を明らかにし、その展開を終生の課題としたのであった。しかし、Situational Propriety 論は、法の歴史的批判の原理とはなりえても、法の一般原理としては、歴史的相対性を免れず、観察者の同感論は、所有権の絶対性を保障する論理たりえず、法の一般理論の展開は、観察者の同感を倫理と法の根本原理とした『道徳感情論』（[41] 上、第１部）との整合性が問題になるので、法学関係の原稿はすべて焼却させたのでないか。

(24) Duncan K. Foley: Adam's Fallacy: A Guide to Economic Theology, Cambridge 2006.『アダム・スミスの誤謬、経済神学への手引き』亀崎澄夫・佐藤滋正・中川栄治訳、vi ページ。

[主要参照文献]

[1] Alvey, James E: *Adam Smith : Optimist or Pessimist?* Ashgate 2003.
[2] Aristoteles: *Politica.* アリストテレス『政治学』牛田徳子訳、京都大学出版会、2001年
[3] Berkeley, George: *An Essay towards a New Theory of Vision,* 1709, in the Works of G. Berkeley, Bishop of Cloyne, ed. by A. A. Luce & T. E. Jessop. Vol. 1, London 1948. 下条信輔ほか訳『視覚新論』勁草書房、1990年
[4] Brown, K. L.: Dating Adam Smith's Essay "Of the External Senses", *Journal of the History of Ideas,* Vol. 53-2, 1992.
[5] Campbell, R. H. & Skinner, A. S.: *Adam Smith,* London 1982. 久保芳和訳『アダム・スミス伝』東洋経済新報社、1984年
[6] Hume, David: *A Treatise of Human Nature,* London 1739. ed. by L. A. Selby-Bigge, Oxford. 1967. 大槻春彦訳『人性論』岩波文庫
[7] ——: *Enquiries concerning the Human Understanding & concerning the Principles of Morals,* ed. by L. A. Selby-Bigge, Oxford. 1902.
[8] Kames, Henry Home: *Essays on the Principles of Morality & Natural Religion,* Edinburgh 1751. 2nd. ed., 1758.
[9] Kant, I.: *Kritik der Urteilskraft,* 1790. Herausgegeben von Wilhelm Weischedel, Suhrkamp 1968. 横田英雄訳『判断力批判』岩波文庫
[10] ——: *Idee zu einer allgemeinen Geschichte in weltbürgerlicher Absicht,* 1784. 中山元訳『永久平和のために他』光文社文庫
[11] Kleer, R. A.: *"The Author of Nature": Adam Smith and Teleology,* Toronto 1992.
[12] Locke, John: *An Essay concerning Human Understanding,* ed. by P. H. Nidditch, Oxford 1975. 大槻春彦訳『人間知性論』岩波文庫
[13] Mercer, P.: *Sympathy and Ethics, A Study of the relationship between sympathy and morality with special reference to Hume's Treatise,* Oxford 1972.
[14] Morrow, G. R.: *The Ethical & Economic Theories of Adam Smith,* New York 1969.
[15] Platon: *Politica.* 藤沢令夫訳『国家』岩波文庫
[16] Raphael, D. D.: *The Impartial Spectator, Adam Smith's Moral Philosophy,* Oxford 2007. 生越利昭・松本哲人訳『アダム・スミスの道徳哲学』昭和堂、2009年
[17] Ross, I. S.: *The Life of Adam Smith,* Oxford 1995. 篠原・只腰・松原訳『アダム・スミス伝』フェアラーク東京、2000年

[18] Rousseau, J. J.: *Discours sur l'origine et les fondements de l'inégalité parmi les hommes.* 本田・平岡訳『人間不平等起源論』岩波文庫

[19] Scott, W. R.: *Adam Smith as Student & Professor,* New York 1965.

[20] Skolimowski, H.: *Living Philosophy, Eco philosophy as a Tree of Life,* London 1992. 間瀬啓允・矢嶋直規訳『エコフィロソフィ』法蔵館、1999年

[21] Smith, Adam: *The Theory of Moral Sentiments,* 1759, ed. by D. D. Raphael & A. L. Macfie, Oxford 1976. 水田洋訳『道徳感情論』岩波文庫

[22] ——: *The Wealth of Nations,* 1776, ed. by R. H. Campbell & A. S. Skinner, Oxford 1976, 水田洋監訳『国富論』岩波文庫

[23] ——: *Essays on Philosophical Subjects,* 1795. ed. by W. P. D. Wightman, J. C. Bryce & I. S. Ross, Oxford 1980. 水田洋ほか訳『哲学論文集』名古屋大学出版会、1993年

[24] ——: *Lectures on Jurisprudence,* ed. by R. L. Meek, D. D. Raphael, P. G. Stein, Oxford 1978. 水田洋・篠原・只腰・前田訳、アダム・スミス『法学講義1762-1763』（Aノートの訳）名古屋大学出版会、2012年。水田洋訳『法学講義』（Bノートの訳）岩波文庫

[25] ——: *Lectures on Rhetoric and Belles Lettres,* ed. by J. C. Bryce, Oxford 1983. 宇山直亮訳『修辞学・文学講義』未来社、1972年。水田洋・松原慶子訳『修辞学・文学講義』名古屋大学出版会、2004年

[26] ——: *The Correspondence of Adam Smith,* ed. by E. C. Mossner & I. S. Ross, Oxford 1977.

[27] Stewart, Dugald: *Account of the Life and Writings of Adam Smith, L. L. D.,* appended in this Reference No. (23).

[28] Veblen, T.: The Preconception of Economic Science, 1899, in his *The Place of Science in Modern Civilization,* New York 1961.

[29] Viner, J.: *The Roll of Providence in the Social Order,* Princeton 1966.

[30] Willey, B.: *The Eighteenth Century Background,* London 1940. 三田博雄ほか訳『十八世紀の自然思想』みすず書房、1975年

[31] Winch, Donald: Adam Smith als politischer Theoretiker, in *Markt, Staat und Solidarität bei Adam Smith,* Frankfult 1984. S. 102.

[32] Worster, D.: *Nature's Economy,* Cambridge 1977. 中山茂ほか訳『ネイチャーズ・エコノミー』リブロポート、1989年

[33] 大島幸治『アダム・スミスの道徳哲学と言語論』お茶の水書房、2008年

[34] 大島幸治・佐藤有史、海外アダム・スミス研究の動向『経済学史研究』52・1、2010年

［35］太田可夫『イギリス社会哲学の成立と展開』（水田洋編）社会思想社、1971年
［36］佐藤康邦『カント「判断力批判」と現代』岩波書店、2005年
［37］高哲男「アダム・スミスにおける本能の概念化と経済学の生物学的基礎」『商経論叢』（神奈川大学）43-1号、2007年
［38］只腰親和『「天文学史」とアダム・スミスの道徳哲学』多賀出版、1995年
［39］田中正司『アダム・スミスの自然神学』お茶の水書房、1993年
［40］――：『市民社会理論と現代』お茶の水書房、1994年
［41］――：『アダム・スミスの倫理学』お茶の水書房、1997年
［42］――：『アダム・スミスの自然法学』お茶の水書房、1988年
［43］――：『経済学の生誕と法学講義』お茶の水書房、2003年
［44］浜田義文『カント倫理学の成立』勁草書房、1981年
［45］水田洋『アダム・スミス論集』ミネルヴァ書房、2009年
［46］山中浩司「感覚の序列」大林信治・山中浩司編『視覚と近代』所収、名古屋大学出版会、1999年

第4章　認識論と自然観

1）形而上学と経験論の統合論の展開

　オックスフォード時代から故郷のカーコーディに戻ってエディンバラ講義をするまでの'40年代におけるスミスの思想主題は、古典 vs ヒューム問題にいかに向き合うかにあった。古典 vs ヒューム問題を共通主題として想定するとき、「天文学史」からはじまる哲学3論文の各個別主題を「哲学的探求指導原理」論として統一的に解釈することが可能になる次第は第2章でみた通りである。3論文とは異なる時期に執筆された「外部感覚論」は、バークリやヒュームの視覚中心論——その帰結としての人間本性の心理学的解釈に必ずしも同調しえないものを感じて、人間を他の生物と同じ外部感覚主体として捉えたもので、『道徳感情論』のパースンの交換論への道を拓くものであった。

　こうした4論文解釈は、これまでの『哲学論文集』解釈とかなり性格を異にするので、スミスを基本的に経験論的に捉えてきた研究者からは疑問視される面が多いことであろう。第2章の第1節でふれたような第2次大戦以降のスミス研究の動向の中で、神学的 preconception（前提概念）と経験的理論展開との二項対立の選択を迫られて、前者を神学的メタファーとして切り捨て全面的に排除してきたスミス研究の支配的潮流からすれば、本書の論理はグラスゴウ全集版の編者たちの権威に挑戦するドン・キホーテのようにみえることであろう。しかし、スミスの哲学4論文の主題、それに対する私の解釈は、スミスの経験論を否定して、神学的接近を是とするものではない。

　スミスの主題は、「天文学史」の叙述が示すように、自然界に生起する諸現象の経験観察を通してえられるさまざまな、矛盾・対立する諸観念（ideas）を結びつける中間項を想定することを通して、自然の運動

（operation や system）の結合・統一・規制原理を発見する点にあったからである。それは、ヒュームの観念連合論に依拠しながらも、ヒュームのように知覚した諸観念を連合させた観念像の構成を意図したものではなく、自然界の諸現象や生命体の活動の動態（について構成される諸観念）の結合原理を想像力の力を借りて発見し、その動態を conceive（概念的に把握）することを通して、自然（そのもの）の構造（自然の運動法則）を明らかにした上で、改めてその内実を経験的に論証することを意図したものであった。

　このような「天文学史」の認識論が、古代の哲学に依拠するものか、神学（デザイン論）をベースにしたものか、生物学研究に触発されたものかは別にして、いずれにしても、経験的に知覚し idea 化しえない形而上学的（meta-physical）なものを認識の主題にしていることは明らかである。こうした meta-physical な事物自体の認識可能性を原理的に否定する経験一元論からすれば、こうした事物そのもの、自然の必然法則や普遍原理の認識を主題とするスミスの論理は形而上学であるということになるであろう。事実、スミスの論理には多分に形而上学的側面があることは否定しえない事実である。とすると、スミスには、神学 vs 経験論よりもさらに基本的な形而上学 vs 経験論という、より原理的な「アダム・スミス問題」が存在することになるであろう。

　しかし、形而上学（meta-physics）を 'the physical'（現象界、物質界）を超越（transcend）する科学の意に解するのは誤解で、'meta- has been prefixed to the name of a science to form a designation for a higher science of the same nature but dealing with ulterior problems' という SOD の言葉の示すように、meta- は、Metamathematics などのように、同一科学の究極問題を扱う高等科学の名称として prefix されるもので、metaphysics とは、物理学（現象界、物質界）の究極問題を扱う高等科学物理学ないし高等論理物理学とでもいうべきものである次第が注意される要がある。古代の哲学者が個体に内在する、多様な個体の動態を貫徹する普遍の原理、種的本質、人間本性の概念的把握（begreifen）を形而上学としての哲学の主題としたのは、必ずしも the physical を否定し

ていたことを意味するものではなく、事物の動態を貫く諸現象の本質の解明を形而上学の主題としていたために他ならないといえるであろう。アリストテレスが、普遍は個物に内在し、個体は形相（Form）を付与されてはじめて Dasein（現実存在）になるとしていたのも、こうした physics とその究極原理との関係を前提した論理であったとみる方が正しいのでないか。

　古典 vs ヒューム問題を契機として展開された「天文学史」からはじまる哲学３論文の主題は、経験観察の対象となる自然の（物質界の）諸現象の結合原理を発見するための方法原理を明らかにした上で、そうした哲学的探求の対象と主題を知る手掛かりを古代の物理学史と論理学・形而上学の歴史のうちに見出す点にあったのである。その主題の展開（考察）におけるスミスの独自性は、ヒュームの『人間本性論』の知覚観念（idea）論を下敷きにした上で、perceive した諸事象に関する多様な、さまざまに矛盾・対立する ideas を結びつけるための中間項を想像力の力を借りてあれこれ suppose（想定）しているうちに自然そのものの結合・統一・規制原理やさまざまな個別諸事象を貫く普遍の原理、事物の種的本質が発見される次第を明らかにした点にある。

　こうしたスミスの論理は、スミスの認識論が物理学の対象である現象界や物質界と関係のない超越的な形而上学ではなく、physical な個々の事物の経験観察をベースにしながら、そこに形成される ideas の底にある（諸現象の多様な動態を貫く）普遍の原理、自然の法則の探求・発見を科学としての哲学の主題とするもので、meta-physics の本来の主題である the physical（現象界や物質界）の根本原理を明らかにすることを意図したものであったことを示しているといえよう。

　こうした論理が『国富論』の根幹をなしていることは、『国富論』では自然価格論や価値論などのような（個別の動態を貫く統合・規制原理としての）普遍原理論が、市場価格論や交換価値論の原理として展開され、自然的自由のシステムがさまざまな障害を通して貫徹する不動の原理として想定されている事実にも明白に示されているといえるであろう。それをメタファーであるとか、レトリックにすぎないとして無視するの

は、スミスの主題が言葉の本来の意味での meta-physics の構築（展開）にあり、『純粋理性批判』を書いたカントが、目的追求主体としての人間が活動する自然の構造を認識するには、目的論と経験論とを統合した論理が不可欠であるとした『判断力批判』の問題提起のもつ意味を知らぬものといわねばならない。しかし、こうしたスミスやカントの認識論は自然観の問題ともからんでおり、ヒュームとスミスの思想が理論内容の面では大きな親近性があるにもかかわらず、根本的な点で微妙に異なる原因も、自然観と関係があると考えられるので、第1部の議論の補論として論及しておくことにしたい。

2）自然主義と効用理論との間

　ヒュームは、周知のように感官知覚に基づいて形成される idea の底にある事物そのものは unknown であるとし、因果の必然的結合を否定する懐疑主義者であった。人間的自然の経験分析を主題としたヒュームの『人間本性論』の「人間本性」論を快苦の心理学に還元する解釈が生まれる一つの背景もそこにある。しかし、ヒュームは、自我や外的存在だけでなく、自然の必然法則などが生活実践や慣習から生まれる信念（commonsense belief）の対象となる次第を経験観察の結果の習慣的推論や恒常的連接に基づいて論証した自然主義者でもあった。ヒュームにおける懐疑主義と自然主義との両義性が問われてきたのはそのためである。しかし、この両者は、坂本達哉が指摘するように「二者択一」ではない。坂本の明快な論理を借用すれば、ヒュームは、常識的信念の対象としてのありのままの自然を前提した上で、懐疑＝哲学＝理性に基づく「自然の再建」を意図していたのであるということができるであろう[注1]。ヒュームは、自然の必然法則の存在、その支配・貫徹の承認という、当時の思想家がほぼ一様に前提していた共通の土俵の中で、作用⇒目的の必然性を承認しない徹底した経験主義の立場から、ありのままの現実の自然の問題点の解明を主題にしていたのである。

　そうした懐疑主義に基づくヒュームの現実分析は、『政治論集』Political Discourses（1752）その他の諸論考にみられるように、スミスよりも精緻で現実的多面的であるということもできるであろう。スミスは、経済論においてもヒュームを下敷きにしていたため、現実の社会分析、政治・経済理論ではヒュームと共通する面が多いことは、第2章で触れた通りである。両者の相違点は、ヒュームが分析結果の原理論化を拒否し、自然の摂理性を認めていない点にある。ヒュームが原理論化を拒否するのも、自然の摂理性を承認しないのも、どちらも懐疑主義的認識論の必然的帰結であるが、自然の合目的性を承認できなければ、スミスのように自然を信頼して、自然のoperationに依拠することができず、懐疑＝哲学＝理性の力によるありのままの自然の再建が考えられるようになるのは当然である。その場合の判断基準がutilityになるのも自然の成り行きであろうが、ここにはスミスとは逆に自然に対する理性＝哲学＝懐疑主義の優位がみられることは否定しえないであろう。ヒュームが、スミスのように主体形成さえできれば、あとは自然に任せればよいとせずに、効用を判断原理とし、理性の力で自然の欠陥是正、問題点の改善を図る政治・経済理論を展開したのは、そのためであったのではないであろうか。

　こうした懐疑主義の自然観も、ありのままの自然を前提した上で自然の再建を意図するものである限り自然主義であるといえるであろうが、スミスの自然観とは原理的に異なることは明らかである(注2)。スミスは、（アリストテレス的宇宙の原理論か神学的デザイン論か生物学的なcosmic harmony論かは、はっきり断定はできない、というより、その三者が入り混じった）目的論的な自然観に立脚する作用（自由）⇒目的（必然法則）実現の自然のoperationを認める一元論的自然主義であったため、作用因主体が自立的に活動すれば、おのずから種の保存と社会の利益が実現すると考えることができたのである。

　スミスの経済理論が長期のトレンド分析を主とする長期均衡理論であったのも、彼の主題が経済現象の結合原理、個別の動態を貫く普遍の原理、種的本質の探究にあったためであるといえるであろう。『国富論』の経済理論が純粋の経済理論というより「思弁的で哲学的な論考」（［6］

vi) のような印象を与える所以もそこにある。ということは、スミスが経験論者ではなく、形而上学的な哲学者でしかなかったことを意味しない。スミスは、既述のように、自然のシステムの目的論的構造を概念的に理解（begreifen）するための論理を自然界の諸現象やその作用因としての人間の活動の経験観察に基づく諸観念（ideas）を結合（connect together）するための中間項を想像力の力を借りていろいろ想定することを通して、自然の（諸現象や人間の経済活動の）結合・統一・規制原理の発見を科学としての哲学の主題としていたからである。スミスの理論は、高等論理物理学とでもいうべき言葉の本来の意味での形而上学に依拠したものであったのであり、現実と無関係なものではなく、the physical（物質界や現象界）における個物の動態を貫く普遍の原理を明らかにした上で、個別・具体的に知覚できる作用因の活動の経験観察に基づいて普遍原理を経験的に論証することを意図したものであったのである[注3]。

　スミスの哲学論文は、（ロックやヒューム的な）idea（論）の底にある事物そのものを問う古典の伝統に根ざしたイギリス経験論の本来の主題を追求したものであったのであるが、現状分析・現実対応（それ自体）を究極主題とするものではないため、現状分析や現実対応に欠ける面があったことは否定しえない事実である。当時から今日に至る多数派の経済学者が、セイラム・ラシッドの『アダム・スミスの神話』などに代表されるような形で、スミスは当時の社会が直面していた現実問題を見ておらず、スミスには市場価格論がなく、現状分析・現実対応論が欠けていると批判する所以はそこにある[注4]。しかし、スミスは、現状前提の現実対応論では現実は変わらず、却って主体形成が妨げられる事実に注目し、自然のシステムに反する慣行や制度を除去すればおのずから自然法則が実現されるから、自然法則を begreifen（概念的に理解）し、それに従えばよいと考えていたのである。ステュアートとスミスの理論の根本的相違点がそこにあることは明らかである（[5] ch. 5）。

　こうしたヒュームとスミス、ステュアートとスミスとの差異の根幹が自然観や認識論のちがいにあることは明白であるが、その次第を一面的

に強調することにはいささか問題がある。18世紀思想は、上述のようなヒュームとスミス、ステュアートとスミスの認識論や自然観の相違にもかかわらず、ありのままの自然を前提した上で、その再建を意図していたヒュームの自然主義（論）やマルサスの『人口論』などにみられるように、あくまでも自然の必然法則の支配・貫徹を前提した上で自然の枠内で自然を耕作（cultivate）し改良（improve）することを共通主題にしていたからである。18世紀の思想家たちが大なり小なり、（カントの「世界市民的視点からみた普遍史の理念」（1784）の「第４命題」に象徴されるように、）「対他存在」としての人間相互間の「対立」を前提した上で、他者と応答・交感する「非社交的社交性」の主体たりうる世界市民の形成を基本主題としていたことも、こうした自然の制約の下に生きる18世紀思想の特色を示すものといえるであろう。そうした共通の土俵の下での自然観や認識論の差異に由来する思想や理論内容の是非や妥当性如何が18世紀思想の問題（研究主題）であるのでないか。

3）「自然の目的」と「人間の目的」をめぐって

　スミスは、第２章で論評したように、ヒュームの形而上学批判（経験主義宣言）に共感しながらも、「自然の目的」「自然の意図」などの自然関連用語を多用し、「自然の客観的合目的性」を想定した論理を展開していたのであった。同様に、カントも、ヒュームの認識批判に大きな衝撃を受けながらも、抽象的な「普遍」原理化を一切拒否するヒュームの知覚観念論の懐疑主義的帰結を克服するため、カテゴリー論を展開することによって、主観的観念論哲学を確立したが、それは同時に感性界の英知界への従属化（経験主義からの後退）を意味するものであった。カントの『実践理性批判』の道徳論がこうした『純粋理性批判』の認識論に照応するものであったことは明らかである。

　カントが、３批判の最後の著作である『判断力批判』（1790）の第２部で、「自然の客観的合目的性」を想定するとき、はじめて目的追求主体としての有機体や有機的な「自然の構造」の認識（概念把握）が可能

になるとして、目的論と経験論とを融合した自然認識論の展開を提唱したのは、上述のような第１・第２批判の論理の実態認識に基づくものであったということもできるであろう。カントは、「世界市民的視点からみた普遍史の理念」（1784）などの示すように、自己の目的追求主体としての人間の自由な行動が自然の必然法則の実現につながる自然の合目的性をはっきり承認していたため、上述のような自然認識論を展開したのではないかと考えられるが、これらの事実は、カントが『判断力批判』の時点ではスミスその他の18世紀の多くの思想家と同様に、自然（中心）主義の論理を展開していたことを意味するといえるであろう。しかし、「自然の目的」（die Zwecke der Natur）それ自体は経験的に確証しえず、自然的目的論では創造の究極目的は知りえないことから、カントは『判断力批判』の85節以下で神のデザインした自然の目的の解明を意図する自然神学を否定し、人間が「創造の究極目的（Endzweck der Schöpfung）たりうるのは道徳的存在者（moralisches Wesen）としてのみである」（［２］404, tr. 下, 156）として、「道徳的目的」の追求に「自然の目的」を補完する「人間の目的」をみることになったのであった。カントは、一方で自然の客観的合目的性を想定した目的論と経験論との融合論を展開しながら、他方で「道徳的法則への服従」のうちに人間の目的追求行動の原理をみることになったのであるが（cf.［２］§86, 87）、こうした「道徳神学」的な「道徳的目的論」（die moralische Teleologie）の提唱は、『実践理性批判』論的な人間中心の理性主義への逆行を意味するものであったといえるであろう。『実践理性批判』の著者としては当然の論理展開であったということもできるであろうが、第３批判には人間本性（human nature）そのものの合目的性の具体的論証がみられないことも、カントの「人間の目的」論の実態を明確に示しているといえるであろう。カントは、目的追求主体としての「人間の自然」そのものの合目的性の経験論証ではなく、知性的（道徳的）存在としての人間の意思と理性の力で「自然的目的論の欠陥を補い」実践理性の理念を道徳的目的論によって現実化しようとしていたのである（［２］S. 406, tr. 下, 158）。

しかし、「自然の目的」が不可知であることから、「人間の目的」を問うことが一概に自然主義からの後退であるとはいえない。逆に、近代思想の特色は、自己の目的追求主体としての作用因の「人間的自然（human nature）」の自然の性向（natural inclination）に基づく活動の合目的性を論証することを通して、「自然の目的」の経験論証を意図した点にあった次第が注意される要がある。「人間の目的」を自己の目的追求主体としての人間の自然の性向に即して考え、人間の自然の性向や欲求に基づく自由な活動のうちに合目的性（自然の客観的合目的性）を見いだすことができるとしたら、「人間の目的」追求が、経験的に知覚しえない「自然の目的」の経験論証になるからである。その次第を最も明確に定式化しているのがスミスの『道徳感情論』と『国富論』である。

　周知のように、スミスは『道徳感情論』で作用（自由）⇒目的（必然）論を展開しているが、作用⇒目的（自然の必然法則）実現論を形而上学的に主張していたのではなく、作用因としての人間の自然の性向に即した人間の自由な目的追求活動が自然に種の保存と全体としての社会の利益実現につながる自然の必然法則の経験論証を意図していたのであった。このスミスの論理は、「人間の目的」（James Alveyのいう teleology immanent in human nature and commerce, [1] Part 1, Ch. 2）の「人間の自然」（human nature）の経験観察に基づく、「自然の目的」の経験論証といえるであろう。

　カントも、「普遍史の理念」の冒頭（第1部補論の参考資料参照）で同様な趣旨のことを述べているが、カントの言及はスミスの受け売り、というより、スミスの論理を概念化しただけのもので、その次第を具体的に論証したものではないのに対し、スミスは、本書の第3章で論証したように、「外部感覚論」の中で、バークリの「自然言語論」に全面的な賛意を表明し、自然が視覚に賦与した遠近法のお陰で触らなくても外物の距離や大きさなどは分かるとして、「自然の言語」の受託者としての視覚の健全性の根拠とした人間の自然の能力に対する深い信頼感を表明している。同様に、動物や人間が経験観察に先立って事物を知覚（perceive）し、コンセプトを形成（conceive）する能力をもっているという、

人間の自然の能力としての"本能"の合目的性を指摘していることなども、「人間の自然」の経験観察に基づく「自然の目的」の経験論証（「人間の目的」の経験論証⇒「自然の目的」論証）といえるであろう。

『道徳感情論』は、こうした人間の自然の原理に基づく人間の自由な自己の目的追求活動が必然的に引き起こす他者との「対立」を克服するための自制（自己抑制）の能力が人間に自然に備わっている次第を明らかにした上で、それをさらに対自化（自己意識化）することを意図したものであった。スミスの正義論が、『感情論』の第２部の「自然の構造の効用」論の中で展開された罪を犯すと自然に ill desert（非難に値する）⇒ remorse（悔恨）⇒自己抑制＝正義の原理論（［３］107, 155-6）の対自化論であったことなど、その典型といえよう。『道徳感情論』の同感論は、人間の自然の感情としての他者とのシンパシー（共感）感情を立場の交換に基づく同感という self-control の論理に対自化したものに他ならない。スミスは、人間の自然の欲求や性向に基づく自己の目的追求活動が、人間相互の社会関係の中で自然に自己抑制するに至る次第を感情論的に経験論証したのである。スミスは、そうした形で「人間の目的」追求活動の合目的性（人間本性に内在する目的論）を明らかにすることによって「自然の目的」の合目的性を経験的に証明しようとしたのであるといえるであろう。『道徳感情論』は、「人間の自然」（人間本性）の感情分析に基づく「自然の目的」の経験論証をした上で、自然の原理を自己意識化したものであったのであるが、そうした自然の原理の合目的性論をより端的に展開しているのが『国富論』である。

『国富論』は、自己の生活改善願望（bettering）に基づく労働生産物の交換の場としての市場における商品価格の変動が、その規制原理としての自然価格を中心に上下する次第を明らかにすることによって、そうした経済世界の自然法則の貫徹を妨げる慣行や制度を廃して、各経済主体が自然の原理に従って自由に自己の利益を追求すれば、おのずから全体としての社会の利益が実現される次第の論証を主題としたものであった。スミスは、各人の利己的欲求が自然に調整される市場メカニズムの分析を通して「自然的自由の体系」としての経済世界の自然法則（teleology immanent in Human Nature and Commerce）の経験論証をすることを『国富論』の基本主題にしていたのである。こうした『国富論』の論理展開は、自己の生活改善願望の実現のための経済活動という日常生活者としての人間の目的追求活動の経験観察を通して、「人間の目的」追求が「自然の目的」の実現、その経験論証につながる次第の論証を意図したものであったことを示しているといえよう。

　スミスは、もとより「人間の目的」という言葉はどこでも使っておらず、「自然の目的」「自然の意図」などの言葉で表現される自然の客観的合目的性を想定した上で、「自然の目的」などの言葉で表現された自然の（'operations in human affaires'、［4］322の）客観的な合目的性の経験科学的論証を人間の自然の性向の考察に基づいて行っていたにすぎないが、カントの「人間の目的」論との対比でいえば、スミスは、「自然の目的」論証をカントのように「道徳的目的」の追求による自然の目的の欠陥是正にではなく、人間の自然の欲求や性向の経験論証に基づいて行っていたのであるということができるであろう。

　ヴェブレンが、石田教子のいうように（経済学史学会第76回大会報告）、目的論に一見否定的な態度を示しながら、人間本性（人間の自然）の考察に基づく「人間の目的」の解明を主題とし、本能論を展開していたことは、ヴェブレンがスミスとちがってヒュームの形而上学批判だけでなく、スミスの諸著作やカントの『判断力批判』をも前提していたためであったのではないかと考えられる。スミスは、カントやヴェブレンが問題にした「人間の目的」の経験分析を行うことによってカントのいう目的論と経験論との融合論を具体的に展開していたのであるが、ヴェブレンがどのような形で人間の目的論による自然の目的論証を行っていたかはヴェブレン研究者の教示を乞う他ない。

　しかし、スミスが「自然の目的」を人間本性の経験観察のうちに見ていたということは、経験観察をしていけば、自然に自然の目的（自然の必然法則の合目的性）がbegreifenできるということではない。人間的自然の経験観察だけでは、人間本性の合目的性についてコンセプトを形成（conceive）することはできても、さまざまな利害の対立や矛盾・逆

転を通して貫徹する自然の諸現象の結合原理や自然の必然法則、自然のシステムそのものは分かるものではない。個別を貫く「普遍」の原理、「種的本質」としての自然価格や価値法則などはとらえきれるものではない。スミスが、imagination論による自然界や人間界に生起する諸現象の結合原理の発見を主題とし、発見された原理に基づく諸現象の理論体系化を意図した所以はそこにある。スミスは、自然の目的を前提した上で、個別・具体的に観察できる人間の目的追求活動の合目的性の経験論証の結果の理論体系化をimagination原理によって発見された原理に従って行うことを『国富論』の主題にしていたのである。

　「天文学史」を根幹とする哲学3論文がスミスのグランドデザインのルーツと核心（roots & Kern）をなす理由はそこにある。スミスは、3論文の認識論によってbegreifenされた人間界（経済世界）の自然法則論証を「人間の目的」の人間本性の経験分析に基づいて行っていたのである。『道徳感情論』と『国富論』の論理展開がすぐれて経験的でありながら、同時にその根幹に経験一元論では捉えきれないpre-conception（前提概念）に基づく形而上学的論理が展開されている謎を解く一つの鍵はそこにある。物理の原理としての形而上学（Meta-Physics）は、本章の第1節でみたように物理（Physics）とは別物ではなく、物理に基づくものであるので、人間的自然の経験観察によってそれなりに解明できても、経験観察だけでは、多様な、時に大きく矛盾・対立し、さまざまなirregular boundを引き起こす自然界や経済世界の諸現象を統一・規制する「物理の原理」としての「普遍」の原理は解明しうるものではない。想像力の力を借りて、いろいろ中間項を想定することを通して結合原理を発見することによって、対象についてコンセプトを形成（conceive）した上で、改めて人間的自然の経験観察に基づく経験論証をする要があるというのが、スミスの認識論であり、『道徳感情論』と『国富論』はその具体的展開であったのである。

注

（1）坂本達哉「ヒューム社会科学における『懐疑』と『自然』」、『思想』No. 1052、

2011年12月、pp. 48、49、58-60、『ヒューム　希望の懐疑主義』慶応大学出版会、2011年、第1章参照。

（2）　ヒュームは、人間の自然の感情としての共感感情を社会性の原理とし、共通利害への共感に社会形成の原理を求めたが、共感感情の対自化の論理を欠如していたため、共感を正義・法の原理とすることができず、正義・法の原理をutilityや理性に求めたのであった。こうしたヒュームの論理には自然主義と理性主義との二元論的契機が含まれているといえるであろう。それに対し、スミスは、既述のill desert論の示すように、人間の自然の感情の動きのうちに正義の観念の形成をみた上で、立場の交換の論理に共感感情の対自化＝自己意識化の契機を求めることによって、感情原理に基づく倫理学を確立したのであった。スミスの『道徳感情論』は、自然の感情そのもののうちに自制の論理を導く自然一元論的論理を展開したものであったのである。

しかし、スミスも、現実認識の進展に伴い、こうした自然主義の倫理の妥当性に疑問を感じるようになり、『感情論』の第6版では、ストアのReason in Nature概念を再評価し、「賢明な立法者」の指導の必要を認めるようになったのであった。スミスにおける自然主義の破綻、自然と理性とのtensionが問題にされるようになった理由はそこにある。しかし、ストアの理性概念は自然のロゴス（理法）と同義であり、スミスの立法者論は、カント的な自然界と英知界との二元論につながるものではないことはもとより、ヒュームのように人間の理性による自然の欠陥の補完を意図するものでもなく、自然のシステムの貫徹を阻害しないようにガイドするための論理であった次第が注意される要がある。（本書第2部英文論文、Section 8参照）6版の主題は、自然の原理の実現を保障するための自己規制の倫理の再確立にあったのであり、自然の原理と異なる理性原理を提出したものではないのである。

スミスはヒュームとちがって、一元論的な自然主義をベースにした論理を展開していたのであるが、自然主義の内実がヒュームとスミスとでは原理的にちがうことは、スミスにとってヒュームは所詮たんなるネガでしかなかったことを意味しない。『哲学論文集』の哲学4論文は、これまでの私のプーフェンドルフ⇒ロック⇒ハチスンvsヒュームvsケイムズ⇒スミス研究においてはポジティブに捉えられていなかったヒュームと古典のスミスの思想形成における決定的重要性を明示するものであった。ロック⇒ハチスンvsヒュームvsケイムズ⇒スミスの思想展開過程の論証も、『哲学論文集』を下敷に置くとき、よりスミスの思想展開の実像に近いものとなることであろう。

（3）　スミスがこうした形でimagination原理に基づいて経験的には論証し得ない自然の構造や個別の動態を貫く普遍原理をbegreifenした上で、経験的に確証で

きる作用因の活動の経験観察を通して普遍原理の妥当性を論証しようとしていた次第については、本章第3節を参照されたい。
（4）セイラム・ラシッドの『アダム・スミスの神話』（Rashid, Salim: *The Myth of Adam Smith,* Cheltenham & Northampton 1998）については、田中正司『アダム・スミスと現代』（2000年）の pp. 151-3 その他、ラシッドについての言及箇所参照。

[**主要参照文献**]
［1］Alvey, James E.: *Adam Smith : Optimist or Pessimist ?,* Ashgate 2003.
［2］Kant, I.: *Kritik der Urteilskraft,* 1790, Suhrkamp 1968. 横田英雄訳『判断力批判』岩波文庫
［3］Smith, A.: *The Theory of Moral Sentiments,* 1759, Oxford 1976. 水田洋訳『道徳感情論』岩波文庫
［4］──── : *Essays on Philosophical Subjects,* 1795, Oxford 1980. 水田洋ほか訳『哲学論文集』名古屋大学出版会、1993年
［5］田中正司『アダム・スミスと現代』お茶の水書房、2000年
［6］ダンカン・K・フォーリー『アダム・スミスの誤謬──経済神学への手引き』ナカニシヤ出版、2011年

補 論　カントの目的論とイギリス経験論

1）機械論的自然観と悟性的経験概念の支配

（1）18世紀の「自然」概念や「経験」概念に関する通説的解釈に問題があることは、ホワイトヘッドなど多くの論客がそれぞれの形で指摘している通りであるが、その内実は必ずしも明確化されていない。イムラーその他の指摘する「経済学における自然」観などに象徴されるように、今日でも依然として機械論的・ニュートン力学的自然観が支配しているのが現状である。その根拠ないし背景は、キリスト教の否定的自然観、とりわけ、神を絶対視した改革神学の自然＝物質視と科学革命⇒機械論的自然観にあったが、そうした自然観でアダム・スミスの「55年文書」の自然概念やカントの「自然法則」観などが理解できるであろうか。（本章末尾「参考資料」1）、2）を参照）

（2）同様に、そうした自然観に対応する力学的な悟性概念で古典経験論の主題を正しく把握しうるかどうかも問題である。昨年（2009年）の大会で京大の冨田恭彦氏がロックのアイディア論の底にある things themselves の認識問題を提起していたが、古典経験論の主題は事物それ自体の認識につながる「自然の構造」そのものの begreifen（concept 形成）にあったのではないであろうか。

2）目的論をめぐるスミス研究史の動向

（1）C. Leslie − Hasbach − Veblen ＝神学的・目的論的解釈⇒ Viner（1926 Lecture）− Bittermann（1940）と戦後の通説＝神学のメタファー化⇒1990年以降、目的論の再評価＝その契機＝ Viner の1966 Lecture

（理性＜感情・本能論）⇒ Kleer（1992）- Alvey（2003）　その他の神学的研究

（2）今日の支配的見解＝二元論・二分法

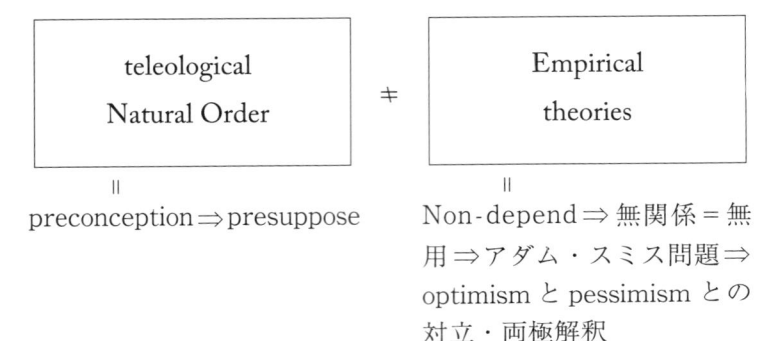

| teleological Natural Order | ≠ | Empirical theories |

‖　　　　　　　　　　　　　　　‖
preconception⇒presuppose　　　Non-depend⇒無関係＝無用⇒アダム・スミス問題⇒optimism と pessimism との対立・両極解釈

（3）神学無視の認識論的根拠＝自然物質観と古典経験論の変質⇒Kleer の二分法克服論（本能ベース論）の限界⇒目的論と経験科学との bridge 論としてのカントの『判断力批判』（1790）と「普遍史の理念」（1784）の目的論への着目

3）カントの『判断力批判』の論理

（1）『判断力批判』の主題＝悟性概念では把握しえない対象の認識問題＝趣味判断（美的判断）の客観性論＋有機体・自然の構造（「自然の客観的合目的性」die objektiven Zweckmässigkeit der Natur）の begreifen 論の展開

（2）『批判』の批判対象＝力学的・機械論的自然観と自然神学⇒生命・有機体・自然の構造＝全体論的・目的論的⇒悟性原理・機械論では説明できない。さりとて、自然のうちに神のデザインを見ることを通して、神の存在と属性を論証することにも、認識論的に難点がある。

（３）『判断力批判』の基本シェーマ
　生命体=「自然目的」(Naturzweck)=生存目的追求⇒「対立」=「非社交的社交性」⇒ over cut ⇒「種の保存」=自然の目的(die Zwecke der Natur)=全体バランス=「自然の客観的合目的性」を証明⇒経験的には論証しえないこうした自然の客観的合目的性をアプリオリに想定した上で自然を観察すると、有機体や自然の構造が理解できるようになるとする点にある。

（４）上のシェーマの補足論理
①生命の本質=目的による全体統一=自然の巧み=技術=目的による統一体
②生命の活動がすべて種の保存に収斂する根拠の論証
③作用因の経験分析における目的性の視点の不可欠性論（作用因の経験性と目的志向性）
④自然認識における悟性経験論と目的論との統合の論理の不可欠性論

（５）上述のような自然の構造認識論=自然の客観的合目的性論証（機械論・自然神学批判）の根本論拠=生物学=生物（有機体）=目的による統一体⇒生物界=自然（生存）目的追求⇒対立=弱肉強食=食物循環=相互的目的－手段関係⇒種の保存・全体バランス=自然の客観的合目的性の表現

（６）『批判』の目的論の一つの特色は、生態学的目的論（biological or ecological teleology）とでもいうべき生物界の有機的・目的論的構造を明らかにした生態学の知識に基づいて、神学的目的論（theological teleology, theologische Teleologie）を批判することを通して、科学的認識の論理として再構成された目的論と悟性原理とを結合した自然の構造（Natural order, the constitution of nature, Ding an sich）の概念把握（begreifen）論を展開していた点にある。

（7）その契機をなしたエコロジーの近代の歴史は18世紀からはじまるが、カントは18世紀の生態学を代表する植物学者リンネ（Linnaeus: Oeconomia Naturae, 1749）その他の生態学的文献に通じていただけでなく、分析的研究に有機的見地を導入したフンボルト（Humboldt, A.）等のカント以降の生態学者と同様、（機械論と妥協していた）リンネよりもよりエコロジカルな論理を展開していたことが注目される。『判断力批判』に Oecologie 用語が見られないのは、ecology という言葉は「自然の経済」という古い言い回しに代わるより学問的な用語として19世紀の後半に登場したためで、そうした視点がなかったためではない。（cf. Worster）

4）スミス理論の生態論的枠組

（1）こうした『判断力批判』の論理を下敷にすると、スミスの論理内容が良く分かる⇒カントとスミスの親近性論＝オンケン⇒浜田義文の両者の共通点＝目的論と機械論との対立の揚棄論は、拙論に近い⇒スミスはカントとちがって、神のデザイン前提の作用⇒目的論＝神学的目的論⇒しかし、TMS と WN の leit-melody ＝ natural propensities の追求⇒種の保存・社会の利益論⇒その論証＝二著の主題⇒ Kleer 説＝ WN 本能ベース論（その生物学的論証）⇒ Alvey 説＝スミス理論の目的論的構造（teleology immanent in human nature & commerce, and historical teleology）論証

（2）そのシンボル＝ TMS の見えない手の実態＝自然の生態系の動態に照応＝自然（生存）目的追求⇒対立・競争・偶然・自由を通して意図しない目的＝種の保存・社会の利益実現⇒自然の客観的合目的性論証
　金持も胃袋同一⇒平等分配論などもエコロジカルな論理

（3）① WN ＝ bettering ⇒ industry ⇒ property（生産力）増大⇒交換＝分配＝不平等⇒にもかかわらず、生産力が上昇⇒全人類の生存保障論

②その論証＝WNの主題⇒しかし、WNでは三階級間の対立その他さまざまな問題があり、自然（エコロジー）の論理100％は貫徹しない⇒自然的自由の例外規定の根拠＝自然をこえる文明化の必然的帰結
③しかし、スミスは、上の論証の嚮導概念として「自然的自由の体系」論＝さまざまな障害や失政などにもかかわらず全体の福祉は実現されるので自然に任せるのが最善との論理を展開している⇒これは生態学的にいえば、自然目的⇒対立・競争⇒それぞれの環境に即した「極相均衡」状態に至る cosmic harmony 信仰の表現といえる。
④こうしたTMSの見えない手、WNの自然的自由の体系論の論拠＝原理的にはEPSの第２論文のアリストテレス的宇宙の原理論やケイムズの欺瞞の神学とも関係があるが、より以上に、自然の生態観察に基づく自然の構造の客観的合目的性認識の帰結⇒その帰結の神の名による正当化論

（４）自然の生態に関するスミスの知識の源泉
① Linnaeus, Buffon, John Ray, Maupertuis などの生物学研究
②自然研究、natural histories 研究の伝統＝自然の生態分析＝biological＝ecological⇒teleological
③神学者の「自然の経済」（Oeconomia Naturae, Naturhaushalt）の伝統＝oeconomy of nature 用語は、1658年に Sir Keneim Digby がはじめて使ったとのことであるが、観念はずっと前からあった。由来は、神による大地の家計管理＝神の目的に合致するように作られた作用⇒目的の体系⇒自然＝生存闘争＝食物循環＝職分交換⇒種の保存・全体バランス＝over cut＝合目的＝「自然の経済」＝自然には無駄がない＝自然の合目的性認識＝cosmic harmony 論＝自然の経済論⇒その経験・科学的論証＝Linnaeus − Smith stage の主題＝スミスの Political Economy 用語不採用の一つの理由（cf. Worster）

（５）スミス proper の主題＝（イ）自然の目的論的構造の対自化＝その e.g. としての TMS, II. ii. 3 の「自然の構造の効用」（crime ⇒ ill desert

⇒ remorse ⇒ justice）論の自己意識化、（ロ）文明化＝自然の cultivate, improve ⇒ 生産力 up による種の保存をこえる Wealth of Nations の実現 ⇒ しかし、あくまで自然ベースの biological or ecological naturalism

（6）その帰結（証左）＝（イ）全体＞個論 ⇒ 人権否定（cf. Alvey）
（ロ）　optimism　　と　　pessimism との両極論
　　　　　‖　　　　　　　　‖
　　　　　長期　　　　　　　短期　＝矛盾・対立当然視、neglect
　　　　　‖　　　　　　　　‖
　　　cosmic harmony 論　　earthly disharmony 容認（cf. Kleer）
（ハ）場所（土地）の限界 ⇒ 文明没落論

5）イギリス経験論の自然主義的構造

（1）イギリス経験論の基本的特色は、こうした生態学的自然の構造観察に基づく人間社会の現実認識に裏付けられた自然理論を展開した点にある ⇒ それに対し、カントは、上述の形で自然の構造認識論を展開しながら、「自然（創造）の究極目的」が認識不可能なことから、反転して「人間の目的」⇒ 実践理性的超越道徳論へ移行＝ロマン派が自然の生命認識の深化 ⇒ 神に代わる自然の神性認識 ⇒ 一転、超越論的観念論に後退したのと同じ ⇒ それでは自然に即した社会科学は展開できないのでないか。

（2）①カントは、『判断力批判』でも結局は『純粋理性批判』と同じ自然必然論的な自然法則に支配される感性界と自由な道徳法則の下で自律する英知界との二元論に戻ってしまったのに対し、スミスは、自然の必然法則が見えないことから自由に行動する作用因の活動が自然に本人の意図しない目的＝自然の必然法則を実現するとの自然一元論（自然目的論）を遵守
②その論拠＝原理的にはケイムズの神学＝神の予定した自然の必然法則＝見えない ⇒ 偶然・自由＝欺瞞 ⇒ industry ⇒ 目的＝自然の必然法則実

現論

③その実例＝生態界の現実（ケイムズの欺瞞理論とエコロジーの論理との親近性）⇒そうした「自然目的論」的なスミスの自然一元論の定式＝自然・生命・本能・感情＞理性・効用・道徳論

④スミスの「理性・原理・良心」道徳論は、自然の感情原理に基づく感情⇒良心・道徳・正義（crime ⇒ ill desert ⇒ remorse ⇒ justice）論の対自化論として展開されたものに他ならない。そうした意味で自然一元論の系譜に属するものである。カントのように、「理性・原理・良心」を感性界に属する自然の営為と切断し、超越論的な理性原理による本能や自然の欲求・感情の抑制を主題とする自然・感情＜理性・原理・道徳（良心）論ではない。⇒両者の思想に大きな親近性が見られるにもかかわらず、思想構造が異なる所以はそこにある。

（3）①イギリス経験論は、こうしたスミスの自然一元論的論理に端的に表現されているように、必ずしもベイコン的な人間理性による自然支配思想が主流をなすものではなく、その底流には、biological な人間の自然（本能）⇒感情・経験をベースとする自然主義の系譜があった次第が確認される要がある⇒自然認識は、自然と人間との感情的コレスポンデンスからはじまる。それが経験の基礎をなす⇒事物認識は、自然との共感や対象への働きかけ＝労働を通してえられる印象や観念の悟性・効用原理に基づく分類・整理からはじまるのでないか。

②スミス思想の Wesen は、こうした経験の本質をしっかり踏まえていた点にあると考えられる⇒スミスの神＞人間（理性）、自然・本能・感情＞理性・効用論の生命論的＝生態論的・目的論的性格に注目の要。

　もとより、自然と人間、感情論と理性論との関係は、軽々に口にすることのできない大問題であるが、感情論と理性論との間には決定的な懸隔があり、感情論は生命や本能とつながる自然理論であるのに対し、理性論は自然（本能・感情）支配＝自然不完全⇒人間理性操作⇒utility 論につながるのでないか。

③こうした自然理論ベースのスミスの認識論の経験性と目的論性につい

ては、シャフツベリ−ハチスン−ケイムズの美学論⇒道徳感情論の系譜分析が不可欠であるが、自然・生命原理としてのシンパシーは、本来的に他者との交感・共生原理であると同時に、経験のベースをなす自然とのコレスポンデンス（応答・交感）の原理として自然認識の根本原理をなす次第が想起される要がある。スミスの作用因分析の目的指向性も、彼が自然・生命・感情原理で事物を見ていたことを示すのでないか。

（４）①ヒュームとスミスとの差異⇒ヒュームも、人間の感情や自然の生態を問題にしているが、ヒュームは「自然の目的」が認識しえないことから自然そのものの客観的合目的性を認めない（目的論否定）だけでなく、理性や効用原理を自然に優越させていた点で、あくまで自然＝本能＝感情の世界に止まろうとしていたスミスとは自然主義の内容が異なるのでないか。
②こうしたスミスの徹底した"自然"主義の根拠＝神のデザイン信仰に基づく（面が大きい）と考えられるが、より以上に、偶然・悪・不合理などを通じて貫徹（それぞれの環境に即した「極相均衡」を実現）する自然の生態の cosmic harmony 性に対する信頼にある。
　ハチスンなどの神義論は、それを神の名において正当化したものでないか。
③17−18世紀思想の基本的特色＝上述のような自然の cultivate, improve に基づく「自然の経済」の文明化による自然利用論⇒しかし、まだ自然＜文明＝自然支配・操作対象化論ではなく、自然の枠・限界認識⇒土地有限論（マルサス＝経済学への生態学の導入者）や文明没落論（ファーガスンなど）＝18世紀思想の自然主義的性格の証左

（５）反論＝①18世紀におけるニュートン的機械論の支配⇒リンネ・モデルの二面性（生態論＋機械論⇒自然利用⇒帝国主義）⇒機械論のメタファー化＝Lyell stage
②機械論的「自然法則」観の支配⇒人間＝自然法則一体論⇒human = physical 同一視論⇒しかし、カントやスミスの自然法則観は、機械論的

自然観に基づくものではなく、自然目的（生命体）の自由な生存目的追求活動が種の保存に収斂する自然法則の、生態系の現実観察に基づく主・客同一論である次第が注意される要がある。cf. 参考資料（2）カント「普遍史の理念」

6）総括

　近代思想は、キリスト教の人間中心主義と科学革命の影響で、ベイコンに代表される機械論的自然観に基づく自然支配化の道を歩むことになった。経済学の自然観はその代表⇒しかし、18世紀までの西欧思想には自然の生態の現実観察に基づくecological ＝ teleologicalな「自然の経済」思想の伝統が脈打っていた。18世紀のNatural Order論のteleology性の一つの根拠はそこにあると考えられる。

　機械論的悟性原理の限界をはっきり見据えたカントは、目的論と悟性原理との結合の論理を構築することによって、こうした自然の目的論的構造をbegreifenする論理を提出しながら、人間中心主義に後退してしまったのであった。それに対し、自然神学の伝統から出発したイギリス経験論は、自然と社会の動態に関する知識の増大に基づく自然それ自体の客観的合目的性認識の進展に伴って、自然神学の神学的前提とその機械論的解釈（時計師論）を揚棄するとともに、「自然の経済」論を経験・科学化することによって、社会科学への道を拓いたのであった。イギリス経験論は、本来自然の必然法則に従う人間の活動の経験観察を通して、それが意図しない目的（自然の必然法則）の実現につながる自然の目的論的構造認識を主題とするものであったのである。しかし、ヒュームからはじまる自然の構造認識の経験科学的純粋理論化は、自然＜人間＝理性⇒功利主義⇒自然支配・操作対象化⇒帝国主義化を進めることになった。自然の生態の解明を主題とした生態学自体も、その経験科学化の進展に伴って、自然の生態の精密な知識に基づく自然利用⇒生態学の物理学化⇒経済学化に転化したのであった。その帰結に対する反省から改めてエコロジーと有機体論が注目されるに至ったことは周知の通り

であるが、18世紀のイギリス経験論は、自然と人間、自然と文明との関係について、今日の純粋経験科学とちがってそれなりに謙虚であった。そうした18世紀思想の真実を明確にする要があるのではないであろうか。

参考資料

（1）アダム・スミス「55年文書」（参考文献［9］322）

　　人間は一般に政治家や計画家から一種の政治的機械学の材料と見なされている。計画家は、人間的事象における自然の作用の経過を混乱させる。自然がその意図を確立できるためには、自然を放任し、自然にその目的の追求をはばかるところなく行わせれば足りる。…… 一国家を最低の野蛮状態から最高度の富裕にまで導くためには、平和、軽い税、および司直（正義）の寛大な執行のほかはほとんど必要としない。他の一切は事物の自然の経過によってもたらされるからである。この自然の経過を妨げたり、事物を他の水路に無理に向けたり、ないしは、ある一点で社会の進歩を停止させようと努めるすべての統治（政府）は反自然的であり、自己を支えるために圧制的かつ暴政的であらざるを得ない。（福鎌忠恕訳）

（2）カント「普遍史の理念」（参考文献［4］）の冒頭要旨

　　人間の行動は、自然の出来事と同じように、自然法則によって定められている。歴史は、自由が規則的に発展していることを示している。結婚や出産なども一定の自然法則に従っている。植物の成長、河川の流れその他の自然の配置は、均一・連続的である。人間は、自分の意志に従い、しばしば他者と対立し、自分の意図を実現しようと努力しながら、自分では認識できない自然の意図に従っているのである。

［主要参照文献］

［1］Alvey, James E.: *Adam Smith : Optimist or Pessimist?*, Aldershot, 2003.

［2］Immler, H.: *Natur in der ökonomischen Theorie*, Opladen, 1985.

［3］Kant, I.: *Kritik der Urteilskraft*, 1790.

［4］――: Idee zu einer allgemeinen Geschichte in weltbürgerlicher Absicht, 1784.

［5］Kleer, R. A.: *The "Author of Nature": Adam Smith and Teleology*, Toronto, 1992.

［6］Lindberg & Numbers (eds.): *God and Nature*, Berkeley & Los Angeles, 1986.

［7］Smith, A.: *The Theory of Moral Sentiments* (TMS), 1759.

［8］――: *The Wealth of Nations* (WN), 1776.

［9］――: *Essays on Philosophical Subjects* (EPS), 1795.

[10] Veblen, T.: The Preconceptions of Economic Science, 1899.
[11] Viner, J.: *The Role of Providence in the Social Order,* Princeton, 1966.
[12] Willey, B.: *The Eighteenth Century Background,* London, 1940.
[13] Worster, D.: *Nature's Economy,* Cambridge, 1977.

初出：日本イギリス哲学会第32回研究大会報告要旨（2008年3月28日　帝京大学）

第2部
道徳哲学と市民社会論

Theology and Moral Philosophy:
A Key to Solving a New Adam Smith Problem[1]

1

It is well known among Adam Smith scholars that there is a tension between 1) Smith's empirical moral theories based upon the "sympathy of the impartial spectator" principle and 2) his discussions based upon teleological assumptions. This antinomy has been called "a new Adam Smith Problem" (Alvey 1996). Confronted with this problem, many scholars, including Donald Winch, have said that we can not help but choose either one of the extremes of the polarity, because the two approaches mentioned above are altogether antagonistic and incompatible (Winch 1984: 102). Fortunately, they claim, the choice is easy: the "teleological argument ... may be excised without impairing the cogency of his analysis" (Kleer 1995: 275). Hence, the moral theory of the *Theory of Moral Sentiments* (*TMS* hereafter) could have been developed quite well without need of theology.

If a purely empirical approach is adopted, however, we can not understand the true themes and hidden structure of the *TMS*. Whilst Smith developed a purely *empirical* propriety ethics, he also simultaneously developed his *theological* or *teleological* discussions. If Smith's theological views are "excised," we cannot explain the *metaphysical* and *necessary* character of his *empirical* theories, as symbolized in the dual nature of his theory of natural price in the *Wealth of Nations* (*WN* hereafter). Furthermore, if these views are removed, we can not make clear the subtle but decisive difference between Smith and David Hume (who deliberately excluded theology).

If we go to the other extreme, we also encounter profound problems. At this pole are the interpretations which emphasize the metaphysical elements of Smith's thought and conclude that Smith's moral philosophy can be reduced to moral theology founded on the argument from Design.[2] Commentators following this line say that Smith's discussions acknowledge the necessary causal connections between efficient and final causes, the elementary principle of theism. By contrast, I argue, that, if we emphasize these theological elements alone, the fundamental themes of Smith's moral theory would disappear from sight as a consequence of this focus.

The main objective of Smith's moral philosophy was not to develop moral theology itself but to overcome and supersede (*"aufheben"*) the demarcation between natural jurisprudence and moral theology; this demarcation was a characteristic of seventeenth-century thought. Understanding this helps to direct us towards solving the puzzle outlined above: the difficulty of viewing Smith either as an empirical or as a theological theorist. The key to solving this antagonism lies in understanding the reason why Smith, while developing the arguments that presuppose a divine design, presented the purely empirical theories which were explainable without theology. In short, it is necessary for us to correctly understand the dialectical relationship between theology and science embodied within this *two-system structure*.

I will now lay out the structure of the rest of this article. In Section 2, I will explore the fundamental framework of Smith's thought. In Section 3, I will analyse the ideological context of his moral philosophy. Section 4 is an analysis of the theological underpinnings of the empirical theories in the first edition of the *TMS*. Sections 5 and 6 are expositions of the relationship between Smith's economic theories and their theological presuppositions in the *Lectures on Jurisprudence* and in the *WN*. Section 7 provides a solution to the new Adam Smith Problem, or the stigmatized relationship between theology and science. Section 8 raises a genuinely New Adam Smith Problem: the tension between Nature and Reason (or between Kamesian Calvinism and Stoic natural theology). Section 9 is a summary of the argument.

2

As clearly seen in the logic of the *TMS*, in developing his discussions Smith always *presupposed the Design argument*. His argument obeys the logic of efficient and final causes, just as did the Stoics and natural theologians contemporary with Smith such as Francis Hutcheson. Smith's moral philosophy cannot be fully understood without taking into account his belief in the Providence designed by the Deity; similarly, understanding his system requires knowledge of the complex set of means required to achieve the divine design. This does not mean, however, that Smith *explicitly* developed an argument from design. The fundamental tone of Smith's idea of the Deity is arguably Stoic or natural-theological, although it is equally clear that his work is full of Christian elements. Here is the reason why Smith has been called a deist by many scholars, such as Stephen (1876: Vol. 2, 71), Morrow (1923: 42), Lindgren (1973: 133, 147, 148), Fitzgibbons (1995: 38, 94), Minowitz (1993: 124, 132, 190, 196), and Muller (1993: 107, 162, 190). The structure of Smith's argument, however, is not a design argument. Nor is it a Stoic or moral-theological discourse. Stoic natural theology was a moral doctrine. It began with the view that, by observing nature, one would understand the *reason* (*logos*) in Nature. And it concluded that human beings should subject themselves to the *logos* of Nature. The latter is a moral conclusion drawn from their reasoning. Like Stoicism, modern deism also deified Nature and it intended the deification of human beings. In the Stoic view, however, the emancipation of raw human nature is unattainable by simply deifying nature.

As is generally acknowledged, the fundamental goal of philosophical thought in the seventeenth and the eighteenth centuries was the emancipation of "fallen" (naked) humanity from this rationalized (neo-Stoic) view of nature. Smith was not an exception. The fundamental characteristic of Smithian moral philosophy was its view that human action was the efficient means to realizing Divine ends. Humans do not pursue their true ends directly, as these ends are *invisible* to individual human agents. Rather, their apparently free actions are driven by the beauty of the means. It is the designed attachment to beauty which ensures the connection between efficient and final causes (see Hill 2001: 10, 15-6, 19-20). Smith had thought that the necessary laws of nature, which were designed by God, are realized in this way. The clearest expression of this principle is seen in the idea of "the System of Natural Liberty" and its symbolic metaphor, the "invisible hand." The fundamental principles of the system of natural liberty have not yet been clearly elucidated by commentators. Nevertheless, the common thread uniting these principles is their assumption that the providential operation[3] of "the system of nature" is realized by means of the free actions of human beings.

The first clear expression of this fundamental Smithian principle is seen in a paper Smith wrote in 1755 (only a small fragment of which has come down to us via Dugald Stewart). Here he indicates that "the natural course of things," according to "the operation of nature," will naturally realize national opulence wherever the rules of justice were observed (Smith 1980: 322). This "optimistic" account of nature was not intended as a prelude to a demonstration of the existence and attributes of the Deity; such a demonstration could have been achieved through the argument from Design, exhibited within the operation of nature. On the contrary, "the constant subject" (ibid 322) of Smith's inquiries in moral philosophy was the *earthly* ethics and human institutions required to *ensure the metaphysically presupposed providential operation of nature*. In order to understand these themes, and the true structure of Smith's moral philosophy, it is vitally important to properly identify the philosophical cornerstone of his system against the theological background; one must analyze the ideological development from Hutcheson, Hume, and Kames to Smith and avoid reducing or simplifying Smith's views to Stoic deism (Tanaka 2003: 134-8).

3

In this section I turn to a brief presentation of the development of thought from the works of Hutcheson, to those of Hume and Kames. Francis Hutcheson, as the Father of the Scottish Enlightenment, intended to enlighten the people by providing an empirical argument from Design; in doing so, he sought to overcome certain obscurities in the Calvinist version of revealed theology. Hutcheson's argument from Design, however, was epistemologically severely criticized by David Hume, who rejected the necessity or the empirical demonstrability of cause and effect. This Humean skepticism opened the way for the human sciences (the science of man) to emancipate individuals from the Stoic view of human nature, which had subjugated nature to reason. The Humean negation of Design, however, had a tendency to give priority to *utility* instead of *reason*. Then, came Lord Kames, who could not accept the logical consequences of Hume's view, despite acknowledging the validity of Humean criticism. So, in his *Essays*, Kames developed not the argument from Design, but a Design-presupposed argument fundamentally different from those advanced by Hutcheson (Kames 1751: Part 1, Essay 3).

This is the reason why Kames — emphasizing both 1) the governance and domination of the necessary laws of nature endued by God and 2) the necessity of the operation of nature, following the dogma of Calvinist theology — found the motives of industry and moral sentiments within "the deceitful feelings of contingency or liberty" generated by the invisibility of necessary laws. In Part 2 of the book, Kames developed a proof of the existence and attributes of the Deity, in the usual manner, apparently contrary to the above doctrine. Strictly speaking, however, this part of his discussion also is not an empirical argument from Design, but merely an intuitive assertion based on a feeling that the moral sentiments require a religious authority (Ross 2000: 335-50). This Kamesian logic made it possible for Smith — who sympathized with Hume's skepticism but could not accept the utilitarian consequences of his doctrine — to open a third way to critically develop the fruit of Hutchesonian theology, while taking into account the spirit of a Humean critique of it.

4

These three trends (Hutchesonian natural theology, Humean skepticism and Kamesian deception theory) would each have influenced Smith at various stages of his life. Smith observed their various emancipating effects and brought together his synthesis in the *TMS*. In this work (presupposing the dominance of the necessary laws of nature designed by the Deity) he developed the theory following Kames's dogma that the free actions of humans as efficient causes, being influenced by apparent contingency or irregularities, would contribute to the realization of the Divine Design. This logic was a blended cocktail of Stoic natural theology and Calvinistic theology but filtered through Humean skepticism. Smith's originality lay in the fact that he made it his central theme to establish the *earthly* ethics and human institutions which would *assure* the harmonious operation of the laws of nature (which obey the logic of efficient causes). The key was the laws regarding justice. The system of nature would not operate normally when the rules of justice are not observed, or when institutional obstacles disturb or retard the operation of nature. Smith took it for granted that opulence would naturally be realized when justice prevailed, as the previously-mentioned early document clearly indicated. That is the reason why, in the *TMS*, Smith developed the "sympathy of the impartial spectator" theory as the propriety ethics for the human-to-human relationships in this world, in order to *assure* the operation of the system of nature. With this secular ethics he intended to supplement two other benevolent trends in nature. One is the utility of the constitution of nature: humans become virtuous when they follow their natural moral faculties. The other is the utility of the deception of the senses, as illustrated by the fact that the pursuit of beautiful means would realize benevolent, unintended effects.

It is for the same reason that, in the second edition of the *TMS*,

Smith writes that the author of nature appointed humans as "his vicegerent[s] upon earth" and, in this capacity, God made them "the immediate judge[s] of mankind" (Smith 1761: 204). God decided that they could become judges despite acknowledging the weakness and sinfulness of human nature. Fallen human beings, however, could only be allocated such a judicial role after the "atonement" of Jesus Christ. By directing our attention exclusively to the subject of earthly justice, Smith made it the fundamental theme of the *TMS* to construct the ethics of purely empirical human-to-human relationships founded on the propriety principle. He did so, not in spite of, but because he believed in the existence of, and providential operation of, the Design of the Deity.

This same logic is found in the last section of the theory of justice presented in the *TMS* (Smith 1976a: II. ii. 3). Smith emphasizes "the utility of this constitution of nature," which prompts humans to naturally observe the rules of justice; they are moved by a sense of "ill desert" even while committing a crime. Despite this stress, even greater importance is placed in the first edition of the *TMS* on the construction of a theory of justice upon the foundational principle of sympathy. He turned the third person's point of view logically included in this sense of *ill desert* into the *für-sich* consciousness by the principle of the impartial spectator. In view of the intensity of self-interest in human beings (which was evident to him from an early stage in his intellectual development), Smith made it the central theme of his moral theory in the first edition to establish the *mores* of earthly justice founded upon the purely empirical sympathy of the impartial spectator, in spite of having recognized the utility of the constitution of nature. He did so because he acknowledged the indispensability of earthly justice to assure the smooth operation of the system of nature.

This explains the reason why Smith, in the *TMS*, developed a purely empirical moral theory, deploying the impartial spectator principle which was altogether secular, while simultaneously using religion as the means to *authorize* earthly ethics. These facts do not mean, however, that the *TMS* has no necessary relationship with theology. Earthly justice, founded upon the sympathy of the impartial spectator principle, *presupposed* not only the delegation of God but also *God's justice itself*. This was symbolized in such expressions as "an appeal to Heaven," and "the all-seeing Judge of the world" (these expressions describe what humans desperately appeal to as the last resort, when they see no hope of human justice being realized in this world) (Smith 1976a: III. 2. 33; III. 5. 10).

This is also why, in the first edition, Smith emphasized only *commutative* justice, and did not discuss virtue as a whole, other than tangentially as Norbert Waszek has said (Waszek 1984: 594-5). Since Smith thought 1) that the system of nature will always be striving to manifest itself, and 2) that *distributive* justice will naturally be realized only when commutative justice is observed,[4] he made the elucidation of the preconditions for the smooth operation of nature the central theme of his treatise. For the same reason, in Parts 4 and 5 of the *TMS*, Smith presented a wholesale critique of those views and institutions (utility and customs) which seem apparently to have no necessary connections with the moral theories in Parts 1 to 3. The central theme of Parts 1 to 3 in the first edition of the *TMS* was to establish the ethics of commutative justice founded upon the sympathy of impartial spectator principle. By contrast, in Parts 4 and 5 as one of two main themes of the first edition of the *TMS*, Smith engaged in the critique of those institutions that had been justified by utilitarian considerations and customs but which were actually *contrary to nature*. This critique was necessary for him because he keenly recognized the fact that these artificial policies, based on utility or custom, are not only contrary to nature but also would eventually *corrupt* human nature itself and so fundamentally *disturb* the operation of the system of nature.

In order to validate the claim that the theorizing of earthly justice and the critique of institutional impediments alone are sufficient conditions for assuring the realization of the system of nature, however, it is necessary to demonstrate the equity of "the system of natural liberty" itself. That is the reason why Smith developed, in Part 4, an analysis of the structure of economic circulation. There he described the process by which the free, self-centered activities of humans, being "led by an invisible hand," would naturally contribute to the realization of public utility (this is symbolized in the text at *TMS* IV. 1. 10). This theme, and the structure of the latter half of the *TMS* intended as the critique of utility and custom, strongly suggests that Smithian political economy was an inevitable outcome of the logic of the *TMS*. These factors clearly show why Smith, in the *WN*, systematically focused on the critique of the institutions and customs disturbing the realization of the laws of nature in the economic world. As described in the 1755 fragment, "the constant subject" of attention of Smith's moral philosophizing from the *TMS* to the *WN*, was the inquiry into the conditions required to assure the proper operation of nature; Smith presupposed a belief in Providence, as discovered in the constitution of nature.

5

The *Lectures on Jurisprudence* (*LJ* hereafter) was a concrete development of the above-mentioned themes in the *TMS*; it was designed to establish the general rules of "commutative justice," for the purpose of *assuring* the smooth operation of nature, and to *specify* the duties to be carried out by the government under the above-mentioned conditions. In Part 1, "Of Justice," Smith criticized those customs and policies which were regarded as contrary to the laws of nature in the commercial society, as disclosed through his analysis of the four stages of history. In Part 2, "Of Police," he presented an economic analysis of the laws of nature, as revealed in human activities in the economic world; the purpose was to specify the tasks to be achieved by the government in order to guarantee the smooth operation of nature. It is safe to say that a prototype of the economic theories of the *WN* is found in this part of the *LJ*. His arguments on price and money, however, are nothing but the foundations for a critique of the feudal and mercantile systems. Furthermore, neither the concrete economic theoretical analysis nor the demonstrations of "the natural balance of industry" and "the natural progress of opulence" are undertaken here (Smith 1978: 365, 498; Smith 1976b: 376). In the Police section of the *Lectures* (metaphysically presupposing "the natural course of things," the "natural balance of industry" and the "natural progress of opulence" as the economic expressions of the system of nature), Smith merely performed a verbal critique of the feudal and mercantile systems which distort and retard the operation of nature. The economic content in the "Police" section of the *LJ* confirms the view that Smith engaged in the discussion here *assuming* the dominance of the metaphysical system of nature. Thus the *LJ* follows the logic of the *TMS* as described above.

6

Despite these theoretical immaturities, in the *LJ* we can see taking shape Smith's framework of economic theory (as it eventually emerged in full form in the *WN*). This is especially clear in Smith's discussion of the theory of the division of labor in the Police section of the *LJ*. There is, however, a subtle but significant difference of character between the *LJ* and the *WN*. The most important moment of this divergence was Smith's encounter with *The Principles of Political Economy* by Sir James Steuart. After reading the demand-side monetary theory of Steuart, Smith recognized not only the fiscal difficulties of the *Monetarsystem* (the mercantile monetary policy system) but also its fundamental break with the *natural system* developed by the Physiocrats and himself. He also came to view this economic system as a new disturbance to the system of nature. It seemed to him to endanger the moral and spiritual independence of the people, to corrupt their nature, and, in the end, to undermine entirely the operation of the system of nature. Here is the most decisive reason why Smith developed a purely supply-oriented economic theory in the *WN*. In the latter work he wholly rejected the demand-side monetary approach upon which all prior economic discussions, including his own in the *TMS* and the *LJ*, had depended. Smith recognized that demand-side monetary policy of the kind Steuart was recommending, which makes money the engine for economic growth, would disturb and effectively thwart the system of nature. So, he intended to construct an economic growth theory which was founded on the "industry and frugality" of the people, and inspired by "the desire to better their own condition" (which in turn was caused by "the sympathy with joy" discussed in the *TMS* I. iii. 1. 4f., I. iii. 2.1). His theory of productive labor and capital accumulation is its theoretical expression. The birth of political economy in Adam Smith was due to the formation of a supply-side growth theory, which theoretically demonstrated that economic growth could be realized without assistance from any demand-side governmental monetary policies. It meant, at the same time, the actual *completion of "the System of Natural Liberty"* demonstrated economically by the theoretical analysis of "the natural balance of industry" and "the natural progress of opulence"; these natural tendencies and equilibria had been merely *assumed* in the *LJ* as the criteria of criticism of contemporary policies.

Smith thought that this system of natural liberty had to be founded on the spiritual independence of the middling and inferior classes. That is the reason why, 1) he emphasized in the *WN* the independence of the people inspired by "the desire to better their own condition," and 2) he criticized the feudal and mercantile systems, as well as Steuart's monetary policies (all of which, by impeding the independence of human beings, corrupt human nature). Given his presupposition of the providential operation of the system of nature, Smith was able to think that "that's all" that is required, provided that humans, as efficient causes, are truly independent and uncorrupted. The most brilliant revolution of the *WN*, however, was to portray the development of commerce and free markets as the condition for making the people independent and free from reliance or subjection. Smithian liberalism does not mean the liberty of indifference or a Mandevillian theory of private vices and luxury resulting in public benefits. On the contrary, his brand of liberalism presupposed a drastic critique of the feudal and mercantile institutions and monetary policies which corrupt human beings and disturb the formation of an independent character. He thought that the liberating function of commerce is thwarted when humans are placed under servile dependence.

7

From what we have seen, it is clear that Smith did not intend the development of moral theology *per se*, although he consistently presupposed theology or teleology throughout the *TMS*, the *LJ*, and the *WN*. Smith's main goal was to construct the earthly ethics and human institutions which would ensure the smooth operation of the system of natural liberty. Here is the key to solving the "new Adam Smith Problem" mentioned earlier, that is to say, the puzzle that Smith's moral and social theories are both 1) thoroughly empirical, secular and realistic, and 2) also have a necessarily optimistic, liberal and ethical flavor. From the same circumstances we can understand the reason why he emphasized the objective necessity of the conclusions of purely empirical analysis (as evidenced in his theory of natural price or in his frequent use of phrases such as "naturally and necessarily" in the *WN*). Smith did not actively use the argument from Design; he devoted himself to the inquiry into the conditions which ensure the providential operation of the nature. He merely developed the discussions *presupposing* "Teleological or Providential Naturalism" (Haakonssen 1996: 61, 182, 187), as Hutcheson and other Scottish Enlightenment philosophers did throughout the three works mentioned above. Thus he could open the way to a truly liberal and empirical theory, unlike those of Hutcheson and Reid (who were unconditional providential naturalists), or Kames (who developed a novel theory of his own, but in his later works, went back to Providential Naturalism itself) or David Hume (who followed the path to a completely secular utilitarianism). Conversely, if Smith had not *presupposed* Providential Naturalism, he would have had to locate his controlling principle of self-interest within the realm of utility (as Hume had done), or to develop an abstract and artificial theory based upon the *perfect* competition model (as the neoclassical school was to do). Precisely because he presupposed theology, Adam Smith's moral philosophy could develop an ethical and elastic liberalism; his system of natural liberty, upon which he built his philosophy, was without doubt metaphysically optimistic. In other words, Smith was convinced that the free activities of humans, influenced by contingency or irregularities, would eventually contribute to realizing their beneficial unintended consequences *only if human nature itself is not corrupted*. His liberalism stood on this conviction, which was securely founded both on theology and on a scientific demonstration of the emancipating powers of commerce.

8

Smith's thought underwent one final development. As his understanding of the actual realities of market society progressed and deepened, Smith came to believe that the blind pursuit of wealth and praise *necessarily* led to the corruption of the moral sentiments (as illustrated by the actual behavior of commercial human beings). Further, he came to see this corruption as an *immanent* and essential problem of human nature itself, rather than one reducible to *institutional* problems, as Evensky indicated in a slightly different manner (Evensky 1994: 374-87). Here is the main reason for Smith's revisions of the *TMS* in the sixth edition in which he totally reconstructed his theory of virtue. There he reappraised the Stoic concept of Reason in Nature, as a means for constraining the limitless pursuit of naked desires. As a consequence of this focus, however, he fell into the tension between *Nature* and *Reason* (as has been pointed out by Brown (1994: 73-4) and Griswold (1999: 257-8)). Smith's moral philosophy at this final stage of its development was exposed to this dilemma that may be described as a genuinely New Adam Smith Problem. Some regard it as a fundamental failure of his thought (see Evensky 1994: 388).

Smith's reappraisal of the Stoic concept of Reason, however, does not necessarily mean that he abandoned the belief in the system of natural liberty (his fundamental conviction founded upon his theological assumptions). As is well known, the Stoic doctrine of Reason in Nature is equivalent to the *logos* of nature. It does not imply in any way the negation of the system of nature, or the denial of the view that the constitution of nature realizes the final causes (human happiness) through the activities of humans acting as efficient causes. This Stoical idea of Reason or *Logos* in Nature is fundamentally different from the modern understanding of human reason. Modern thinking sees the achievement of happiness as lying in human hands, unlike providential naturalism. It views alleged barriers to human happiness as defects in nature and posits human rationality as the means to *overcome* the purported flaws in nature. Contrary to this anti-theological concept, Smith's turning back to the Stoic principle of Reason,[5] does not mean that he changed his opinion on the capacity of nature to produce happiness (the fundamental conviction of natural theology). He never lost his confidence in the providential capacity of nature to "advance the interest of the society and afford means to the multiplication of the species" (Smith 1976a: 185) as a whole. At least, he did not think that humans could realize happiness by human reason alone, contrary to the modern ideology. Conversely, he had believed throughout his whole life in the providential capacity of the system of nature, realized by the agency of the free actions of humans as efficient causes.

In spite of this confidence in the providential system of nature, his acknowledgement of the role of political leadership (by a wise legislator) in the sixth edition, meant the de-facto negation of the beneficial effects of the deception of providence. Smith had come to feel doubts about the automatic realizability of the providential system of nature at least within the fairly commercialized or civilized state of society. Thus, while believing in the providence of nature to produce happiness, he was forced back to strengthen the dependence upon the Stoic logic of virtue; the principles of Stoic natural theology rejected the view that providence needed to deceive human beings to attain its good ends. Smith's de-facto acknowledgment of Stoic virtue meant that he had abandoned the logic underpinning the first edition of the *TMS*. The endless desires for wealth and praise of human beings had made impossible the realization of Smithian civilized naturalism which intended the expansion of the capacities of nature by human industry within the bounds of the system of nature.

The question that we are left with is this: Is Smith himself responsible for his so-called "failure"? Did he fundamentally mistake the true character of human nature? The main cause of his "failure" lies in the fact that during the Enlightenment human beings came to believe in their capacity to master nature, by "[imagining] that to be the wisdom of man, which in reality is the wisdom of God" (Smith 1976a: 87). Hence, the problem lies rather with the tendency of civilized humans to believe in the *omnipotence* of human reason, or the power of the arts and sciences, than Smith's theory itself. It was overweening human pride which led Enlightened human beings to neglect the providence of nature. By contrast, Smith believed nature capable of providing balance to the whole and ensuring the existence of every species within the bounds of nature, without grandiose human interventions.

9

Throughout his whole life Smith had confidence in the divinely designed order and its moving principle, the system of nature. The existence of this order and system was the fundamental presupposition of Smith's theory, as acknowledged by Macfie (1967: 108, 109) and others. The theoretical discussion of the system of natural liberty in the *WN* provided the economic demonstration of the providential nature of that system; he showed that the free activities of each human being as the efficient causes of the final causes make possible not only the realization of order and harmony as a whole, but also an affluent life for mankind.

This, however, does not mean that Smith had judged the subjects of ethics and law (including economics) by the principles of theology as supposed by many moral theological interpreters of Smith. Smith's goal was not to make clear the theological framework of his theories or the constitution of nature founded upon the principles of theology. His aim was to establish the earthly ethics and human institutions required to ensure the smooth operation of the system of nature. Smith did not intend to explicate the argument from design *per se*, or to develop the theological and teleological interpretation of the problems of ethics and law, in the style typified by James Tully's moral theological interpretation of John Locke's natural jurisprudence (Tully 1980). On the contrary, Smith made it the constant and main goal of the *TMS*, the *LJ* and the *WN* to construct an earthly ethics and human institutions which would ensure the smooth operation of the natural order designed by the Deity.

Here is the foundation for the dual character of Smith's theory, as symbolized in the superficial incompatibility between the wholly empirical nature of his theories and their metaphysical presuppositions. This dual nature (or the coexistence of two opposite principles), however, does not necessarily mean that his thought is full of obscurities or is pre-modern in character. Quite the opposite: Smith could formulate a thoroughly free and natural, earthly ethics and earthly social and economic theories precisely because he had presupposed a theological logic. His theological presupposition allowed him to construct the theories of earthly ethics, law and economics resting solely upon the principles of nature, without need of the principle of utility.

Early modern thinkers such as Hobbes, Pufendorf, Locke, Hutcheson and Smith, had all presupposed either 1) that there existed a divinely designed order or 2) that the laws of nature, which were governed by divine law, provided the ultimate principles or common premises of ethics and law. The main theme of the natural jurisprudence in the seventeenth and eighteenth centuries was to inquire into the conditions which ensure and validate the providential operation of nature. Late in life, however, Smith realized that the problem of the corruption of the moral sentiments could not be reduced to institutional problems. This caused him to lose confidence in the beneficial effects of the system of natural liberty (namely that the natural, free activities of humans would make possible the harmony of the whole through the competition in the market).

This is why he revised the *TMS* so extensively in the sixth edition. This revision, of course, did not necessarily imply that he abandoned teleology. Smith had only made it the central theme of the revisions to reinforce the theory of virtue for the purpose of ensuring the realization of final causes. Nevertheless, the logic of the sixth edition of the *TMS* shows that the providence of the market (the auto-mechanism of the market), as symbolized in the expression 'led by an invisible hand,' does not operate without 1) strict self-control by the agents and 2) the human intervention by a wise legislator. Due to the empirical evidence from the society emerging around him, Smith had been forced to modify the ethical character of the system of natural liberty. Thus Smith retained a belief in the providential arrangement of the world but changed his view about how the hidden machinery worked. While still believing in the reliability of final causes, he shifted his view about the relative strengths of the efficient causes. Smith came to see that a strict human morality and human rationality (as seen in the function of the enlightened legislator) play important roles which he had underestimated in his early works.

Whether or not this dilemma arises from the defects in nature is a problem relating to the understanding of the essence of natural theology (the latter is essentially different from the trends of thought after the nineteenth century, which consider the problems of humanity and society via the principle of utility). So, I have to postpone the argument on this topic until another occasion. In any event, Smithian naturalism is worth serious examination as a legacy for our times.

Notes

[1] An earlier version of this paper was presented at a joint conference of the Eighteenth Century Scottish Studies Society and the International Adam Smith Society, George Mason University, Virginia, 10-12 June 2001. I wish to thank the participants at the conference, especially Ian Ross, for comments which led to revision of the text. I must also express my whole-hearted gratitude to Dr. James Alvey, Professor Richard Kleer and Dr. Ryu Susato who assisted with many useful comments.

2 As an example of these moral theological interpretations of Adam Smith's moral philosophy, see Mathias 1999. On similar noteworthy theological or teleological interpretations of Smith, see Hill 2001, Alvey 2003.

3 By "Providential," I do not necessarily implicate the "benevolent" operation of nature; by contrast, natural theological interpreters of Adam Smith equate the two. Natural theology in the seventeenth and eighteenth centuries, as well as the Stoic natural theology, seems generally to have seen the Providence of God within an ecological framework. This ecological framework is not the same as Darwinian evolutionism. Somewhat different from Darwinian principles (which caused the critique of natural theology), the ecological structure of the earth maintains a general balance, produces order as a whole, and secures the perpetuation of the universe; the species is preserved through the struggle for existence of every living being as the efficient cause. Adam Smith also seems to have seen the providence of the Deity (that is, the laws of nature designed by the Deity which realize the final causes through the spontaneous activities of all living beings, including humans, as the efficient causes) within this ecological structure. Thus, I use the word "Providential" to mean that he had confidence in this ecological truth, rather than a belief in the "benevolence" of the Deity as such.

4 Jeffrey Young also acknowledges that, for Smith, commutative justice and distributive justice generally coincide in a developing market society. Young makes it the main theme of his inquiry, however, to interpret 'The Political Economy of Adam Smith' as the theory of distributive justice, as exemplified in his analysis of the impartial spectator and natural price. See Young 1997: 129, 130, 150, 154, also Part 1, Ch. 3.

5 We should note the delicate change of his views on the Stoics between the first and sixth edition of the *TMS*. His discussions on the Stoics in the first edition have the character of supplementary expositions in order to highlight the fundamental differences between his own theory (which accepts human appetites or emotions, and approves of the influence of contingency) and the Stoic doctrine which relies upon the *logos* of nature. This is most clearly seen in the composition of Part I Section 4 in the first edition. The theoretical content of chapters 1 and 2 (which discuss the origin of ambition and the distinction of ranks, which arise from the sympathy with joy (Smith 1976a: I.iii.2.1-3)) are contrasted with that in Chapter 3 ("Of the Stoical philosophy"), Section 4 ("Of the effects of prosperity and adversity upon the judgement of mankind with regard to the propriety of action"). By the sixth edition, however, Smith's view had become more sympathetic to the Stoic view on virtue. His critique of the Stoics in the sixth edition, which highlighted

his divergences from the Stoic "resignation" theory, was really its counter-balancing expression. Smith was required to verify his delicate divergence from the Stoics because his view had become more affirmative to the Stoics. He had changed his estimation of the Stoics in proportion to the deepening of his own recognition of the actual corruption of the moral sentiments; this change was symbolized in the new Chapter 3 "Of the corruption of our moral sentiments" (of Part 1, Section 3 in the sixth edition) inserted instead of the previously mentioned Chapter 3 on the Stoics in the first edition (for further detail, see Tanaka, 1997, Part 3, Ch. 4).

References

Alvey, J. E. (1996) *A New Adam Smith Problem: The Teleological Basis of the Commercial Society*, Ph D. dissertation, University of Toronto.

Alvey, J. E. (2003) *Adam Smith: Optimist or Pessimist?* Aldershot: Ashgate.

Bittermann, H. J. (1940) "Adam Smith's Empiricism and the Law of Nature," Parts I and II, *Journal of Political Economy*, Vol. 48, 487-520, 703-34.

Brown, V. (1994) *Adam Smith's Discourse*, London & New York: Routledge.

Evensky, J. M. ([1989] 1994) "The Evolution of Adam Smith's Views on Political Economy," *History of Political Economy*, 21 (1), 1989, reprinted in *Adam Smith: Critical Assessments Second Series*, Vol 6, pp 372-94, 1994, ed. J. C. Wood, London and New York: Routledge.

Fitzgibbons, A. (1995) *Adam Smith's System of Liberty, Wealth and Virtue*, Oxford: Clarendon Press.

Griswold, C. L., Jr. (1999) *Adam Smith and the Virtues of Enlightenment*, Cambridge: Cambridge University Press.

Haakonssen, K. (1996) *Natural Law and Moral Philosophy*, Cambridge: Cambridge University Press.

Hill, L. (2001) "The Hidden Theology of Adam Smith," *European Journal of the History of Economic Thought*, 8 (1): 1-29.

Kames, Lord (Henry Home) (1751) *Essays on the Principles of Morality and Natural Religion*, Edinburgh: R. Fleming.

Kleer, R. A. (1995) "Final Causes in Adam Smith's *Theory of Moral Sentiments*," *Journal of the History of Philosophy*, 33-2: 275-300.

Kleer, R. A. (2000) "The Role of Teleology in Adam Smith's *Wealth of Nations*," *History of Economics Review*, 31 Winter, 14-29.

Lindgren, J. R. (1973) *The Social Philosophy of Adam Smith*, The Hague: M. Nijihoff.

Lovejoy, A. O. (1961) *Reflections on Human Nature*, Baltimore: Johns Hopkins Press.

Macfie, A. L. (1967) *The Individual in Society*, London: George Allen & Unwin.

Mathias, R. D. (1999) *The Role of Moral Theology in the Works of Adam Smith*, Ph D. dissertation, Chicago, Loyola University.

Minowitz, P. (1993) *Profits, Priests & Princes: Adam Smith's Emancipation of Economics from Politics and Religion*, Stanford: Stanford University Press.

Morrow, G. R. (1923) *The Ethical and Economic Theories of Adam Smith*, Reprinted 1969 by A. H. Kelly, New York.

Muller, J. Z. (1993) *Adam Smith in his Time and Ours*, New York: The Free Press.

Ross, I. S. (1995) *The Life of Adam Smith*, Oxford: Clarendon Press.

Ross, I. S. (2000) "The Natural Theology of Lord Kames," in *the Scottish Enlightenment*, ed. P. Wood, New York: University of Rotchester Press.

Smith, A. (1761) *The Theory of Moral Sentiments*, 2nd ed., London: A. Millar.

Smith, A. (1976a) *The Theory of Moral Sentiments*, eds. D. D. Raphael & A. L. Macfie, Oxford: Clarendon Press.

Smith, A. (1976b) *An Inquiry into the Nature and Causes of the Wealth of Nations*, ed. by R. H. Campbell & A. S. Skinner, Oxford: Clarendon Press.

Smith, A. (1978) *Lectures on Jurisprudence*, ed. by R. L. Meek, D. D. Raphael, & P. G. Stein, Oxford: Clarendon Press.

Smith, A. (1980) *Essays on Philosophical Subjects*, ed. by W. P. D. Wightman & J. C. Bryce, Oxford: Clarendon Press.

Stephen, L. (1876) *History of English Thought in the Eighteenth Century*, London, reprint of the 3rd. edition (1902) in 1949, New York: Peter Smith.

Tanaka, S. (1997) *Adam Smith's Ethics*, (in Japanese), Tokyo: Ochanomizu-Shobo.

Tanaka, S. (2003) "The Main Themes and Structure of Moral Philosophy and the Formation of Political Economy in Adam Smith," in *the Rise of Political Economy in the Scottish Enlightenment*, ed. T. Sakamoto & H. Tanaka, London and New York: Routledge.

Tully, J. (1980) *A Discourse on Property: John Locke and his Adversaries*, Cambridge: Cambridge University Press.

Waszek, N. (1984) "Two Concepts of Morality: A Distinction of Adam Smith's Ethics and its Stoic Origin," *Journal of the History of Ideas*, 45-4: 591-606.

Winch, D. (1984) "Adam Smith als Politischer Theoretiker," in *Markt, Staat and Solidarität bei Adam Smith*, Frankfurt: F-X Kaufmann & H-G. Krüsselberg.

Young, J. T. (1997) *Economics as a Moral Science*, Cheltenham: Edward Elgar.

初出：横浜市立大学 論叢 社系列56-3, 2005年3月

市民社会理論の歴史と現代の動向
—— 市民社会の再生の道を模索する ——

1）市民社会論の現状と課題

（1）市民社会論ルネサンスの動向と問題点

　近代社会の形成原理論として研究されてきた市民社会論が今日、世界的広がりを見せている。その直接の契機をなしたポーランドの連帯革命は、社会主義権力の独裁・腐敗から解放された市民権力の確立を意図したものであった。それが今日「市民社会論ルネサンス」といわれるほど活発に、学術世界だけでなく、さまざまな実践活動の領域にまで及ぶ広い分野で問題にされるようになったのは、社会主義権力の独裁・腐敗の根本原因が社会主義社会における市民社会の未成熟にあった事実の認識と、資本主義の現状に対する危機感によるものであったといえるであろう。

　こうした現代世界の現状に対する危機意識から出発した今日のいわゆる「現代市民社会論」は、ハーバーマスやグラムシの思想を嚮導概念とするコミュニケーションに基づく公共空間の創出と、グローバルな市民の連帯による「市民のヘゲモニー」の確立を中核原理としている。現代市民社会論は、こうした形で市民社会の再建を図ることによって、国家権力をチェックし、国家に代って市民自身の力で資本主義の暴走を是正することを主題としている点に最大の特色をもっているといえよう。

　現代市民社会論が、これまで市民社会の full membership（正会員資格）を認められなかった女性やエスニックなどにも市民権を拡大することによって、市民社会内部の不平等問題という自らの内的矛盾の解決を図ろうとしていることも、現代における市民社会の再生の原理的な在り方を示すものとして大きく注目される。市民権運動がその根拠とする相互承認原理は、異人種、異階級間の連帯の原理をなすだけでなく、コミ

ュニティ自体の再生の根本原理でもあるからである。市民権運動は、少数者の抑圧廃止、不平等の是正・救済にとどまらぬ全人類的な市民の社会の形成、コミュニティの再生原理ともなりうる側面を備えているのである。EU統合も、こうした市民権問題とのからみで、国家やネイション（民族）を超える市民社会形成の必要性と可能性を示しているといえるであろう。

　これに対し、21世紀の現代社会の最大の特色のひとつになりつつあるIT（情報技術）化とグローバル化は、一見、市民社会の問題と無縁のように見える。が、実際には上述のような公共空間の創出の最強力の手段をなし、市民権の拡大の地政学的基盤をなすものとして、これまでの資本対労働という枠組に基づく階級概念に代る新たな市民概念の形成による市民社会の再建を可能にし必然化する契機を孕んでいる次第が注目される要がある。

　しかし、ハーバーマスやグラムシに代表される現代市民社会論は、こうした市民社会復興の時代的必然性をそれなりに踏まえながらも、必ずしも現代における市民社会再生の根本的要請に応えるものではなく、実際には現存の国家と資本主義体制を前提にした議論にすぎない次第が注意される要がある。そうした現代市民社会論の実態は、市民社会の存在理由を市民のヘゲモニーの確立による国家と資本に対する「調整・規制機能」に求めるグラムシの思想に端的に象徴されているといえるであろう。現代市民社会論がコミュニケーションに基づく「公共空間」の創出によるイデオロギー的な連帯と、「公共精神」原理とに依拠するチェック機能の強化を主題にしていることも、それが新たな市民「社会形成」論ではなく、あくまでも現状前提の議論にすぎないことを示している。こうした現代市民社会論の理論内容は、封建権力や絶対主義国家体制に代る新しい市民の共同体として出現した近代の17－18世紀の市民社会論のような新たな「社会形成」理論ではないことは明らかである。現代の市民社会理論は、あえて極言すれば、市民社会思想の歴史を踏まえぬまま、現状前提の現実対応理論として登場したため、市民社会理論とはいえない資本主義体制の現状是正論でしかない結果になっているのである。

日本の戦中・戦後の市民社会論の方が、その点では市民社会の構築・再建のもつ意義を正しく踏まえていたといえるであろう。天皇制軍国主義の実態認識を契機に探求されはじめた日本の市民社会論は、戦前・戦中の日本には市民社会が欠けていた事実の自覚から、市民社会の構築・市民主体の確立を日本再建の中核にする必要があるとの実践的問題意識に基づくものであった。彼らが一様に、人間の本性認識に基づく市民社会形成理論を国家論の前提にしていた西欧の市民社会理論の研究を通して、日本人の精神革命と社会システムの基本的転換を意図した所以はそこにある。それが、大河内一男、大塚久雄、高島善哉、内田義彦、丸山真男らの業績に象徴される戦後の社会科学の根幹となる数多くの輝かしい成果を生み出したことは、坂本達哉の指摘する通りである(注1)。

　しかし、日本の戦後の市民社会論も、市民社会の実像、それを踏まえた西欧の市民社会論とはちがうすぐれて特殊日本的なものであった。その原因は、17-18世紀の西欧の市民社会論が理論的に前提していた独立・自由・平等・人権などの原理が、戦後の日本再建の要請と合致するため、それらを市民社会の根本原理とする公式的・理念的論理展開を主としたためであった。日本の市民社会論には、市民社会の根本原理をなす所有の交換論のもつ意義についての十分な洞察が欠けていたため、必ずしも市民社会の問題の深層には迫りえないままに終わっていたのである。

(2)「民族と階級」か「地域と市民」か

　そうした日本型市民社会論の特質と問題点は、個人の独立・自由・平等論をベースにした画期的な「アダム・スミスの市民社会論」を展開した高島善哉が、その理念をより現実化するため「民族と階級」論に移行した事実に象徴的に示されているといえるであろう。こうした展開は、所有の不平等の増大に伴う資本と労働との階級対立の激化と、市民社会の内蔵する民族やネイションの問題の重大性認識に基づくもので、民族と階級の問題をいち早く社会科学の問題として原理的考察の対象とした高島の鋭い現実感覚と実践的問題意識には感嘆する他はない。しかし、

こうした形の所有論から階級論へのジャンプ（所有論の階級論への解消・単純化）は、所有の重大な不平等をはっきり承認しながら、にもかかわらぬ所有の交換のもつより本質的なメリットを解き明かそうとしていた市民社会論の意義を事実上空洞化し、所有論を階級論へ解消するものであった。国家論の根本大前提をなすべき市民社会構築運動として登場した日本の市民社会論それ自体は、市民社会の資本主義社会化の現実の中で、消化不良のまま古典研究に収斂され、現実性を失ってしまったのである。

　こうした市民社会論の民族と階級論への揚棄は、20世紀末から21世紀にかけて顕在化してきたIT化とグローバル化の現状の下で、民族や階級に代って、グローバルな市民の連帯に基づく市民社会の積極的再構築が要請されている現代の現実とも必ずしもそぐわぬものになりつつあるとことも否定しえない事実である。ということはもとより、現代においては民族や階級の問題が無意味であることを意味しない。今日においても、貧富の両極化に伴って一般的な意味での階級問題は逆に深刻化していることは明白な事実である。より以上に、民族問題は、今日でもそれぬきには何も解決しない最重要問題であることはいうまでもない。にもかかわらず、今日では民族や階級概念はディフェンシブ（防御的）な性格が強くなり、それを強調し、そのレヴェルで考えているだけでは問題は解決しないだけでなく、かえって事態を悪化（対立を激化）させる場合が多いことも否定しがたい事実である。それに対し、地域と市民社会は、これまでの国民国家と資本主義体制に代る新しい社会システム形成の根幹・枠組をなすよりポジティブで建設的な概念である。それだけでなく、民族や階級の問題自体も、国家と異なる、時には国境を越える、地域をベースとする市民の連帯という視角で捉え直すとき、事態の打開・改善の道を切り開く可能性すらあるといえるであろう。地域と市民とは、そうしたよりクリエイティブ（創造的）な概念である次第が認識される要がある。高島の市民社会論の限界をあえて問題にする所以はそこにある。

　スターリン批判を契機にクローズアップされてきた社会主義体制にお

ける市民社会の欠如に着目した『市民社会と社会主義』(1969) からはじまった平田清明の「個体的所有の再建」論の方が、その点、近代の市民社会の真実により近く、現代の市民社会論がクリアすべき問題点に迫っているということができるであろう。しかし、所有の個体性を強調する平田の個体的所有論も、市民社会の根幹をなす所有の交換論の内実とそのもつ意義についての認識が弱い点は高島と同じである。

　平田が、市民社会思想の源泉をルソー－マルクスに求めているのも[注2]、こうした認識に対応するものといえよう。平田は、古典古代的な公民としてのゲマインヴェーゼン（共同存在）性を市民に直接要請するルソーの市民像のうちに市民社会の根本精神を見、それをマルクスにつなげているが、こうした市民社会観は、所有の交換関係のうちに古い共同体に代る新しい共同体の形成を意図していたプーフェンドルフ－ロック－スミスの市民社会像と根本的に異なることは明白である。

(3) 市民社会と国家の関係

　近代の市民社会は、こうした平田の古典古代的な市民社会像と異なり、良かれ悪しかれ、市民相互間の所有の交換をベースにするもので、所有の交換関係から成る市民の共同体として成立したものであった。近代の市民社会論者が国家と市民社会との関係についての古典的概念を逆転させ、市民社会（形成）論を国家論の前提に置き、国家を市民社会の侍女とする論理を展開した理由はそこにある。近代思想は、国家と個人の関係を転倒し、個人をすべての根幹にする論理を展開しただけでなく、個々人のプロパティ（自己に固有の独自なもの）の交換関係からなる市民社会の自立性を論証することによって、国家を市民社会の侍女化したのである。それが近代の思想家たちが考えていた市民社会のイデーであったのである。

　しかし、資本主義の高度化に伴う物象関係の支配化は、その必然的帰結として、個々の人間に固有の独自なものとしてのプロパティ（Proper-ty）を生命のない物質としてのPropertyに転化させ、その無制限な蓄積を可能にしたため、資本主義的所有＝支配関係が一般化する

ことになったのであった。こうした市民社会の資本主義社会化の生み出す疎外や搾取、貧富の対極化に伴う害悪や不平等を是正するため、19世紀以降、国家が資本主義システムの暴走をチェックする役割を担うことになったのであった。それがヘーゲル－マルクス以降の、とりわけ、20世紀の中葉以降支配化した国家と市民社会との関係であったが、国家が市民に代って市民社会における「配分的正義」の実現者として全面的なリーダーシップを果たすことは、逆に、官僚と市民自体の腐敗を生み出すことになったのであった。

現代市民社会論の主題である市民社会の再建による国家と資本主義の暴走抑制・制御論は、こうした歴史の文脈の中で登場したものであるが、こうした歴史の動態は、プロパティ交換社会として登場した近代の市民社会思想が今日においてはすでに過去の遺物になったことを意味しない。逆に、現代市民社会論が既述のように原理的に国家と資本主義体制前提論にすぎないのに対し、近代の市民社会論が後述のように一切の既成秩序に代る新しい市民の共同体としての市民社会形成論であった次第を想起するとき、現代市民社会理論が忘却・無視している17－18世紀の市民社会理論の中に含まれている人間認識と社会理論の真実を現代のIT化、グローバル化社会の現実に即した形で捉え直すことこそが、国家と資本主義の支配が行き詰まりつつある現代の現実にもっとも即応したものとなる次第を知ることであろう。

そうした接近の必要性は、IT化とグローバル化が避けがたい現実になった現代社会の動向の下で、民族や階級に代って、地域と市民が改めて歴史の主役となりつつある次第を知るとき、おのずから納得されることであろう。一部の論者が資本主義に代る新たな社会システムの嚮導理念として提唱している「市民主義」も、たんなる公共性や倫理性の強調にとどまる限り、今日の圧倒的な資本主義体制の代替論たりうるものではない。市民主義が資本主義に代る新たな社会システムの原理となるためには、所有の交換関係からなる市民の共同体として形成された市民社会の理念とその根本原理を現代社会の現実条件に即して再構成する要があることは明白である。

そこで次に、2）で、近代人が想定していた「市民社会」のイデーを市民社会思想の形成史に即して大まかに概観することを通して、市民社会の本質とその問題点を明らかにした上で、3）で、現代における市民社会再建の意義と可能性について論及することにしたい。

2）市民社会理論の形成と展開

（1）「市民社会」の起源と成立条件

「市民社会」（civil society）という言葉が市民権を獲得したのは第二次大戦以降のことであるが、今日では"政府の提案に対し、市民社会は……"というような日常的に一般化した形でも使われるようになっている。こうした用法もそれなりに市民社会の理念に即したものであるが、市民社会概念は多義的で、歴史的に変容しており、研究者の間でも必ずしも明確に定義されないままに使用されているので、概念内容を歴史的に確証する要がある。

市民社会用語の由来はラテン語のsocietas civilisにあるといわれるが、概念内容は全く異なる。この言葉は、古代・中世社会では、civitas（国家）と同義に解されていたからである。共同体が個人の生活の基盤をなしていた共同体的生産関係に立脚する古代・中世社会では、国家から独立した市民の社会の存在などは考えうべくもなかったのである。古代の都市国家ではcitizenship（市民権）の内実がmembershipとparticipation（都市国家の構成員となり、国家の行政に参加すること）に求められ、国家に反対する権利（Right against）は含まれていなかったことなども、その証左をなすといえるであろう。

こうした近代以前の社会にも「市民社会」用語が存在し、古典古代における市民社会の問題が主題になるのは、財産の相続や所有の譲渡・交換を中心とする私法関係が、ローマ法などにはっきり示されているように、古代・中世社会でもすでに完全に存在していたために他ならない。しかし、国家とは本質的に異なる概念としての「市民社会」概念の根幹をなす市民社会の自立・国家からの独立は、マルクス・エンゲルスが

『ドイツ・イデオロギー』の中で述べている「歴史のカマド」（人間の協同労働の場）としての「市民社会」における分業・交換関係の発展に伴って、個人の欲求充足の普遍的相互依存性とその自立性が認識されるようになったところに、可能になったものであった。17世紀以降の思想家が、国家と個人・国家と社会の関係を逆転させ、国家と次元を異にする市民社会の構築を意図し、市民社会理論を国家論の根幹に据えるに至った背景はそこにある。市民社会とは、約言すれば、個人が国家や民族や集団の絆から離れた自立した個人として、自分の所有物を媒介に他者と交通関係を取り結ぶところに形成される社会なのである。

　こうした意味の市民社会用語が使われはじめたのは16世紀以降のことである。その背景は、都市と農村との分業に基づく商品交換の担い手となった商工市民階級の登場と、それに伴う都市の形成にあった。中世都市は、剰余生産物の交換の場となった築城都市（Burg）の商人や製造業者が国王から自治権を付与されたことから、商工市民の自治共同体として歴史の舞台に登場することになったのであった。市民社会は、bürgerliche Gesellschaft というドイツ語の示すように、都市の市民の経済共同体として誕生したのである。しかし、都市の自治権は、国王から付与された例外的特権にすぎず、下級の職人などは membership から除外されていたので、中世都市は厳密にはいまだ必ずしも市民社会の理念を表現したものとはいえない。市民社会は、所有の交換・分業関係が一般化し、すべての人間が他者と交換関係を取り結ぶところに成立する社会であるからである。アダム・スミスの有名な言葉を借用していえば、「人が、自分自身の労働の所産のうち、自らの消費にあててなおあまる剰余分を、他人の労働所産の中で彼が必要とする部分と交換することによって、その欲望のはるかに大きな部分を満たす」[注3] 社会が（近代）市民社会なのである。こうした市民社会の概念を最初に明確に描き出したのが近代自然法である。

（2）近代自然法の市民社会論的構造

　近代自然法は、政府の存在しない「自然状態」における所有の増大に

伴って発生するトラブルを防ぐために結成される市民の共同体（市民社会）における所有の交換の秩序を維持するために必要な「共通権力」(common power) の確立を政治社会論の主題とするものであった。ホッブズやロックが「市民社会」(civil society) を「政治社会」(political society) として捉えていたのはそのためであった。しかし、そのことは、彼らが、リーデルが強調するように、アリストテレス以来の伝統思想にしたがって、市民社会と国家を同一視していた[注4]ことを意味しない。彼らは、政府の形成以前の「自然状態」から出発した上で、所有の交換関係からなる市民相互の私法的関係を維持するための市民の共同体としての「市民社会」の形成を意図し、その秩序の確立を政治社会論の主題としていたからである。

　こうした市民社会の根本原理を最初に明確に表現していたのがホッブズ自然法である。平和の維持と契約遵守を根幹とするホッブズ自然法は、市民社会の根本原理を原理的に解き明かしたものであったのである。ホッブズは、「市民社会」を宗教界と異なる「世俗社会」と規定している個所以外では、市民社会の概念内容を明確にしないままに市民社会用語を多用しているが、国家は所有の交換の正義を守るための人工物 (artifact) に過ぎないとしていることは、所有の交換関係から成る市民社会が国家に先立って存在することを前提した議論をしていたことを示すものといえよう。

　こうした市民社会思想の本質をより明確に理論化したのがジョン・ロックである。ロックは、『政府論』(1689) の第2巻第5章の所有章で、所有権の基礎を "Everyman has a Property in his Person" に求めている。この言葉は、直訳すれば「各人は彼のパースン（身体）に対して所有権をもつ」ということであるが、この言葉に続く文章を含む原文の文意は、各人のパースンは彼だけの固有のプロパーなものであるから、彼の身体の活動である労働の産物は彼のものであるとすることによって、パースン（人格）そのものを売り渡した奴隷以外のすべての人間が所有権の主体たりうる次第を論証した点にある。彼は、そうすることによって、家族の家長のみが所有権の主体であり、従って政治的権利の担い手である

としていたオイコス（家的社会）体制から、万人が所有の交換の当事者として政治社会としての市民社会の主体たりうる道を切り開いたのである。その上で彼はさらに、労働の産物としての所有の譲渡・交換の媒介物としての貨幣の使用を人々の「暗黙の同意」の名において正当化することによって、所有の不平等や資本の蓄積を事実上容認する論理を展開していたのである。

ロックは、そうした形で所有権を人間の天賦の「自然権」とした上で、こうした自然権の行使の帰結としての所有の増大に伴って、政府の存在しない「自然状態」を離れて、所有に関する争いを裁決する権力をもつ「市民社会」に入ることが必要になる次第を明らかにしている。その次第は、彼が第5章の所有章に続く第6章で、政治社会論を展開するに先立って、所有の増大に伴って「自然状態」から所有に関する争いをjudgeする権限をもつ「市民社会」への移行が必要になる次第を論証した上で、続く第7章以降で、そのために必要な共通権力論としての「政治社会」論を展開している事実のうちに明確に示されているといえるであろう。

ロックは、市民社会と政治社会を並置しながらも、両者を概念的には明確に区別し、所有の増大に伴って所有の保護を目的とする「市民社会」に入る必要が生まれる次第を明らかにした上で、所有権保護のために必要な共通権力とその在るべき姿の解明を「政治社会」論の主題としていたのである。

こうしたロックの論理展開が商業の発達とブルジョア階級の台頭を背景にしていることは明白である。彼が上述のような形で自然状態論と政治社会論との間に市民社会形成論を登場させたのは、彼の思想主題が戦士支配の封建体制や絶対王政に代る商工（農）の市民の共同体としての市民社会の形成にあったためであったといえるであろう。

ロックの同意によるコモンウエルス形成論は、市民社会の秩序維持のための手段として展開されたものにすぎず、彼の思想世界では国家は市民社会の侍女化されていたのである。ロックは、所有の交換関係の支配化の事実にかんがみ、封建的な戦士共同体に代る市民の社会の形成を意

図していたのである。こうしたロックの論理は、彼が商業の発達を背景に、封建的＝軍事的でない（商工市民を中心とする）文民主体の、教会の政治権力からも自由な世俗的な政治権力としての市民政府の確立を意図していたことを示しているといえるであろう。『政府論』の第２巻の標題が「市民政府（civil government）……論」となっているのは、こうした自らの意図を明示したものであったのである。

（３）アダム・ファーガスンの文明社会論

　市民社会は、ホッブズやロックにおいてはすぐれてcommercial、secular、civilian、politicalな社会として観念されていたのであるが、17－18世紀の人間が表象していた市民社会の観念にはその他に文明社会（civilized society）の観念がある。その代表者としてはヒュームやファーガスンらが挙げられるが、ファーガスンは、主著『市民社会史論』（1767）の中で、未開社会と文明社会との対比的考察を行い、アーツと商業の発達に媒介された商業文明社会と未開社会との相違点を詳しく分析している。彼が文明化の指標を商業の発展と、正規の政府の成立に伴う司法の整備、その帰結としての職業の多様化や階級分化、人権保障、マナーズの確立などをあげているのも、こうした未開－文明の対比的考察に基づくものであった。彼は、未開－文明の対比に基づく文明化の条件の探求を通して、文明社会が政治的英知の発達と商業化の産物である次第を見ていたのである。

　ファーガスンの『市民社会史論』は実際には文明社会論であったのであるが、彼がそれを「市民社会史論」と命名したのは、文明化が商業化と市民革命（市民社会の成立）の産物に他ならず、市民社会形成の目的自体が社会の文明化にある次第を見ていたためであった。彼は、ロックの市民社会形成原理論をより歴史的に捉え直すことによって、市民社会が何よりも商業文明社会である次第を明確にしたのである。ファーガスンが、未開→文明の四段階論的考察を通して、文明社会としての市民社会の形成史論を展開していたのも、そのためであったのである。

　ファーガスンの思想主題は、しかし、上述のような未開－文明の対比

論から想像されるような文明賛美にあったのではない。彼は、『市民社会史論』の掉尾を飾る第5－6章で、専制のもたらす隷従⇒腐敗批判と並んで、文明化が人間の精神を腐敗させ、文明自体を没落させる次第を詳説している。彼は、商業社会としての市民社会の孕む病根をいち早く認識し、そうした文明の孕む問題に、独立＝自由＝徳性＝公共精神論で対処しようとしていたのである。彼がシヴィックといわれる所以はそこにある。彼は、一般にいわれるように分業の生み出す疎外について論じていただけでなく、商業文明社会が内蔵するより本質的な病根を解き明かし、その克服を公共精神に求めていたのである。その点では現代市民社会論の先駆ということもできるであろう。

　ファーガスンは、後述のスミスと同様、個々人の生活手段（私益）の追求が意図しない目的（公益）実現につながる商業社会としての市民社会の逆説的真理をはっきり認識しながらも、そうした手段の論理の自己目的化が目的－手段の転倒を生み出し、人間の精神を腐敗させ、文明を没落に導く次第を見抜いていたのである。

　彼がそこで展開していた文明批判とその根拠をなす人間観察は、なまじ制度論的に合理化されていないため、次節のスミスが展開したような市民社会の制度的合理化論に解消しえない人間本性の腐敗から生まれる文明の帰結を鋭く抉り出している点では、今日改めて学ぶべき多くの真理を含んでいるといえよう。しかし、ファーガスンがこうした商業文明社会のネガの克服をシヴィック的な公共精神に求めていたのは、彼にはいまだ所有の交換社会としての市民社会のポジを十分に基礎づける論理と倫理が欠けていたためであったことも、否定しえない事実である。

（４）アダム・スミスの市民社会論

　こうしたファーガスンの市民社会史論と根本前提を同じくしながらも、ファーガスンとは対照的に商業社会としての市民社会の本質とそのポジを明確に概念化したのが、アダム・スミスの経済学説である。

　スミスは、『国富論』（1776）の中で、すべての人間が自然の性向に従って自分の生活改善のためにインダストリに励み、より多く儲けるため

にいろいろ創意工夫を重ねて独自の商品を開発することが、「見えない手」に導かれて、なまじ計画的にプランを立てるよりも、より良く全体の福祉につながる次第を経済学的に論証している。このスミスの楽観主義的経済理論は、自然界では万物が「自己保存」の衝動に駆られて生存手段を追求することが、「種の保存」という個々の主体の「意図しない目的」を実現するように創られている自然の客観的合目的性を認める神学的な目的因説に立脚するものであった。スミスが、現実の経済世界に見られる優勝劣敗のきびしい現実を直視しながら、なおかつ全体としての調和を確信し、各人の自由に任せる方が良い結果を生むと考えていたのはそのためであった。

　スミスの偉大さは、この真理を経済学的に論証する場としての市場の論理を発見した点にある。彼は、何人も自分の所有物の一部を他人のそれと交換することなしには生存しえない市場社会では、自分の労働の生産物の買手を獲得するため、誰もがそれぞれの形で自分に固有な独自の能力の開発に努めることから、その成果としての商品を相互に交換することがお互いの利益になり、全体としての国富の増大にもつながると考えたのである。

　こうしたスミスの市場観が、一方の得は他方の損になるという重商主義的経済観や、商品交換それ自体よりも、市場支配力の強化による貨幣利潤の極大化を意図する現代の金融資本主義の市場観とは根本的に異なることは明らかである。スミスは、経済関係の根本原理を貨幣利得の大小にではなく、商品（property）の交換関係として捉えていたため、貨幣利得の順逆はあっても、交換は交換当事者双方にプラスをもたらすと考えたのである。私たちが交換をするのは、自分の欲しいものを手に入れるために自分の所有物の一部を手放すのだから、交換がその限り双方に利益をもたらす行為であることは自明の理であるといえよう。商業は「国際間の友情と連帯の絆」であるという彼の言葉は、こうした彼の思想を端的に表現したものに他ならない。スミスの経済学は、所有の交換社会としての市民社会のポジ、その創造性と共同性を理論的に解き明かしたものであったのである。

スミスが自らの経済学説を「自然的自由の体系」と呼んだ理由もそこにある。それは、一般に誤解されているような無制約的自由や、おめでたい万人幸福論を意味するものではなく、生物界と同じような弱肉強食、優勝劣敗の生存競争を前提するものであった。しかし、スミスは、アーツとインダストリの力で自然が改良され、生産力が上昇する文明社会においては、誰でもまじめに働けば、所有の重大な不平等は伴うが、万人の生存がそれなりに可能になるので、人為や慣行で（自然の欲求に基づく人間の経済活動を含めた）「自然の営み」（operation）を妨害したり、自然の法（ノリ）を超えたりしなければ、自然に全体の福祉が実現されると考えていたのである。

　スミスは、こうした自然の欲求に従う人間の経済活動の自然法則性の論証をする一方、その妥当・貫徹を妨げる制度や慣行の批判を『国富論』の中心主題としていたのであるが、彼はこうした自然的自由の前提条件として、『道徳感情論』（1759）では市民社会に生きる人間が守るべき倫理学を展開している。この書物は、商業社会の秩序維持に不可欠な「交換的正義」を同感原理によって基礎づけることを初版の中心主題とするものであった。スミスの同感倫理学は、万人の利己心を前提しながら、他人の同感をえられる範囲に自分の感情や欲求を抑制することが不可欠な次第を感情論的に論証することによって、市民社会の構成員が守るべき倫理を内面主体化したものであったのである。

　しかし、スミスは、『国富論』公刊前後から自然の法（ノリ）を超えて自己の利益のみを追求する商人や製造業者の横暴を眼にして、より実践的な道徳論の構築の要を認めるとともに、商業社会としての市民社会の自立性を維持するためには「賢明な立法者」の指導が不可欠な次第を認めるようになったのであった。スミスとファーガスン、スミスと彼より９年先に『経済の原理』（1767）を公刊したジェームズ・ステュアートとの接点はそこにある。スミスも、彼らと同様に、商業社会としての市民社会の腐敗、文明の没落を防ぐためには、市民がより積極的に徳性を涵養し、賢明な立法者の助言・指導を仰ぐ必要があると考えるようになっていたのである。しかし、スミスが死の直前に公刊された『道徳感

情論』第6版改訂版（1790）でこうした思想を展開したことは、彼が市民社会の国家への従属の要を説き、市民社会に対する国家の優位を認めるようになったことを意味しない。スミスは、所有の交換関係と同感原理に立脚する市民の共同体としての市民社会の梃入れを考えていたにすぎないとみる方がスミスの眞実に近いのである。

　ホッブズ－ロックからファーガスン－スミスにいたる17－18世紀の市民社会論のイデーは、あくまでも前近代的な共同体や絶対主義国家の保護や支配から独立した市民のそれぞれのそれなりの創造物としてのプロパティ（自分に固有な独自のもの）の交換による「全人類の保存」を可能とするより豊かな文明生活の実現にあったのである。その頂点に立つスミスの思想は、所有の交換社会としての市民社会の自立性と公共性、国家に対する市民社会の優位を明確に論証したものであった。スミスの市民社会論が近代の市民社会論の画期をなすものとされてきた根拠はそこにある。スミスの道徳哲学のうちには、市民社会のヴェーゼン、そこにおけるわれわれの在り方を考える上で参照すべき多くの真理が含まれているのである。

（5）ヘーゲルとマルクスの市民社会論

　日本の戦中・戦後の市民社会論は、こうした近代の市民社会論の前提をなしていた独立・自由・平等思想を根幹にしたものであったが、上述のような市民社会理論の根本理念を最も明確に概念化していたのが、ヘーゲルの『法の哲学』（1821）の市民社会観である。ヘーゲルは、そこで人間はプロパティ（自己に独自なもの）の所有者になることによって、はじめて抽象的な存在（Sein）と異なる現実存在（Dasein）として社会的な交通主体となることができるという趣旨の思想を展開している[注5]。

　マルクスも同様に、『経済学・哲学草稿』（1844）や『ミル評注』の中で、プロパティがパースンのダーザインであることを認め、所有や交換・分業のゲマインヴェーゼン（共同存在）性をそれとして肯定している。

　こうしたヘーゲルやマルクスの思想は、所有の交換社会としての市民社会の本質を明確に抉り出したものであるが、ヘーゲルは同時に、市民

社会を「欲求の体系」と規定することによって、市民社会を家族と国家との中間に位置する倫理の喪失態としてとらえている。ヘーゲルは、人間の「非社交的社交性」を認めていたカントと同様に、各人の私的な欲求の追求が自然に公益の実現という意図しない目的の実現につながる市民社会の弁証法的構造を「理性の狡知」として承認しながら、なおかつ、そうした市民社会の運動原理に否定的な評価を下していたのである。

こうしたヘーゲルの両義的な市民社会解釈は、市民社会における人間の経済活動の資本主義化に伴って、富追求が自己目的化し、人間の共同性実現の場としての市民社会が、マルクスの指摘するように、人間と人間との分離と対立、搾取・疎外の場へと転変してきた現実認識に基づくものであった。しかし、上述のヘーゲルの論理は、彼の市民社会論が、私益のみを追求する経済主体は普遍性を欠如しているから、「見える手」（Polizei）が普遍者の機能を遂行する要があるという、市民社会主体の公共性を認めないジェームズ・ステュアート的な思想に立脚するものであったことも否定しえないであろう。

ヘーゲルの市民社会論は、市民社会の資本主義社会化という現代的問題状況と同時に、当然のことながら当時のドイツの後進性を反映したものでもあったのである。問題は、この論理が18世紀の市民社会論者が構想していた利害に即した自立的社会組織の形成という、封建的共同体に代る新しい共同体としての市民社会の公共性を否定し、その担い手を市民社会から剥奪して普遍的身分としての官僚の手に移し、終局的には国家に市民社会の資本主義化に伴う問題の解決を託するものであった点にある。リーデルは、フランス革命の衝撃を受けとめたヘーゲルにおいてはじめて市民社会の国家から分離・独立がなされたとしているが、ヘーゲルの論理は、逆に、市民社会の担い手の主体性・公共性を否定し、市民社会を国家に揚棄・解消するものであったのである。

こうしたヘーゲル国家論批判から出発したマルクスは、既述のように所有の交換社会としての市民社会のポジをはっきり承認した上で、それが分業＝所有の関係（交通形態）の如何によっては疎外に転ずる次第の論証を経済学批判の中心主題にしていたのであった。彼は、歴史のカマ

ドとしての市民社会の交通形態が資本制的生産様式に先行する諸形態と資本主義的分業＝所有関係の場合とでは根本的に異なり、後者の下では労働力が搾取される次第を明らかにすることを通して、コミューンという名の新しい市民社会の構築を意図していたのである。マルクスの経済学は、平田清明の言葉を準用すれば、市民社会を国家に揚棄したヘーゲルに対し、国家を市民社会に吸収する歴史理論としての経済学を展開したものであったのである(注6)。

(6) 現代社会の動向

19世紀以降の現代思想は、こうしたマルクスのヘーゲル批判を踏まえながらも、ヘーゲル市民社会論の論理にしたがって、市民社会の自立性や公共性を否定し、資本主義の矛盾克服の手段を国家に求めている。こうした動向は、資本主義の進展に伴って、直接的な人間同士の相互関係に代って、人－人関係の媒介手段にすぎない物象関係が支配化した結果、自然性を喪失した市民社会主体が腐敗し、自制力や公共精神が希薄になったため、見えない手に象徴される自然の摂理が機能しなくなったことの必然的帰結であった。20世紀のケインズ主義的福祉国家論が市民社会を国家に吸収する結果になっているのも、こうした事態の当然の成り行きであったといえるであろう。しかし、市民社会の国家への揚棄が、人間個々人の活力や創造力を失わせ、生存欲求追求の意図しない帰結や社会的分業のメリットを減退させるだけでなく、市民の国家への依存⇒隷従⇒腐敗を導くことは、ファーガスンやスミスらの18世紀の市民社会思想家たちが指摘していた通りである。20世紀末における社会主義の全面崩壊の最大原因のひとつがここにあったことは明らかである。

3) 市民社会再生の可能性と必要性

(1) 現代市民社会論の限界克服の方途

社会主義体制の腐敗⇒専制化に対する抵抗運動として始まった現代市民社会論は、約言すれば、国家に吸収されてしまった市民社会の自己回

復運動であるということができるであろう。現代の市民社会論が、これまで「欲求の体系」としての市民社会、その帰結としての資本主義のもたらす弊害の是正機関とされてきた国家そのものを批判するとともに、国家に代って資本主義の暴走制御調整（regulation）機能の遂行を自らの主題とするに至った根拠もそこにある。しかし、現代の市民社会論者が議論の出発点として依拠しているハーバーマスやグラムシの市民社会論は、既述のように、国家と資本主義体制前提の「調整制御社会」論でしかなく、国家論が依拠すべき市民社会論そのものではないという限界性をもっていたのである。インターネットを媒介とする公共空間の創出に基づくグローバルな市民の連帯は、市民社会再生の必要条件ではあっても十分条件ではないのである。

　こうした現代市民社会論の限界・無内容性は、17－18世紀の市民社会思想が根幹に据えていた人間の自然の性向に基づく主体的活動の成果としてのプロパティの交換原理が欠落している点に最も端的に表現されているといえるであろう。人間の自然（human nature）の原理に基づく生産と創造⇒その成果の交換を抜きにした社会理論など、実体性をもちうるものではないことはいうまでもない。市民社会論の課題を生活・生産の場としての市民社会自体の再建・再構成に求める声が、ハーバーマス的市民社会論に対する批判として、市民社会論者自体の中から出ている理由もそこにある(注7)。

　同じような現代市民社会論の難点は、市民社会の構成員に公共性を要請するだけで、その基礎づけ論理が欠如している点にもみられる。17－18世紀の市民社会論は、既述のように、人間の利己心＝パーシャリティ（自己偏愛性）を前提した上で、「想像上の立場の交換」に基づく同感の有無を判定原理とする、人間の自然の感情や自己保存の欲求の社会化論を社会形成の根本原理とするものであった。こうした媒介論理を欠く公共精神の無媒介的要請＝連帯のイデオロギー的強調は、社会理論としては未成熟性を示すものでしかないのである。

　所有の交換関係から成る市民社会の根本原理をしっかり踏まえた上で、その自立性を保障するための市民社会倫理の構築を主題としていた18世

紀の市民社会理論がそれとして評価され、学ばるべき所以はそこにある。ということは、もとより、17－18世紀の古典がそのまま21世紀の現代社会に通用するという意味ではない。17－18世紀の市民社会形成期とちがって、市民社会自体が資本主義社会化し、さらには国家独占資本主義化した19世紀以降の社会では、その必然的帰結として資本と労働との階級対立が激化したため、トマス・ホッブズ以降の社会理論が暗黙裡に想定していたスミス的な立場の交換の論理がそのままでは通用しにくくなっていることは否定しえない事実である。20世紀以降国家が市民社会を吸収して、資本主義の害悪是正機関としての役割を市民社会に代わって遂行するようになったのも、そのためであったことはすでにみた通りである。

　ましてや、20世紀の第4四半期から21世紀にかけて急速に普遍化してきた脱工業社会化や金融資本の支配化と、グローバル化やＩＴ化の現代社会の動向の下では、17－18世紀の近代市民社会理論の論理や倫理など、一見、全く通用しないかに見える。現に今日のグローバルＩＴ金融資本主義の現実の下で、所得格差が著しく増大し、貧富の両極化、富の一極集中化が極限に達していることは周知の事実である。

　近代資本主義の下では、労働者は労働力以外には生産手段を何も所有しない無所有者化していたとはいえ、なお売るべき労働力の所有者として、商品交換の当事者でありえたのであった。それに対し、生産過程がほぼ完全に自動化された今日の脱工業化社会、その極に立つＩＴ化社会では、額に汗する肉体労働の必要がなくなり、機械が人間に代わって自動的に生産する領域が圧倒的に増大したため、労働力そのものの価値が大幅に低下していることは、トレンドとしては誰も否定しえない客観的事実である。売るべき何物をも所有しない文字通りの無所有者として、所有の交換の当事者たりえない、社会のお客様化した人々が増えつつあることが、その何よりの証左である。

　こうした現代の現実の中で、近代の市民社会思想が前提していたような所有の交換や、想像上の立場の交換に基づく同感が果たして可能かという根本的ダウトが出るのは当然である。しかし、現代社会の動向に最

も大きな影響力を及ぼしつつあるIT化とグローバル化は、上述のような動向の必然的帰結として、労働者階級の脱労働者階級化＝根無し草的存在化を生み出しつつある反面、同じ過程のポジの側面として、市民社会の再生（古典的市民社会像の再建）を可能にする契機を孕んでいる次第が大きく注目される要がある。

（2）市民社会再生の客観的可能性

　生産過程を完全自動化した脱工業社会化が、その必然的帰結として労働過程における疎外から労働者を解放することになったことは客観的な事実である。その次第は、今日では第三次産業や知識産業の従事者が就労人口の大部分を占めるようになり、工場労働者も多分にメーターをチェックするだけのホワイトカラー化している事実に典型的に示されているといえるであろう。こうした脱工業社会化の帰結としてのIT化は、そうした過程をさらに押し進め、個人でも、パソコン以外の生産手段をほとんど所有しなくとも、巨大な生産手段を擁する独占的大企業に対抗しうる経済活動をすることを可能にすることになったのであった。一人でも、家にいても、地方に住んでいても、インターネットに接続するパソコンさえあれば、仕事ができる時代になっていることはすでに周知の事実である。

　こうした事態の推移は、生産手段を所有しない個人が、労働者としてより、より以上に労働者階級の一員としてではなく、市民として自立する道を拓くことになったといえるであろう。情報技術社会化は、独占体制打破の可能性を秘めているだけでなく、資本－賃労働関係に立脚する階級概念に代わる市民主体の、近代の市民社会論が想定していたような独立した市民相互の経済関係の再構成を可能にする契機を孕んでいるのである。ITは、一般にコミュニケーションの手段と考えられているが、活用すれば、市民個々人単位の経済活動と、その成果の相互交換の手段となりうるものでもあるのである。

　こうしたITの機能を活用した個々人の経済活動を組織化していけば、生産に即した市民社会の形成という現代社会の要請に応えることも可能

になるであろう。これまでのようなプロの株屋や機関投資家とは本質的にちがうネットを使った個人投資家の株取引の一般化なども、良くいえば、こうした側面をもつということもできるであろう。もとより、株は所詮あだ花にすぎない。IT利用の経済活動も、商品の交換に媒介されなければ、経済の動きとしては完結しないことはいうまでもない。それだけでなく、ITだけでは勝負できない圧倒的多数の都市部の市民は、飲食業やサービス業に自立の道を求める以外には、企業の一員としての雇用関係に従う他ないという構造はこれまでと変わらない。今日のグローバル化した経済関係の下では、合理化をしにくい小企業の経営はより困難になりつつあることも明白な事実である。個人商店の消滅や中小企業の没落はその典型である。こうした動向は経済関係のグローバル化の下では防ぐことも逆転することもできない。それに対抗するには、ITの活用や対人サービスの改善、量産できない独自の商品の開発などに活路を見出す他ないが、それらは誰にでも可能なことではない。高齢者や市場経済の敗者が市場経済では自立の道を見出しえないケースが増大しつつあるのは、今日の金融資本主義的市場メカニズムの下では避けることができない現実になっているといわざるをえないであろう。

　こうしたIT化やグローバル化のプラス－マイナスをそれとして踏まえた上で、こうした現実に対処する市民的経済関係を形成するための一つの方策としては、近代の市民社会論の根幹をなしていた所有の交換論の精神に則った地域共同体を都市の市場経済の外側に形成することが考えられる。というと、途端に都市と地域の格差是正、地方振興、そのための公共事業正当化論となるのが今日でもいまだに支配的な風潮であるが、これまでの地方行政、地域振興論の根本的誤謬は、都市と地域とを同一基準で比較し、鉄道や道路、公共施設などの箱物行政でバランスをとろうとしている点にある。本当の問題は、地方には豊かな自然だけでなく都市より広く立派な住宅も数多く、近くの畑でとれた新鮮な野菜を食する生活をしながらも、仕事が少ないため、人通りも少なく、地域全体が死んだように閑散としている点にある。こうした地域の現状はたしかに深刻な放置できない問題であるが、それをバラマキ公共事業で解決

しようとするのは、問題の本質を見ない発想でしかない。それでは永久にバラマキ続ける他ないからである。再生の鍵は、都市にはない地域の最大の財産である自然を活用することが、すべての根本であることをはっきり認識する点にある。地域が、自分たちの唯一の財産である自然を活用して、都市ではできない子供の人格形成と介護や都市住民のセカンドハウス管理などの機能を引き受けることになれば、それぞれの地域の自立性が高まるだけでなく、都市住民との人的交流関係もそれなりに活発化することであろう。

　そのための方策としては、イ．中高年コロニーの形成、ロ．小学校２－３年次生のクラス単位の山村留学の制度化、ハ．全国一律のビジネス介護保険制度の廃止による介護の地域社会主体化などの施策が考えられるが、これらの点については、『日本の明日を考える』と題する拙著で論及しているので(注8)、ここではすべて割愛することにしたい。

　いずれにしても、地域が都市には欠けている自然をベースにした機能を分担し、子供や高齢者が地域の人々と相互に交流するシステムを作れば、おのずから地方にも人が集まり、都市との人的交流も活発化することであろう。そうした形の子供と高齢者を中核にした地域共同体に、ボランティアやネット生活者と地場産業や伝統的特産工芸品制作業者などが加われば、一物一価の市場経済とはちがう、各人のそれぞれ独自のプロパーなものとしての所有の交換関係からなる市民の社会としての地域共同体が形成されることになるであろう。

　そうした共同体的市民社会における所有の交換関係の媒体としての機能を果たしうるのが、地域貨幣である。地域貨幣は、機能的にはあくまでも法定通貨の補助手段でしかないが、その理念は、各人のそれぞれ独自なプロパーなものの交換による相互の利益実現という「商業」の根本精神の表現である点にある。商業が双方に利益をもたらすことはアダム・スミスが強調していた点であるが、地域貨幣はこうした商業の理念の現代的体現者であるといえるであろう。今日ではもとより自分に固有のものを提供しなくとも、金さえ払えばなんでも買えることが常態化し当然視されているが、各人がそれぞれ持っているプロパーなものやサー

ビスの交換媒体としての地域貨幣は、経済関係が本来もっている共同性の担い手なのである。地域貨幣が等価交換を前提しないことも、各人それぞれの独自な労働の生産物の交換による相互富裕化という市民社会の理念に合致するといえよう。もとより、価値尺度機能を果たせなくては法定通貨たりえないが、それぞれの地域共同体内部ではそれで良い、というより、そのほうが良いのではないであろうか。

　こうした地域貨幣に媒介された各人それぞれのプロパーなものの交換関係から成る地域共同体の再建こそ、現代における市民社会再生のベースをなすことになるであろう。その拡大によるグローバルな市民の連帯こそ、国家の暴力や資本主義の暴走に基づく自然破壊を防止し、人間の経済生活の本来のあり方回復の道を拓くことにもなるのではないであろうか。

　こうした共同体的生産関係だけではもとより、現代の人類が要求する生産力を維持できないので、資本主義的市場経済とのリンクを欠かすことができないことはいうまでもない。都市部の市場経済とそれとは原理を異にする地域共同体とを二重経済構造化した上で、両者の有機的連携を図ることこそが現実に即した地域復興の道であるが、そのさいの都市と地域との経済関係は、一方が他方を助ける形ではなく、双方の自立と独自性を前提した上で、他方に欠けている必要物や剰余物の交換を基本にする必要がある。現在のように100パーセント専門特化した商品の全国画一的交換関係が支配する限り、地域の自立性は確立しえず、二重経済システム自体が成り立たないからである。また、そのさいの交換基準も、これまでの市場経済の交換原理のように、直接コストだけを基準とするのではなく、自然界が無償で提供しているサービス（自然資本）や、自然の生態系の破壊を防止する費用をもコストに入れる必要がある。

　こうした原理の確立は、都市と地域とがそれぞれに自立した相互経済関係の確立に不可欠であるだけでなく、自然の生態系破壊防止のためにも必要なことは、エコロジストの提唱している通りである。

　こうした原理の意義と必要性は、先進－後進の場合にはより大きいといえよう。直接の必要コストのみに基づいて交換が行われる場合には、

先進国の商品が後進国のそれに対して圧倒的優位に立つため、先進国の後進国支配・収奪を強める結果になるだけでなく、大自然が人類に無償で提供している「自然資本」を食いつぶし、果ては今日すでに危機的状況になっている生態系の根本原理である「自然のシステム」そのものを破壊する結果になることは、現代世界の現実の示す通りである。

　こうした現状とは逆に、それぞれの国や地域がそれぞれ自己に独自の生活様式や生活水準を守りながら、その余剰物や独自なプロパティ（特産物や観光・自然資源など）を交換することにすれば、スミスのいうように、商業が「国際間の友情と連帯の絆」として、相互富裕化＝共存の原理となるだけでなく、自然環境保護にも大きく貢献することになるであろう。

（3）公共性概念の再構築論

　現代市民社会論者の強調する公共性や連帯は、こうした形の所有の交換社会としての市民社会の再建の上に形成されるべきもので、生産と生活に根ざす所有の交換を抜きにした公共性の一面的・理念的強調は、抵抗運動の手段としてはそれなりの有効性はもちえても、共同生活の原理たりえぬ観念論でしかないことは明らかである。リチャード・カンバーランドやザミュエル・プーフェンドルフに代表される17世紀の市民社会論は、「相互仁愛」を市民社会の原理としたが、仁愛は社会の潤滑油として必要でも、それを共同生活の法的原理として市民に要請するのは、モラル・エコノミー的発想で、商業社会としての市民社会の原理たりうるものではないのである。

　アダム・スミスに代表される18世紀の市民社会論は、人間の利己心＝パーシャリティを前提した上で、想像上の立場の交換に基づく同感原理によって、人間の利己的活動を社会化することで、市民個々人を公共性の担い手たらしめたのであった。スミスの『道徳感情論』は、ホッブズに代表される17世紀の市民社会論が想定していた国家＝第三者視点（impartiality）論に代る第三者視点の市民主体内在化論として、市民社会の国家への優位を担保するものであったのである。

現代市民社会論者が要請する公共性の市民主体内在化は、スミスがすでに想像上の立場の交換に基づく同感原理を手掛かりに市民社会倫理として確立していた思想であったのである。こうした形の内面化された社会倫理を踏まえることなしに、公共性を全市民に直接・無媒介的に要請することは、普遍的身分としての官僚がimpartiality（公平性・非党派性・第三者視点）の担い手であると想定するのと同様、人間の自然（human nature）の実態認識に即したものではないといわざるをえないであろう。

　同感は異文化・異階級間には成立しないといわれるが、こうした批判はスミスの同感論には妥当しない。立場や利害がちがうから同感できないというだけでは共存できない。力の論理に頼る他なくなるが、スミスの同感論は、立場や利害がちがう人間相互間の直接的な感情の一致＝共感を求めたものではない。スミスの同感論は、立場や利害のちがう人間が互いに立場を交換して、相手の立場に自分を置いてみた場合、どこまで相手の主張や感情についていける（go along with できる）かどうかを考えながら、全面的に相手の立場に立ったら自分の立場がなくなってしまうので、双方の争いを見ている「公平な観察者」が成る程もっともだと同感する地点にまで、自らの要求や感情を抑制すべきことを説いたものであった。こうした利害関係のない第三者が同感する地点にまで自分（たち）の要求や感情を引き下げなければ、共同生活（共存）は成り立たない。そうした自己抑制をせずに、自分のパーシャルな感情や利害を一方的に主張していたら、世間（国際世論）の同感をえられなくなり、孤立するから、かえってマイナスになってしまうであろう。

　日本人が昔から世間の目を気にして、近隣から陰口をたたかれないように、自分の欲求を抑えた行動をするのも、現象的にはこれに近い。しかし、こうした公平な観察者としての第三者視点の表現である世論は、つねに正しく、つねに公平（impartial）であるとはいえない。実際には権力や権威に迎合したり、気紛れなファッションに流されたり、大勢順応に堕したりする場合が多いことは、日本の現状の示す通りである。最近大きな問題になっているイジメ自殺の原因にからめていえば、現場を見た同級生たちが我が身可愛さにイジメを当然視する空気がクラス内の

世論化していたことなども、世論の大勢順応性を示す一例といえよう。
　同感の相対性や不確定性が早くから批判されてきた理由はそこにある。事実、同感には人－人相互間の社会的交通＝共存原理としての「想像上の立場の交換」に基づく同感とはちがう、支配の正当化や富の賛美につながる「歓喜への同感」もある。世論は、公平な観察者視点の表現であるよりも、実際にはむしろこうした富や権威などが生み出す歓喜の感情に身を任せ、自己を同一化する「歓喜への同感」感情の産物である場合の方が多いのである。しかし、世論が権力やカリスマ的な指導者に迎合したり、ファッションに流されたり、大勢順応主義に走るのは、相手の立場になって考える想像上の立場の交換をしていないためで、スミスのいう想像上の立場の交換に基づく同感とは全く異なる。イジメの現場を見て、当事者の立場に立ったら、生身の人間である限り、いじめる側に同調した結果、そうした空気がクラス内の世論化して被害者の孤立感を深め、自殺に追い込むようなことなど、間違ってもできるはずはないであろう。
　相手の立場に身を置いてみた上で、公平な観察者の同感に従うべきことを説く「想像上の立場の交換」の論理は、その不確定性に問題がないとはいえない反面、逆に、それだけ個々の個別の現実（環境）に即した人間相互の社会的交通＝共存の根本原理として、市民社会倫理の根幹をなすものなのである。スミスの想像上の立場の交換の論理が、国際間の紛争解決＝共存の根本原理たりうる根拠もそこにある。近代の17－18世紀の市民社会思想、とりわけスミスの『道徳感情論』が、今日欧米の学界で大きく注目されている所以もそこにあるといえるであろう。

（４）市民社会再生の現代的意義と必要性

　17－18世紀の市民社会論は、自然の生態系の根本原理である弱肉強食・優勝劣敗の自然法則に基づく全体としての「種の保存」を自然の摂理として前提しながら、そうした生物界の自然法則を超えた「全人類の保存」を可能にする手段の構築を文明化論としての市民社会論の主題とするものであった。そのための論理と倫理の構築が、ホッブズ－ロック

からヒューム－ファーガスン－スミスに至る市民社会論の課題であったといってもよいであろう。1660年代に自然の制約（吝嗇）を理由に自己保存の欲求や所有権を否定していたロックが、『政府論』に代表される90年代に所有権の自由を主張したのは、アーツとインダストリの産物の増大⇒その成果の交換手段としての商業の発展が全人類の保存を可能にすると考えたためであった。

スミスの経済学は、そうしたロックのテーマを経済学的に論証したものであったが、こうした生産力の上昇による「全人類の幸福」実現要求が地球環境破壊を生み出しつつある現在、現代の市民社会論の最大の課題は、（近代の市民社会思想が依拠していた自然神学思想が前提していた）自然の生態系の原理に従って、各国・各地域・各個人が、それぞれの環境に即した固有の生活を営みながら、その成果を交換することを通して共存・共栄する道を見出す点にあるといえるであろう。

中村平八の解説によれば、2004年時点でのGDPの世界ランキングが、7、9、10、11位のBRICsと呼ばれる中国、インド、ブラジル、ロシアが、2035年には、それぞれ04年対比、22倍、24倍、9.8倍、7.4倍の成長をとげ、ランキング2、3、6、7位に浮上するとのことである。生産技術が共有化されれば、面積と人口の大きな国のGDPがそれに比例して増大するのは当然なので、別に驚くことではない。

問題は、その必然的帰結が地球爆発以外にはない点にある。そうした帰結に目を向けずに、止め処ない経済成長を当然視している限り、人類に未来はないであろう。文明化を主題にしながら、文明の没落の必然性に警鐘を鳴らしていたファーガスンだけでなく、ヒュームやスミスその他の多くの18世紀の思想家が、一方で文明進歩論を展開しながら、他方で文明の没落を必然視する循環史観をとるという両義的な文明論を展開していたのはなぜなのかを、われわれ自身の問題として受け止め、現代文明そのものの在り方を根本的に問い直すことが必要な根拠はそこにある。

こうした課題の実現は、国益や私益を優先させる国家や資本にはできることではない。想像上の立場の交換に基づく同じ人間としての相互承

認原理に従うグローバルな市民の連帯が叫ばれる背景はそこにあるが、連帯は必ずしも機械的平等や友愛を中心原理とするものではない。各人・各地・各国がそれぞれ自らの環境条件に即したプロパーな生活を営みながら、それぞれの創造的活動の成果を交換し合うことを通して、それぞれがそれなりにより豊かになることを意図していた、所有の交換社会としての市民社会のイデーを体現したグローバルな市民の連帯を実現することが、上述の課題を達成する根本大前提となることであろう。

　一見、現代の現実とはすでに相容れなくなったかにみえる近代市民社会論のうちにこそ、市民社会を国家に吸収してしまったために、逆に、国家と資本の暴力に晒されている現代世界の直面している問題に応答する最も根源的な原理が隠されているといえるのではないであろうか。

注
（１）坂本達哉「日本におけるイギリス思想史研究の一特質――いわゆる「市民社会」論の伝統をめぐって」政治思想学会編『政治思想研究』第６号、2006年
（２）平田清明『市民社会思想の古典と現代――ルソー、ケネー、マルクスと現代市民社会』有斐閣、1996年
（３）Smith, A.: *The Wealth of Nations*, Glasgow Ed., Oxford 1976, Vol. 1, p. 37. 水田洋監訳『国富論』岩波文庫、Ⅰ、51ページ。
（４）Riedel, M.: *Studien zu Hegels Rechtsphilosophie*, Suhrkamp, 1969. 清水正徳／山本道雄訳『ヘーゲル法哲学』福村出版、81-82、128-9、151-4ページ参照。
（５）Hegel, G. W. F.: *Grundlinien der Philosophie des Rechts*, Samtliche Werke von J. Hoffmeister, Band XII, Hamburg, 1955, §40, 41. 高峰一愚訳『法の哲学』創元文庫、とくに、40-41ページ参照。
（６）平田清明『市民社会思想の古典と現代――ルソー、ケネー、マルクスと現代市民社会』有斐閣、1996年、283ページ。
（７）その一例として新旧の二著のみあげる。小柳公洋／桂木健次編『市民社会の思想と運動』ミネルヴァ書房、1985、3-6ページ参照。伊藤述史『市民社会とグローバリゼーション』御茶の水書房、2006、31-38ページ参照。
（８）田中正司『日本の明日を考える――21世紀の救世主は、ケインズかアダム・スミスか』実践社、2004、第７話、とくに240-260ページ、同『現代世界の危機とアダム・スミス』第７話、御茶の水書房、2009年参照。なお、17-18世紀の市民社会理論については、より詳しくは、拙稿「市民社会観」（田村秀夫・田

中浩編『社会思想辞典』中央大学出版部、1982年所収、拙著『市民社会理論と現代』御茶の水書房、1994年、再録)、ならびに『市民社会理論の原型』(御茶の水書房、1979年) その他の拙著を参照されたい。

　初出：ウェブサイト「ちきゅう座」2007年7月「内外知性の眼」欄．題名変更

補 遺　戦中派の出自と核心をめぐって

ある出会い

　「市大創設の頃」と題する山田長夫先生の最終講義を聴きながら、私は市大の一つの時代が完全に終わったことを感じていた。幾分の憤怒と淋しさを秘めた先生の講義は、大学の古き良き時代がすでに過去のものとなったことを改めて私に実感させたが、古い良い時代に育った私としては、先生について語るとき、私自身について語らざるをえない。
　先生に私がはじめてお目にかかったのは、昭和17年春、私がＹ専の二年のときの「植民論」と「日本産業論」の教室においてであった。当時の日本はすでに完全な戦時体制で、実学的な専門科目を除いては、「公民」とか「植民論」といったような戦時色のつよい科目で固められていたのである。しかし、その内容は、「公民」という名の和辻倫理学の経済哲学的批判であったり、「植民論」という名のギリシャ文明論であったりしたのであった。私が先生の人間と学問にはじめて傾倒したのは、三浦新七先生の影響を最もつよく受けたといわれる先生の明晰で魅力的な西欧文明論の講義を通してであった。しかし、それだけだったら、先生と私の関係は所詮は時たまの同窓会のときに憶い出される遠い昔の甘い物語の域を出なかったことであろう。
　私の先生との本当の出会いは、私がＹ専の三年になったとき、それまで私の指導教官であった塩野谷九十九教授が名古屋の方に移られたため、先生の門をたたく道が開かれたことからはじまったのであった。たまたまの偶然が私の転身を可能にしたわけであるが、ゼミナールそのものは、半年もの繰り上げ卒業になった関係で、わずか数回しかもたれなかったのであった。そのせいもあって、私は当時のゼミそのものについては、自分の卒論の主題との関係で、ゾンバルトの『近代資本主義』の一節や杉村先生の経済哲学についてお教えいただいたことの他には、何をやったのかも実は覚えていない。ただその頃すでにそれまでの、経済学の抽

補遺　ある出会い

象論理の美しさに単純に酔っていた真面目な学生から、自我の自覚を体験した哲学青年に変身していた私は、青年としての生身の感情と苦悩を先生に直接ぶつけ、時には性の悩みも知らぬかに見えた先生の「非人間性」にはげしく反撥したのであった。それに対して、先生が私にやさしく諄々と教えてくれたことは、そのような私の考え方や、「思想」みたいなものが、実はたんなる感情的思考（さらには情念の物理的運動）にすぎず、そうした私自身の頭の中にある無定形の混沌たるカオスに形を与えて、自らを対自的に表現してゆかない限り、学問研究はおろか、人間としての成長もありえないということと、当時の私たちがかじっていた経済学や近代資本主義も、必ずしも人間不在のものではなく、むしろあくまでも人間を土台にした人間の学問ないし科学として成立したものであったということであった。

　それが私と先生との最初の出会いの内実であったが、今にして想えば、私のように先生とは素質も性格も物の考え方や感じ方も全く異なる、あえていえば対極的な人間が、先生を通して、先生との対決を通して、自らGesetz-gebenしてゆく戦いの幕は、このときすでに切って落されていたということができるであろう。

　私にとって先生がたんなる知識の伝達者ではなく、文字通り私の人生の師となったのはそのためであるが、ゼミらしいゼミのはじまりは、20・8・15に大学進学を決意した私が、復員間もなく先生の研究室にそのことで相談に伺ってからのことである。そのとき、先生は、それでは「背広ゼミ」をやってやろうといわれて、ピグーのマーシャル伝の一節を親しく個人的に手解きして下されたのであった。経済学の抽象性と非人間性にどうしてもついてゆけない哲学青年であった当時の私が、大学で「近経」を専攻したのも、このときの影響で、アルプスの山頂で倫理学から経済学への転身を誓った若き日のマーシャルの決意は、理論経済学の勉強を私にゾルレン視させることとなったのである。

　一橋を出てから、先生の推薦で大学の助手になった私は、先生のゼミで学生諸君と一緒に勉強することになったが、私が先生に本当に学問的にしごかれたのはこの時代であった。私はそこで一橋の学部一年の夏休

みにケインズの『一般理論』とヒックスの『価値と資本』その他を原書で読破して、いささか自信をもっていた自分の語学力の貧しさと良い加減さを、いやというほど思い知らされたのであった。私が学問研究のきびしさをそれなりに身につけるようになったのも、このときの教えに基づくものであったといえるであろう。

　しかし、先生との出会いが、私の人生に決定的な意味をもっていたのは、こうした学問的な影響によるのではない。Y専時代から一橋時代、そして大学の助手、助教授時代における先生と私の関係は、実は傾倒と反逆、肯定と否定、挑戦と敗北の戦いの連続であった。それは森羅万象ことごとくを理性的に説明し去るヘーゲル的知性に対して、Gesetz-geben できないレーベンの世界に実存しようとするローマン的人間の抵抗・反逆の歴史であったということもできるであろう。私の感性と青春は、いくたびか氷のように冷たく、きびしくみえた先生の理性を拒絶し、それに抵抗しながら、そのたびに敗北しては再びそれを繰り返す戦いの連続であった。それが私の青春であり、先生と私の師弟関係であった。そして私はいつしか深く、静かに学問の世界に沈潜してゆくことになったのであった。

　それまで氷のように冷たい理性オンリーの人間、芸術すら理性に還元し、言葉で説明しないと気が済まない人間と思っていた先生が、実は私などよりはるかに繊細で、人間的にやさしく温かく、時には情にもろい人間であることを私が感じるようになったのも、それからのことである。

　先生が市大を去られる今、請われるままに私は先生について何か書こうと思いながら、図らずも自分の青春の憶い出をつづる結果になってしまったが、それが教え子としての私の真実であったことに免じて、非礼の段をお許しいただければ幸いである。

初出：横浜市立大学 山田ゼミ雑誌『道標』第九号、1979年3月

私の8月15日

①私の8・15 1945年（昭和20年）8月15日正午に私たち兵隊は飯岡村の神社の境内に整列して天皇のいわゆる「玉音放送」を聴いた。妨害電波のせいか、ガアガアいう雑音ばかりで良く聴き取れなかった。天皇の言葉も抽象的で、無条件降伏とか敗戦というような言葉は一言もなく、戦争は終わったので一層の辛苦に耐えて再建に励めということのようであったが、私は"ポツダム宣言受諾の止むなきに至り"という言葉を聴いて無条件降伏を知った。多くの兵隊はその意味が良く分からない感じであったが、負けたことを知った瞬間、古参兵たちが私たちにすぐ脱走するように勧めた。その理由の説明はなかったが、私たちは彼らが中国でしたであろうことを直観した。私たち学校出にはまさかアメさんがそこまですることはないと考えるだけの判断力があったが、脱走はいろいろあったようで、私たちは即日、飯岡駅に脱走兵防止のための停車場衛兵に駆り出された。そこで私は図らずも麻服にカンカン帽の紳士が悠然と駅前を闊歩しているのを見て、あまりの変わり身の早さに唖然としたことであった。しかし、考えてみれば、それは絶えざる死の恐怖と天皇制軍国主義体制からの解放を歓呼の声をあげて叫べない敗戦＝無条件降伏の現実に直面した日本人のせめてものプレゼンテイションであったということもできるであろう。

夜、宿舎に戻った私は、消灯後ひそかに野原に出て改めて"国破れて山河あり"の心境になり、20年くらいは続くであろう奴隷状態の中でいかに生きるべきかを考え、大学に行く決心をしたのであった。曲りなりにも会社員であった私にはそれが自分の天職ではないとの自覚もあったが、すべてが無に帰した以上、根底から勉強し直すほかないと考えたためである。それが私の8・15であったが、8・15の帰結は私の予測をはるかに超えるものであったことはいうまでもない。

②敗戦の帰結 終戦から1月ほどで復員することになった私はわずかな支給品を貰って家に帰ることになったが、汽車は連結器や窓枠にまで

ぶらさがった乗客で超満員という今でも一部の国で見かける状態で、私は窓からやっと乗せて貰うことができたのであった。東京に着いたら、東京の電車にはガラスが一枚もなく改めてビックリしたが、何とか母と兄弟たちが疎開していた藤沢の山の上の親類の家に辿り着くことができたのであった。

　数日後、召集されるまで勤めていた石油会社に出社したら、"何も作るものがないから、労働組合対策について研究し、ペーパーにまとめて提出せよ"といわれて茫然自失したことを覚えている。まだ社員がほとんど復員しておらず、作る物も食糧もないのに、いち早く労組対策を視野におさめていた会社の上司の命令に、私は改めて自分の幼さを感じたことであった。しかし、戦後の現実はそんなことでビックリしたり感心したりするような生易しいものではなかった。生産力が潰滅したため、職も食料もないのに、生きるための生活需要はあるため、その必然的帰結として物価が日々高騰していく中で、都市の住民は食料の確保に追われることになった。それが闇市とインフレ、パンパンと戦争孤児に象徴される戦後の現実であった。それだけならまだしも、国民は国家財政破綻の付けをいっぺんに払わされることになった。私の家でも、家は焼け、母が疎外させていた厚さ20センチほどもあった国債や満州株はすべて紙切になり、その上、預金封鎖、新円切り替えで金も自由に使えなくなってしまったため、私の月給が唯一の収入になってしまった。

　私は、そうした状況の中で、祖父母、母、弟2人、妹2人の8人家族の総領として家族を養うべき立場にあったが、どうしても大学に行く決意を変えることができなかったため、母と弟と相談した結果、家督を弟に譲り、弟に父の関係していた燃料会社に勤めてもらい、大店の女将をしていた母親には一間四方のバラックを建てて一杯飲み屋をやってもらうことで、私は会社を辞めて大学に行くことになったのであった。それは今では私にも到底できない全く無謀な決断であったというほかないが、そうした生活そのものの激変が焼夷弾の火の下を逃げまどったことにもまして、私たちの家族の直面した最大の戦争体験であったということもできるであろう。

③ **戦争体験の世代間ギャップ**　もとより、ひとくちに戦争体験といっても、その内実は千差万別であることはいうまでもない。直面した状況のちがいによって見方や考え方が異なるのは当然である。そうした個別の状況を超えた大局的な事態の推移についても、戦前を知ると知らないとでは同じ事態についての認識や対応がちがってくるのも避けがたい事実である。自由や大正デモクラシーの余韻を味わい、共産主義の洗礼を受けていた私たちより年長の世代と、教科書を墨で塗られるまで何も知らずに天皇絶対、皇国不敗を信じていた軍国少年世代とでは、物の考え方や見方がかなりちがうのはむしろ当然であろう。同様に、天皇制軍国主義の非合理性に疑問を感じ反撥しながらも、それに対する明確な批判原理を知らぬままに戦場に赴いた私たちの世代の戦争観が、上の両者のいずれとも異なるのも紛れもない事実である。

④ **太平洋戦争と私**　1936年（昭和11年）2月26日朝、商業学校受験のため省線電車に乗っていた私は、有楽町－東京間で宮城方面に兵士が雪の降る中で銃剣をつけて立っているのを見て何か異常に緊張した空気を感じた。それが何も知らぬ子供が垣間見た2・26事件であった。日中戦争がそれから間もなく始まり泥沼化していったことは周知の事実であるが、そんなことなど知る由もない無邪気な中学生であった私は、高等商業学校に進学したころから次第に日中戦争にまつわる事態の深刻さに気付くようになった。とりわけ、アメリカ側から対日最後通牒として突きつけられたハル・ノートを読んで、日米開戦が避けがたいことを肌で感じるようになっていったのであった。中国からの撤兵はともかく、満州国の放棄だけでも大変なのに、台湾と朝鮮の植民地支配の廃止要求など、到底応ずることはできないと考えられたからである（植民地支配など論外であることは、今日の私たちにとっては世界の常識でも、それは朝鮮や台湾の解放をひとつの契機とする第二次大戦後の植民地革命の成果であったことを想起されたい）。さりとて日米の生産力の圧倒的懸隔を考えるとき、戦えば大変なことを感じるだけの眼を経済学をかじっていた私たちはすでにもっていたのである。

1941年（昭和16年）12月8日の朝、ハワイ空襲、日米開戦のニュースに人びとが沸き立ち、校長が朝礼で「皇国の興廃、この一戦に在り」と獅子吼した直後に、研究室に集まったゼミ生に「この戦争は絶対負ける。戦局は半年か一年で逆転する。理由は生産力が13対1だからだ」といわれたS先生（塩野谷九十九教授）の言葉は、私たちには否定することのできない重みをもつものであった。そうした戦局の逆転を告知した翌年秋のアッツ島玉砕の報に衝撃を受け、大学受験を断念した私が、日本近代史の勉強をはじめ、当時、海外情報を知る唯一の媒体であった『同盟世界週報』を読むようになったのも、そのためであった。しかし、戦争のさ中に私たちがそうしたことを考えたのは、私たちが反戦主義者とか敗北主義者であったことを意味しない。当時の私たちにとっては、戦争はすでに正否、善悪の判断を超えた現実であり、数年足らずで死ぬのはもはや不可避であることを覚悟しながらも、せめてなぜこうなってしまったのか、日本人の生き方や思想の問題点はどこにあるのかくらいのことは知った上で、戦って死にたいという気持ちであったといえるであろう。

　1943年（昭和18年）秋、半年繰り上げ卒業、学徒動員令が下り、多くの学友が自ら志願して戦地に赴いたのは、天皇絶対、皇国不敗を信じたからではなく、祖国の危機に直面して止むに止まれぬ心境からであった。しかし、私にはそれだけの愛国心がなかったので志願はせず財閥系の石油会社に就職し、高オクタン価の航空燃料を軍に納入する仕事に従事することになった。丸の内に本社がある会社といっても、当時は大部分の社員が引張られていたので、課長と係長1名のほかは男性は私たち新入社員2名のみで、あとは女子職員と徴用逃れの良家の子女のみであった。そのおかげで私は、新入そこそこで専属のアシスタントをもち、書類はすべて口述、計算もすべてお任せという優雅なサラリーマン生活をすることができたのであった。

　あるとき、昼休みに馬場先のお濠の中で女子職員と芝生に寝そべっていたら、ポリに掴って馬場先の交番に連れて行かれたので、てっきり"懼れ多くも"とやられると思っていたら、"君たち、ここは讐えていえ

ば個人の家の庭なので、無断立入りしないように”ということで解放してくれたことがあった。ゲートルを巻かずに歩いているだけで注意され、時には罵られるギスギスした昭和19年代でもまだそうした風雅を解するポリもいたということであろうか。

　しかし、20年3月10日の東京大空襲は文字通りこの世の地獄で、出社した丸の内の本社から見渡した本所・深川方面は一面丸見えの焼野原であった。恐る恐る出掛けてみたら、防空壕の入口には炭化した死体が転がり、川には熱さに耐えきれずに飛び込んだと思われる黒焦げ死体が幾重にも重なりあっていた。これは一般市民を意図的に対象にした無差別大量殺人という反人道的な空襲であったが、近くに落ちた焼夷弾はみんなで協力して消すようにと指示していた日本側の対応にも問題があったということもできよう。

　それから間もない4月はじめに私も召集され金沢師団に入隊したが、先発隊はみな日本海のもくずになったらしく、急遽九十九里の本土防衛部隊に配転になり、汽車に積まれて銚子の隣りの飯岡村の宿舎に着いたら、その夜、西の空が真っ赤に焼けてすごく奇麗だった。あまりの美しさに兵隊たちが総出で見物していたら、それが第2回目の東京大空襲で、私の実家も丸焼けになり、母親が下の妹を背負って戦火の中を逃げまどっていたことをあとで知った始末である。

　戦争とはそういうもので、一瞬の判断が生死を分ける局面に私の家族も私も幾度か直面したが、当時は兵隊の方が気楽な面もあり、グラマンの空襲で機銃掃射を受けても、タコツボに入って応戦しているうちは怖くなかったし、いざとなれば、艦砲射撃にも耐えられる地下壕に退避できるので安全ですらあった。問題はむしろ私たちの部隊の当面の任務であった海岸の丘陵地にトンネル陣地を構築するための作業の方にあった。直径20センチ、長さ10メートル近い材木を畦道沿いに運び上げ、それを埋めこみながら穴を掘るのは、かなり大変で危険な工事であった。しかし、私たち兵隊の共通の関心は、作業自体よりもむしろ食事にあった。何しろ20前後で1日重労働の人間が1日3合（民間は2合）、1食1合では躰がもたないので、飯盛り当番の時には、仲間のドンブリはフンワ

リ、自分のそれにはギューと押しつけることを私もやった。

　もっと象徴的なことは、私たちの作業班が坑内から出て、次の組がトンネルに入った途端に落盤事故がおこったときのことである。3人生埋めになり、すぐに掘り出したが、私の隣りに寝ていた名古屋の三菱重工業の重役の息子が材木の直撃を受けて即死したので、故人の両隣りに寝ていた私たちに"お前ら二人は戦友だから火葬場衛兵に立て"と命令され、村の寺の一間四方くらいの焼き場に夜通し立つことになっていた。ところが、9時ごろ隣りの兵隊が庫裏に行って東京から疎開してきていた女性に聞いたら、食べに来ても良いというので、衛兵任務を放棄して二人でタラフクご馳走になった。そのことに全く罪悪感をもたず、死んだ戦友に対する哀悼の感情もないまま本当に良かったと思ったのが、毎日便所でひそかに兵隊には禁じられていた日記を書いていた私の行動であった。それが軍隊であるとか、それが人間であるという気は全くないが、精神と現実との闘いの間に自らの感覚そのものが微妙に麻痺していくのが人間の現実であることは確かであるといえよう。

　そんな私でも使役に出されたとき、途中で農家に立寄ってサツマ芋1貫目を5円でふかしてもらってペロリと食べながら新聞を借りて読んでいたので、新型爆弾（原爆）やポツダム宣言のことも大体は知っていたのであった。それで8月15日の1週間ほど前の実弾射撃演習のさい、監的壕にいた仲間にあと1週間ぐらいで戦争は終わると予言することもできたのであった。

　そうしたことが私の戦争体験であったが、それは到底戦争体験などといえる代物ではない。私たちの学友の多くは戦死し、生きて帰ってきた仲間もはるかにきびしい局面に直面してきたことは想像にかたくない。彼らも、激しい戦闘場面や飢餓状況に直面しただけでなく、時には捕虜や民間人を刺殺せよと命令されて判断に迷った場合があったかも知れない。そうしたきびしさを生きぬくことが戦争というものであるが、戦争体験というのはそうした極限状況だけのことではない。刻々と回避困難な破局に向っていく情況の中で、事態の推移をどう見通し、どう対処するかということでもある次第が注意される要がある。

補遺　私の8・15

　私どもより5歳から10歳上の年長世代の方々は、それぞれの戦争体験に基づいて、日本を破局に導いた日本人の思想や精神構造、社会システムの問題点を暴き出すことによって日本再建のために戦後の思想界を大きくリードした。8・15まで勝利を信じていた軍国少年世代や戦無派の人びとは、それまでの天皇制軍国主義思想とは対極的な自由・平等・人権・平和の理念を人類の絶対的な普遍原理化し、その無条件的保障・実現を目指して、さまざまな角度から多様な論陣を張っている。それに対し、天皇制軍国主義の非合理性に反撥しながら、それを明確に批判する原理を構築しえないままに、祖国の危機に対処するため進んで戦地に赴いた私たちの世代は、優れた頭脳を数多く失ったせいもあり、戦後の日本に大きな思想的役割を果さないままに過ぎている嫌いがある。それはひとえに生き残った私たち世代の人間の無力の帰結で自ら恥じるほかないが、敗戦のおかげで初めて可能になった（無条件降伏でなければ可能でなかった）天皇制軍国主義からの完全解放が、必ずしもそれに代る確たる主体と体制の形成につながらず、古い風土を温存したまま、国家依存の福祉国家論や西欧直輸入の抽象観念論にとどまっているのは、戦後の思想や現代の思想が日中戦争や太平洋戦争のきびしい現実を身をもって生きた人間の苦悩をしっかり踏まえていないことによる面が大きいのではないであろうか。

　たまたま最近完結した飯田鼎さんの著作集（御茶の水書房）の月報に寄稿するため、同氏の著作集に目を通して、危機の時代に直面した人間の真実の生き方に対する関心が多様な主題を貫く一筋の糸として貫徹していることに気付くとともに、それが私と同じ1924年生まれの純粋戦中派の戦争体験に基づくことと知り共感を覚えたことであった。同氏が、日本の労組運動の実態や、現代の眼で過去の思想を教条的に弾劾する戦後派の思考様式をきびしく批判しているのも、8・15の歴史の経験から、"生きる"ことのきびしさを学ばぬままに浮遊するだけの日本の思想の軽さに対する戦中派の魂の叫びのように思われる。

　真理は、本当の真実は、現代の基準で過去を裁断したり、物事をAかBかに分類せずに、AでもありBでもある矛盾した現実を生身の人間と

して生きぬくことのうちにある。その確信が、私の人生を決定した私の8・15の産物である。

　　　初出：ウェブサイト「ちきゅう座」2006年8月16日「内外知性の眼」欄

索　引

Alvey　42, 74, 90, 102, 159, 171, 176, 178, 180, 182, 186, 191, 207-209
Brown, K. L.　42, 102, 155, 159
Brown, V.　203, 209
Darwin　208
Evensky　203, 209
Fitzgibbons　193, 209
Griswold　203, 209
Haakonssen　202, 209
Hill　194, 208, 209
Hobbes　206
Hume　42, 57, 103, 159, 191, 194-196, 202
Hutcheson　193-196, 202, 206
Kames　103, 159, 192, 194-196, 202, 209, 210
Kleer　42, 103, 105, 159, 178, 180, 182, 186, 191, 207, 209
Lindgren　193, 209
Locke　103, 159, 206, 210
Macfie　42, 103, 160, 205, 209, 210
Mathias　208, 210
Minowitz　193, 210
Morrow　103, 159, 193, 210
Muller　193, 210
Pufendorf　206
Reid　202
Ross　42, 61, 103, 104, 159, 160, 195, 207, 210
Smith　42, 101-104, 159, 160, 176, 181, 186, 191-210, 238
Stephen　193, 210
Steuart　200, 201
Stewart　104, 160, 194
Susato　207
Tanaka　194, 209, 210
Tully　206, 210
Waszek　198, 210
Winch　104, 160, 191, 210
Young　208, 210

あ

『アダム・スミス伝』　11, 42, 102, 103, 159
『アダム・スミスの誤謬、経済神学への手引き』　158
『アダム・スミスの神話』　168, 176
『アダム・スミスの哲学思考』　101
『アダム・スミスの道徳哲学と言語論』　43, 104, 160
『アダム・スミス論集』　104, 161
アドルノ　18
アリストテレス　10, 25, 27, 55, 56, 80-85, 93, 100, 101-123, 142, 155, 159, 165, 167, 181, 219
アルヴィ　33, 48, 90
飯田鼎　250
イグナティエフ　46
石田教子　173
一ノ瀬正樹　154
『一般理論』　243
伊藤述史　238
イムラー　177
ヴァイナー　48
ウィンチ　47, 49
ヴェブレン　48, 173
牛田徳子　101, 102, 159
内田義彦　213
『エディンバラ評論』　54, 122, 140
エリオット　138-140
エンゲルス　217
大河内一男　213
大島幸治　32, 43, 51, 52, 95, 104, 160
太田可夫　104, 128, 148, 157, 161
大塚久雄　213
オンケン　20, 180

か

「外部感覚論」　10, 11, 20, 21, 28-35, 37, 39, 40, 41, 46, 53, 55, 58, 61, 68, 69, 76, 81, 90, 94, 96, 98, 105-107, 109, 110, 113, 115, 117-123, 126-128, 131, 137-143, 146-155, 157, 158, 163, 171
『価値と資本』　243
桂木健次　238
カドワース　27, 31
カルヴァン　144
川出良枝　13
『感覚論』　39
カント　9, 18-20, 24, 35-38, 43, 50, 66, 67, 97, 104, 124, 125, 155, 156, 161, 166, 169-171, 173, 175, 177, 178, 180, 182-186, 226
『カント「判断力批判」と現代』　43, 104, 161

索引

『カント倫理学の成立』　43, 104, 161
カンバーランド　234
キャンベル　157
『近代資本主義』　241
久保芳和　101, 102, 159
グラムシ　211, 212, 228
クリーア　46, 48, 105
栗木安延　39, 43
クリフ・レスリー　48
クレイギー　91
『経済学・哲学草稿』　225
ケイムズ　8, 19, 143-147, 157, 175, 181-184
ケインズ　46, 48, 227, 238, 243
高哲男　43, 46, 104, 105, 161
『国富論』　7, 8, 10, 11, 18, 33, 35, 36, 37, 42, 46, 47, 49, 50, 51, 54, 71, 72, 74, 81, 88-94, 100, 102, 103, 141, 149, 151-154, 160, 165, 167, 171-174, 222, 224, 238
『国家』　22, 59, 103, 159
コペルニクス　64
小柳公洋　238
コンディヤック　39, 40, 123

さ

坂本達哉　13, 166, 174, 213, 238
佐藤康邦　43, 104, 161
佐藤有史　51, 104, 160
塩野谷九十九　241, 247
『視覚新論』　11, 28-30, 40, 42, 95, 102, 105-109, 111, 113, 116, 117, 120, 122, 123, 128, 141, 142, 146, 151, 154, 157, 159
『自然宗教に関する対話』　45
『自然の体系』　138
『実践理性批判』　36, 169, 170
『市民社会史論』　221, 222
シャフツベリ　19, 57, 184
『修辞学・文学講義』　7, 43, 50, 53-55, 95, 96, 100, 104, 160
『自由放任の終焉』　48
『純粋理性批判』　166, 169, 182
『人口論』　169
『人知原理論』　29, 40, 107, 137, 138
『数学史』　76, 77
スキナー　157
スコット　145, 157
スターリン　214
ステュアート, D.　23, 76-78, 101

ステュアート, J.　48, 94, 168, 169, 224, 226
スミス　7-12, 15, 17, 18, 20-43, 45-107, 109-123, 125-161, 163-177, 180-184, 186, 213, 215, 218, 222-225, 227, 229, 232, 234-238
『スミス伝』　61
『政治学』　101, 102, 159
『政治論集』　93, 166
『政府論』　219, 221, 237
ソクラテス　85
ゾンバルト　241

た

高島善哉　213
只腰親和　43, 104, 161
田中正司　13, 104, 161, 176, 238
ダランベール　76, 140
ディドロ　39, 123, 140
ディルタイ　17
デカルト　64
『哲学論文集』　7, 9-12, 15, 20, 28, 35, 37-39, 42, 45, 46, 50, 67, 70, 72, 76, 79, 85, 96-99, 101, 102, 104-106, 137, 150, 154, 157, 160, 163, 175, 176
「天文学史」　7, 9, 10, 20-25, 27, 35, 43, 46, 49, 53, 57, 58, 60-81, 83-91, 93, 94, 96-102, 104, 123, 137, 138, 141, 142, 149-154, 161, 163-165, 174
『「天文学史」とアダム・スミスの道徳哲学』　43, 104, 161
『ドイツ・イデオロギー』　218
『道徳感情論』　7, 8, 11, 18, 21, 32, 33, 35-37, 42, 47, 49-55, 57, 78, 88-90, 94-96, 100, 103, 106, 122, 125-128, 131, 133, 134, 136-141, 143-145, 147-149, 151-154, 156-158, 160, 163, 171, 172, 174-176, 224, 234, 236
『道徳哲学序説』　54, 143
ドバントン　140
冨田恭彦　39, 177

な

中村平八　237
『日本の明日を考える』　232
ニュートン　9, 10, 22, 55, 56, 63, 64, 66, 73, 74, 76, 79, 81, 86, 91-93, 100, 102, 177, 184
『人間の科学』　61
『人間不平等起源論』　54, 103, 160
『人間本性論』　22, 31, 39, 40, 53, 56-63, 65, 66, 69,

254

70, 74, 78, 79, 86-88, 93, 94, 96, 98, 99, 105, 130-132, 137, 138, 153, 165, 166

は

バークリ　11, 28-36, 39, 40, 42, 53, 76, 95-97, 105-109, 111-113, 115-125, 127, 128, 131, 134, 136, 138, 141, 142, 146-148, 151, 154, 155, 157, 163, 171
ハーバーマス　211, 212, 228
『博物誌』　39
ハスバッハ　48
ハチスン　8, 18, 19, 47, 54-58, 66, 91, 95, 96, 130, 143, 144, 146, 175, 184
ハットン　106, 150
浜田義文　43, 104, 161, 180
『判断力批判』　9, 19, 24, 36, 42, 50, 67, 103, 159, 166, 169, 170, 173, 176, 178-180, 182
ピグー　242
ピタゴラス　81
ヒックス　243
ビッターマン　48
ヒューム　8, 10, 11, 17, 18, 22-24, 31-36, 38-40, 42, 45-47, 52-63, 65-76, 78, 79, 82, 84, 86-89, 93-100, 105, 123-125, 127-138, 141-148, 153, 154, 156-158, 163-169, 173-175, 184, 185, 221, 237
『ヒューム　希望の懐疑主義』　175
ビュフォン　39, 40, 41, 122, 123, 140, 146
平田清明　215, 227, 238
ファーガスン　184, 221, 222, 224, 225, 227, 237
プーフェンドルフ　47, 56, 96, 129, 175, 215, 234
フォーリー　154, 176
プトレマイオス　64, 67
『不平等起源論』　140
ブラウン, K. L.　138, 139, 141, 155, 157
ブラウン, V.　51
ブラック　106, 150
プラトン　10, 22, 25-27, 55, 56, 59, 73, 81-84
フレイザー　135
フンボルト　180
ベイコン　27, 28, 41, 49, 82, 84, 85, 101, 183, 185
ヘーゲル　38, 84, 101, 216, 225-227, 238, 243
『法学講義』　7, 47, 48, 91, 96, 144, 152, 158, 160
『法の哲学』　225, 238
ホーコンセン　47

星野彰男　93
ホッブズ　7, 17, 56, 57, 69, 128-130, 158, 219, 221, 225, 229, 234, 236
ボネ　122
ホルクハイマー　18
ホワイトヘッド　177
ホント　46

ま

マーシャル　242
マルクス　38, 215-217, 225-227, 238
マルサス　169, 184
丸山真男　213
三浦新七　241
水田洋　42, 43, 51, 95, 96, 103, 104, 128, 149, 151, 155, 157, 158, 160, 161, 176, 238
『ミル評注』　225
モーペルテュイ　39, 123, 140
モロー　57, 131
モンテュクラ　76, 77

や

山崎伶　95
山田長夫　241
山中浩司　39, 43, 104, 155, 161
米林富男　128

ら

ラシッド　92, 168, 176
ラファエル　101
リーデル　219, 226
『立法者の科学』　47
リンネ　41, 122, 138, 139, 157, 180, 184
ルソー　54, 140, 215, 238
レオミュール　41, 140
ロス　11, 45, 54, 61, 63, 76, 83-85, 95, 96, 102, 120, 122, 137, 139, 140, 142
ロック　17, 39, 59, 107, 129, 137, 138, 157, 168, 175, 177, 215, 219, 220, 221, 225, 236, 237

わ

和田重司　13

田中正司(たなか しょうじ)
1924年　東京に生まれる
1949年　東京商科大学(現、一橋大学)卒業
現　在　横浜市立大学名誉教授、経済学博士
　　　　一橋大学・神奈川大学元教授
専　攻　社会思想史
主要著書
　『ジョン・ロック研究』未来社、1968年、増補版1975年、新増補2005年
　『市民社会理論の原型』御茶の水書房、1979年
　『現代の自由』御茶の水書房、1983年(評論社版、1964年)
　『アダム・スミスの自然法学』御茶の水書房、1988年、第2版2003年
　『アダム・スミスの自然神学』御茶の水書房、1993年
　『市民社会理論と現代』御茶の水書房、1994年
　『アダム・スミスの倫理学』上・下　御茶の水書房、1997年
　『アダム・スミスと現代』御茶の水書房、2000年、増補版2009年
　『経済学の生誕と『法学講義』』御茶の水書房、2003年
　『日本の明日を考える』実践社、2004年
　『現代世界の危機とアダム・スミス』御茶の水書房、2009年

アダム・スミスの認識論管見

2013年3月31日　初版第1刷発行

著　者——田中正司
装　幀——桑谷速人
発行人——松田健二
発行所——株式会社 社会評論社
　　　　　東京都文京区本郷2-3-10
　　　　　電話：03-3814-3861　Fax：03-3818-2808
　　　　　http://www.shahyo.com
組　版——ACT・AIN
印刷・製本——倉敷印刷

Printed in Japan